新文科·全国高校社会工作系列教材
“法治中国”视域下的司法社会工作丛书

未成年人司法社会工作

席小华　沈　纪　主编

·上海·

图书在版编目(CIP)数据

未成年人司法社会工作 / 席小华，沈纪主编. —上海：华东理工大学出版社，2023.11
ISBN 978-7-5628-7076-0

Ⅰ. ①未… Ⅱ. ①席… ②沈… Ⅲ. ①青少年保护－中国－高等学校－教材 Ⅳ. ①D922.7

中国国家版本馆 CIP 数据核字(2023)第 212643 号

中国未成年人司法体制改革给社会工作发展提供了重要契机。本书是国内首本关于未成年人司法社会工作的总论性教材，它不仅可以满足高校社会工作、社会学和法学等专业的教学之需，而且可以为在校学生和一线社会工作者学习未成年人司法社会工作专业知识和技能提供帮助。本书的出版得益于多学科交叉，以及高校学者与一线资深社会工作者的集体合作。本书紧扣我国的法律规范要求与现阶段未成年人司法社会工作的实践基础，对“三大类七小类”未成年人司法社会工作的服务内容和方法做了详细介绍，同时也对未成年人司法社会工作服务系统中的政策、理论、管理、保障等问题进行了分析和概括。

策划编辑 / 刘　军
责任编辑 / 藕　园
责任校对 / 王雪飞
装帧设计 / 靳天宇
出版发行 / 华东理工大学出版社有限公司
地址：上海市梅陇路 130 号，200237
电话：021-64250306
网址：www.ecustpress.cn
邮箱：zongbianban@ecustpress.cn
印　　刷 / 上海新华印刷有限公司
开　　本 / 710 mm×1000 mm　1/16
印　　张 / 17
字　　数 / 278 千字
版　　次 / 2023 年 11 月第 1 版
印　　次 / 2023 年 11 月第 1 次
定　　价 / 89.00 元

编委会名单

序　　言

未成年人司法社会工作是我国司法社会工作服务体系的重要组成部分，过去20多年间获得了快速发展。2010年前，国内一些社会工作专业发展较快、经济基础较好的地区开始探索未成年人司法社会工作服务，并由此积累了初期宝贵的实践经验。2010年后，未成年人司法社会工作服务由于获得国家相关法律和政策的支持和推动，进入快速发展阶段，服务内容日益丰富，服务机制不断完善，服务效益显著提升。尤为重要的是，公安司法机关对社会工作专业服务的接纳程度越来越高，社会工作服务已成为公安司法机关开展未成年人司法保护和犯罪预防工作必须倚重的专业力量。2021年6月，修订后的《中华人民共和国未成年人保护法》《中华人民共和国预防未成年人犯罪法》正式实施，其中明确规定了社会工作服务在未成年人司法保护和犯罪预防中的地位和作用。未成年人司法社会工作被立法承认是其在有关领域的实践成效被社会承认的结果，同时也为未成年人司法社会工作的快速发展提供了重要契机。

过去的20多年里，社会工作研究者、教育者和实践者共同支撑和助力了未成年人司法社会工作的专业化发展，其中高校发挥了举足轻重的作用。北京、上海等城市高校的社会工作专业教师在开展未成年人司法社会工作研究的基础上，培养了一批可以从事未成年人司法社会工作服务的专业人才，进而又发挥倡导作用，推动公安司法机关接纳和支持社会工作者介入其中开展服务。一线社会工作者也不负众望，在历经多年的实践积累后，服务能力不断提升，帮助了无数处于司法环节的未成年人，保护他们的合法权益不受侵犯，同时也帮助他们调整偏差的认知和行为习惯，促使他们建构良性的支持网络，回归健康的生活状态。

然而，我们也要看到，在我国未成年人司法社会工作推进的过程中，社会工作者专业能力不足一直是亟待解决的问题。鉴于此，中国社会工作教育协会司法社会工作专业委员会决定组织相关高校教师编写《未成年人司法社会工作》教材，为在校的社会工作专业学生和一线社会工作者学习未成年人司法社会工作专业知识和技能提供帮助。本教材在编写过程中，除了关注社会工作人才培养中的价值观、知识和方法等基本问题外，编写者们还有以下三点考虑。

第一，本教材体系设计注重司法社会工作人才培养的系统性与整体性。司法社会工作人才的培养不仅需要关注微观的服务内容与方法，而且要关注服务政策、服务理论、服务管理、服务保障、服务体系建设等中观和宏观问题，如此才能全面系统地理解未成年人司法社会工作，从而有效推动未成年人司法社会工作服务体系建设。因此，本教材既对实践中开展的未成年人司法社会工作服务内容做了分类介绍，又对未成年人司法社会工作服务系统中的理论、政策、保障等问题进行了分析和概括。

第二，本教材的编写注重理论与实践的有机结合。其一，在理论的选取上，我们选取了一批一线社会工作者广泛使用的理论作为未成年人司法社会工作的知识基础，并且阐释一线社会工作者在实践中使用该理论的经验和方法，尽量做到理论与实践的有机结合。其二，本教材的编写者由两部分人员组成：一是高校中从事司法社会工作教学和研究的专家学者，他们分别来自首都师范大学、北京师范大学、中国政法大学、华东师范大学、河南师范大学、海南政法职业学院和西北政法大学，均具有一线服务研究和督导的实践经验。二是资深的一线社会工作者，他们来自北京超越青少年社工事务所，长期开展未成年人司法社会工作实务和督导工作，具有一定的研究能力。这样安排的初衷是希望本教材既能保障知识选择的科学性，也更贴近一线服务的实践特征，尽量缩短课堂学习与社会实践的距离。

第三，本教材内容的选取紧扣法律要求与实践基础。基于法律规定已明确了未成年人司法社会工作的基本内容，本教材涉及的服务内容皆按法律规范的要求进行设计，体现司法社会工作的刚性需求。同时，服务内容的设计又紧密结合了我国的实践基础，即现阶段基层公安司法部门已普遍开展的未成年人司法社会工作服务内容，做到实践基础与法律规范的有机结合。

因未成年人司法社会工作实践处于不断推陈出新的发展过程中，加之本教材编写者的视野及时间有限，全书无论是整体设计还是内容梳理，都不可避免地存在缺陷甚至错误，希望各位行业专家和学习使用者批评指正。

席小华

目　录

第一章
未成年人司法社会工作概述

21 世纪初，北京、上海等地开启了社会工作与未成年人司法的合作历程，基于双方合作取得的显著成效，社会工作介入未成年人司法场域开展服务逐步获得了法律上的接纳和认可。2020 年 10 月修订的《中华人民共和国未成年人保护法》(以下简称《未成年人保护法》)第九十九条规定："地方人民政府应当培育、引导和规范有关社会组织、社会工作者参与未成年人保护工作，开展家庭教育指导服务，为未成年人的心理辅导、康复救助、监护及收养评估等提供专业服务。"第一百一十六条规定："国家鼓励和支持社会组织、社会工作者参与涉及未成年人案件中未成年人的心理干预、法律援助、社会调查、社会观护、教育矫治、社区矫正等工作。"同年 12 月修订的《中华人民共和国预防未成年人犯罪法》(以下简称《预防未成年人犯罪法》)在分级干预的整体设计理念下，在《预防犯罪的教育》《一般不良行为的预防》《严重不良行为的预防》《再次犯罪的预防》几章中，强调社会工作专业服务参与未成年人犯罪预防的必要性。同时，2020 年 7 月 1 日起施行的《中华人民共和国社区矫正法》(以下简称《社区矫正法》)中也有关于未成年人社区矫正的专门性规定，提出了社会工作服务参与未成年人社区矫正工作的具体内容。

基于以上背景，未成年人司法社会工作在国内获得了快速发展。本章中对未成年人司法社会工作的定义、服务内容、功能、原则和伦理等问题进行了梳理，以期帮助各地的实践者更准确地理解未成年人司法社会工作的理论框架与核心要素，从而指导实践的健康发展。

第一节　未成年人司法社会工作的定义

虽然未成年人司法社会工作等相关概念被社会各界广泛提及，但人们对“未成年人司法社会工作是什么”的问题却没有做出确切且规范性的回答。本节在梳理未成年人司法和司法社会工作内涵的基础上，对我国各地未成年人司法社会工作的概念进行归纳和总结。

一、未成年人司法的解释

所谓未成年人司法，一般是指专门从事未成年人司法工作的机构或者其他司法机构（包括国家司法机关和非国家机关的司法组织），用法律处理未成年人犯罪和不良行为案件，以达到保护和教育未成年人健康成长、防治未成年人犯罪和未成年人不良行为这两个目标的专门司法制度。[①] 在以上定义中，未成年人司法的目标是未成年人犯罪预防和不良行为矫正。然而，未成年人犯罪预防和不良行为矫正只是刑事司法的工作目标，除此之外，涉及未成年人的民事、行政、公益诉讼裁判活动同样属于未成年人司法的范畴，未成年人司法的目标除了防治未成年人犯罪和不良行为外，还应包括未成年人民事权益保护、刑事犯罪被害未成年人保护等相关内容。

鉴于此，笔者对以上定义做了细微调整。所谓未成年人司法，是指专门的未成年人司法机构或者其他相关部门，运用法律处理涉及未成年人的案件，以维护未成年人的权益，促进未成年人健康成长，预防和矫正未成年人犯罪和不良行为的专门性司法制度。

二、司法社会工作的概念

在美国，司法社会工作服务于 19 世纪末出现。1984 年，司法社会工作协会（National Organization of Forensic Social Work，NOFSW）成立。2011 年，《司法社会工作》（*The Journal of Forensic Social Work*）创刊[②]，为司法社会工作的理论和实务研究搭建了学术平台。目前，司法社会工作在高校中已成

---

① 姚建龙：《长大成人：少年司法制度的建构》，中国人民公安大学出版社，2003，第 22 页。

② Chatfield G, Vaughan-Eden V and Butters R P, “The History of the National Organization of Forensic Social Work,” *Journal of Forensic Social Work* 1, no.1(2011): 4 - 7.

为独立的学术领域，有专门的学者在此领域内开展深入的研究。美国的司法社会工作经历了酝酿、初始发展、深入发展和成熟四个阶段，具有服务领域众多、就业岗位健全、与司法机构能动协调等特征。现阶段，美国司法社会工作在众多领域开展服务，对促进社会和谐发展发挥了重要作用。具体到概念，美国司法社会工作是指具有法律和社会工作双重学科背景的社会工作人才，在以相关法律为支撑的背景下，以犯罪预防、矫正违法犯罪行为为服务目标而开展的各类服务活动。①

在英国，司法社会工作更多地被界定为“刑事司法社会工作”（criminal justice social work），是指致力于预防犯罪、减少重新犯罪、促进违法犯罪人员重返社会、增加社会对违法犯罪前科者的包容等各项社会工作服务。②

目前，我国的司法工作是“预防和减少犯罪工作体系”的产物，虽然内涵不明确，但工作领域是确定的。③ 2002 年，上海市的一些学者率先探索在社区矫正人员、吸毒人群、社区未成年人等群体中开展社会工作服务。在思考如何界定以上服务概念的过程中，徐永祥教授提出了“司法社会工作”这一概念，并且他认为“司法社会工作”可以相对准确地解释以上以犯罪预防为目标的三类服务。自此，“司法社会工作”这一概念开始在中国社会工作理论和实务界广泛使用。随后，学术界和实务领域对这一概念的解释及观点不断呈现。

张善根不认同将司法社会工作定义为以犯罪预防和违法行为矫治为目标的社会工作，尤其不同意把司法社会工作的概念与矫正社会工作的概念等同使用。他认为，等同使用的做法不能科学地界定司法社会工作应有的价值，也可能从某种程度上阻碍了司法社会工作的发展。他认为，司法社会工作的概念应该从司法和社会工作两个方面进行考量，既要关注社会工作的社会福利性，又要了解司法所涵盖的刑事司法、民事司法、行政司法三大范畴，并且理解社会工作与司法之间的契合性。他将司法社会工作界定为运用社会工作的理念和方法参与司法活动，为特殊的当事人提供服务的统称。同时，他认为司法社会工作应服务司法过程的始终，包括刑事司法、民事司法、行政司法，甚至可以介入大司法体制下的人民调解制度中。但目前司法社会工作仍主要在刑事

① 杨旭：《美国司法社会工作的发展及借鉴》，《学术交流》2013 年第 3 期。
② 李菁凤：《论司法社会工作的专业化与职业化》，《法制与社会》2010 年第 14 期。
③ 何明升：《司法社会工作概论》（第二版），北京大学出版社，2020，第 4—10 页。

司法领域开展服务。[①]

马姝将司法社会工作定义为：在国家司法机关和司法组织参与的与执法有关的活动中，为有需要的人，有组织地提供专业助人服务的工作。其目的在于借助社会工作的专业优势，在司法机关工作人员、社会工作者和志愿者的共同努力下，解决社会纠纷，消除社会对立面，促进社会和谐。[②]

范燕宁认为，司法社会工作也称司法矫正社会工作，是司法社会工作者在社会工作价值观的指导下，综合运用社会工作专业知识、方法、技巧，为社区矫正对象、安置帮教对象和边缘未成年人等弱势群体提供戒毒康复、心理疏导、职业技能培训、就业安置等社会工作服务，以恢复和发展其社会功能，最终达到预防犯罪、稳定社会秩序的专业服务效果。[③]

何明升认为，目前我国司法社会工作的概念处于含混不清的阶段，无论是为了学科建设还是为了服务实务的推进，都应补足对司法社会工作基本概念的界定。他考察了国内外司法社会工作开展服务的状况，认为我国司法社会工作的组织逻辑有三个基本点，即体制内、司法转型、替代补充。他从系统角度对司法社会工作做了界定：司法社会工作是一个由特定价值理念与实务逻辑所决定的复合系统，社会工作机构及其从业人员与刑事司法机构在其中相互依托，面向罪错者、受害人及相关利益人中的受助者，通过充分发展其潜能推动社会变革、改善人际关系和促进问题解决。[④]

笔者通过对以上相关学者关于司法社会工作概念界定的梳理，认为在界定司法社会工作这一概念之前，还需要厘清与之相关的一些基本概念之间的关系。

其一，司法社会工作与矫正社会工作间的关系。一些学者认为，司法社会工作这一概念并不能涵盖矫正社会工作的所有内容，所以主张采用司法矫正社会工作这一说法。而大多数学者则认为，矫正社会工作是司法社会工作的重要组成部分，不应将司法与矫正这两个概念作为并列的概念加以使用，使用司法社会工作这一说法更容易明确服务内容并被社会大众所了解，所以应

---

① 张善根：《司法社会工作的功能定位及其范畴——以未成年人的司法保护为中心》，《未成年人犯罪问题》2011 年第 5 期。

② 马姝：《本土化背景下司法社会工作的基础性问题探讨》，《中国社会学年会“法律社会学与社会治理论坛”论文集》，2010 年。

③ 范燕宁：《社区矫正的基本理念和适用意义》，《中国青年研究》2004 年第 11 期。

④ 何明升：《司法社会工作概念的缺位及其补足》，《法学论坛》2012 年第 2 期。

明确使用司法社会工作这一概念。笔者同意后一种说法。同时，这一说法也被中国社会工作教育协会所认可，于 2014 年成立了司法社会工作专业委员会。

其二，司法社会工作的内涵与外延。笔者同意何明升提出的说法——司法社会工作开展服务的前提是社会工作与司法理念的一致性，社会工作者与司法机构的工作人员形成友好的合作关系，共同的服务目标是促进服务对象人际关系改善、问题解决，以及社会的变革与和谐发展等。但在服务对象上，何明升将司法社会工作的服务对象概括为罪错者、受害人和相关利益人中的受助者，笔者认为这一概括过于狭窄。正如张善根所言，司法包括刑事、民事、行政三大体系，而何明升的概念只涉及刑事司法社会工作中的服务人群，倘若社会工作在民事、行政司法领域的服务范围内推展开，何明升这一概念就显得不够全面了。

综合以上分析，笔者认为，司法社会工作的概念应有广义和狭义之分。广义的司法社会工作可以概括为，拥有法律和社会工作双重知识背景的社会工作者在有关法律规定的框架下，以共同理念为指引与司法机关合作开展的社会服务，其中包括刑事、民事、行政三大司法领域中的社会工作服务。狭义的司法社会工作仅指刑事司法社会工作，指拥有法律和社会工作双重知识背景的社会工作者在相关法律规定的框架下，与司法机关合作开展的旨在预防和减少犯罪的各类社会工作服务，其最终目标是维护服务对象的权益、犯罪预防，以及促进社会的进步与变革。目前，我国在刑事司法领域内开展的社会工作服务更为广泛。

三、未成年人司法社会工作

未成年人司法社会工作是司法社会工作的重要组成部分，是指拥有法律和社会工作双重知识背景的社会工作者，以未成年人权益保护和犯罪预防为服务目标，与刑事、民事等司法机关或行政机构合作开展的社会调查、教育矫正、合适成年人服务、被害人救助及民事观护等各项服务的统称。

未成年人司法社会工作的内涵与宗旨是实现儿童权益最大化，实现对儿童权益的保护，进而达成对未成年人犯罪的预防和矫正。值得一提的是，在未成年人司法社会工作实践中，以上宗旨是司法机关和社会工作机构的一致目标，也是双方得以合作的重要基础。

未成年人司法社会工作的外延涉及行政、刑事和民事等相关司法领域，具体服务包括少年权益维护、犯罪预防、刑事司法、民事司法过程中产生的各类服务需求。服务人群涵盖具有不良行为的未成年人、吸毒未成年人、已经违法或犯罪的未成年人、遭受犯罪行为权益被侵害的未成年人，以及民事权益可能面临侵害的未成年人等。社会工作者的合作伙伴涉及教育、公安、司法等部门。

笔者认为，对未成年人司法社会工作概念的界定，既需要关注国内外有关未成年人司法和司法社会工作的概念，又需要关注我国已有的实践情况。另外，任何概念都处于变化之中，随着相关实践的发展和人们对未成年人司法社会工作认识的深入，作为学界需要密切跟进的重要议题，学者也会根据变化对其概念做出迭代和更新。

第二节　未成年人司法社会工作的服务内容

基于 20 多年来的发展与实践，我国形成了“三大类七小类”未成年人司法社会工作的服务内容。

一、维权类未成年人司法社会工作服务

此类服务的核心宗旨是维护未成年人的合法权益不受侵犯。因未成年人特殊的生理和心理状态，需要成年人对其基本权利给予保护，在相关法律的支持下，已经开展的维权类未成年人司法社会工作服务有三类。

（一）合适成年人服务

2013 年 1 月 1 日起实施的《中华人民共和国刑事诉讼法》（以下简称《刑事诉讼法》）对合适成年人制度做出了明确规定。合适成年人制度设立的宗旨是保护处于刑事诉讼中的未成年人的合法权益不受侵犯。我国开始适用合适成年人制度后，很多地区都依赖专业社会工作者承担合适成年人服务。

（二）被害人保护救助服务

此类服务的对象是指被犯罪行为侵害的未成年人，对这类未成年人进行服务和跟进不仅是儿童权益保护的要求，而且在未成年人犯罪预防方面意义明显。研究表明，若被害人不能及时获得关注和支持，极易产生“恶逆变”，从而衍生犯罪行为。社会工作者通过对未成年被害人及其家庭开展危机干预、

创伤疗愈、资源链接等方面的综合服务，能够协助未成年被害人脱离危险情境，帮助未成年被害人尽早恢复社会功能。

（三）家事案件观护服务

家事案件观护服务的对象是指涉及监护权、探视权纠纷的民事案件中的未成年人。研究显示，未成年人犯罪与其家庭因素密不可分，尤其是父母处于离异状态的未成年人，其合法权益的维护处于一定的风险当中，需要社会工作专业服务的开展和跟进对其形成一定的保护。因此，近年来各地陆续出现司法社会工作介入民事司法领域开展服务的探索。

二、预防犯罪类未成年人司法社会工作服务

此类服务群体尚未实施违法犯罪行为，但存在违法犯罪的风险，需要社会工作专业服务给予跟进。此类服务主要包括两种。

（一）针对具有不良行为未成年人开展的干预服务

社会工作者在社区、学校等场域中，针对具有不良行为的未成年人开展心理素质培养、行为规范养成、青春期教育、关系调适、认知能力提升等专业服务，以协助未成年人加强与家庭、朋辈、学校、社区的联结，促进个体与环境的良性互动，使服务对象实现良性转变。

（二）针对严重不良行为未成年人的矫治服务

根据《预防未成年人犯罪法》的规定，社会工作者在配合有关主体开展矫治教育、专门教育、专门矫治教育时，按照开展矫治服务的场域、对象特点的不同，矫治服务大致可分为专门学校内的矫治教育服务和公安司法机关训诫教育服务两大类型。

三、矫正类未成年人司法社会工作服务

此类服务对象已经实施了违法犯罪行为，需要有关人员对他们深入开展教育矫正，预防其再次犯罪，具体服务内容包括两类。

（一）违法犯罪未成年人社会调查服务

违法犯罪未成年人社会调查服务是未成年人司法社会工作服务的重要内容。社会工作者接受公安机关、人民检察院、人民法院的委托，运用社会学、心理学等专业知识，分析违法犯罪未成年人回归社会的风险性因素和保护性因素，对违法犯罪未成年人的再犯罪风险进行评估，为司法机关适用法律提供参

考依据，也为后续的观护帮教服务奠定基础。

（二）违法犯罪未成年人观护帮教服务

在社会调查的基础上，社会工作者针对违法犯罪未成年人的偏差认知和行为习惯，坚持“人在情境中”的基本理念，运用社会工作的理念、知识和方法系统地开展相关服务，以实现违法犯罪未成年人的正向发展与改变，从而预防其再次犯罪。

第三节　未成年人司法社会工作的功能

关于刑事司法的功能，有学者认为其最原始的功能是解决社会冲突；派生功能是维护社会稳定、保障公民权利；拓展功能是形成公共政策、促进法律发展、增进社会福利。[①] 刑事司法功能的定位是我们理解未成年人司法社会工作的重要基础。基于此，笔者认为，未成年人司法社会工作应发挥以下四项功能。

一、协助开展未成年人司法服务的人员科学化、规范化地适用法律

未成年人司法虽然具有不适用于成年人司法的典型特征，但其首要的功能依然是处理因犯罪行为所引发的严重社会冲突。在处理社会冲突的过程中，司法人员要科学化、规范化地适用法律，以实现社会的公平与正义。而社会工作参与社会事务正是此功能得以实现的重要依托。如违法犯罪未成年人社会调查制度的落实，需要社会工作者对违法犯罪未成年人及其家庭、社区环境进行深入调查，以了解其犯罪原因、回归社会的有利因素和不利因素，并且完成相应的社会调查报告，作为开展未成年人司法服务的人员适用法律的重要参考。如合适成年人制度，在违法犯罪未成年人法定监护人不在场的情况下，司法人员对其讯问或询问行为需要社会工作者的参与。此种做法一方面可以有效保护违法犯罪未成年人的权益不受侵犯，另一方面也可以确保司法程序的合法性。也就是说，正是社会支持体系的搭建、社会工作专业服务的提供，未成年人司法程序的规范性才得以实现，司法人员才能更有效地适用法律公正地处理各类严重的社会冲突。

---

① 董邦俊：《和谐社会背景下的刑事司法功能解读》，《法学论坛》2007 年第 4 期。

二、充分实现未成年人司法的教育矫正功能

未成年人司法的核心目标在于通过开展针对涉案未成年人的教育矫正工作，改善其偏差的认知和行为习惯，帮助其顺利回归社会。违法犯罪未成年人的教育矫正是一项专业性极强的社会服务，开展这项服务的人员既需要社会学、心理学、犯罪学等学科的知识训练，又需要个案、小组、社区等的专业方法训练，同时还需要秉持尊重、接纳等基本价值理念。而社会工作专业人才在培养过程中，需要进行以上专业知识、方法和价值理念的长期训练，因此社会工作专业人才和社会工作机构的参与，以及未成年人司法社会工作服务体系的搭建，是未成年人司法实现教育矫正功能的重要支撑。

三、有效实现未成年人司法对社会关系的保护功能

未成年人司法具有“双保护”的功能，既要保护涉案的未成年人，又要保护因其犯罪行为受到伤害的社会关系。在保护涉案未成年人社会关系方面，同样离不开社会工作者的参与和支持。如为了平衡未成年人因犯罪行为受到伤害的社会关系，多采取犯罪被害人救助、刑事和解等手段。在针对犯罪被害人救助与刑事和解的服务过程中，社会工作者中立的第三方身份更容易与双方建立信任关系，以便更准确地评估双方的基本需求，其经过长期训练所掌握的服务技巧也更容易使双方达成和解的目标。正是社会工作者参与未成年人司法活动，参与涉案未成年人社会关系的修复工作，才真正实现了未成年人司法对社会关系的保护功能。

四、促进未成年人立法和司法制度的进一步完善

我国未成年人司法制度自 20 世纪 80 年代开始改革，历经 30 多年的发展，无论是未成年人立法还是未成年人司法都取得了重要的成就。然而与未成年人司法制度发展相对成熟的国家和地区相比，我国未成年人立法和司法尚存在较大的改善空间，其中非常重要的一环是未成年人司法社会支持体系需要进一步建立与完善。在过去的 20 多年中，我国各地陆续开展了建构未成年人司法社会工作服务体系的实践，积累了一些成功的经验，对完善我国未成年人司法制度产生了积极影响，对完善未成年人立法提供了经验与素材，推动我国未成年人立法和司法迈上新台阶。

综合以上分析，在未成年人司法发展与改革的进程中，司法人员为了有效处理因犯罪行为而产生的社会矛盾和社会冲突，实现涉案未成年人权益维护、未成年人犯罪预防、未成年人司法制度变革等基本目标，需要引入专业的社会工作力量开展相关服务。社会工作与未成年人司法之间的合作，是社会工作专业主动嵌入的结果，是源于未成年人司法的内生性需求，正是未成年人司法实践的急迫需求及后续衍生的立法倡导，使得社会工作成为未成年人社会支持体系建构中的核心要素。

第四节　未成年人司法社会工作的原则和伦理

原则是指人们看待问题、处理问题的准则，也是专业的从业人员开展服务的行动指南。伦理则是指某一专业领域的从业人员通过其团体的磋商达成共识，以集体自律的方式订立专业守则或成员公约，要求全体成员共同遵守的行为规范。[①] 在未成年人司法社会工作领域内，社会工作者应遵循的原则和伦理主要涵盖以下方面。

一、未成年人司法社会工作的原则

未成年人司法社会工作重要的原则有五个：最有利于未成年人原则、契合性原则、系统性原则、多方参与原则和分级分类干预原则。这五个原则指明了社会工作者构建服务体系、开展服务过程的工作思路和行动方向。

（一）最有利于未成年人原则

最有利于未成年人就是要求社会工作者在服务中处理所有关于未成年人的问题时，要将未成年人的根本利益和长远利益放在首位，采取最有利于未成年人的措施。

最有利于未成年人原则是我国未成年人工作的总领性原则。《未成年人保护法》第四条明确规定："保护未成年人，应当坚持最有利于未成年人的原则。"我国对未成年人开展的家庭保护、学校保护、社会保护等工作，必须以该原则为指引，明确自身的主体责任。未成年人司法社会工作是一项以维护未

① 赵芳：《社会工作伦理：理论与实务》，社会科学文献出版社，2016，第12页。

成年人权益、保护未成年人健康成长为目标的工作。因此,未成年人司法社会工作也应将最有利于未成年人原则视为开展服务的重要基石。

在具体实践中,社会工作者在开展服务时应充分尊重未成年人,注重未成年人的需求和参与度,给予未成年人特殊、优先保护,保护未成年人的个人信息不被泄露,采取符合未成年人身心发展特点的方式为其提供教育和服务,所有围绕未成年人群体提供的服务均应以未成年人权益保护为核心。

(二)契合性原则

契合性原则是指未成年人司法社会工作服务需要契合未成年人司法工作的需求,围绕未成年人司法工作中未成年人呈现的需求提供服务,契合司法、教育、社区等服务场域的规范要求,注重与服务委托方的沟通与协作。

契合性原则奠定了未成年人司法社会工作存在和发展的基础。该原则的意义在于:第一,保证未成年人司法社会工作能够满足未成年人教育、矫治、权益保护的需求,进而实现未成年人健康成长的目标。第二,保证未成年人司法社会工作的合规性。社会工作者开展未成年人司法社会工作服务的常见地点包括派出所、执法办案中心、看守所、学校、社区等。这些场域有不同的管理规范,社会工作者需要保证在开展司法社会工作服务时不违反相关规定,不影响各场域的正常工作秩序,并且在此要求下推动服务的顺利开展。第三,保证未成年人司法社会工作的服务效率。未成年人司法社会工作通过规定的服务内容、服务程序、服务规范等满足服务对象需求、遵循服务场域管理规定,这有助于加强社会工作者与服务委托方的沟通与协作,减少服务开展过程中可能出现的阻碍和冲突,提高服务效率。

(三)系统性原则

系统性原则是指未成年人司法社会工作服务既应关注服务过程中的技术规范,又应致力于推进此类服务的保障体系和制度体系建设。未成年人司法社会工作服务是由服务基础体系、服务提供体系、服务保障体系三个部分组成的整体系统。未成年人司法社会工作服务功能的发挥需要三者相互补充,缺一不可。其中,服务基础体系是指未成年人司法社会工作服务的原则、伦理等,服务提供体系是指服务的具体内容、方法、流程等,服务保障体系是指相应的人才队伍建设、制度建设、经费保障等。

未成年人司法社会工作践行系统性原则,主要通过完善服务基础体系、服务提供体系、服务保障体系来实现。其一,要完善服务基础体系。行业内应当就未成年人司法社会工作应遵循的原则、伦理等达成共识，通过服务标准、行业规范等形式将其确定下来，所有社会工作者在服务过程中都应始终坚持遵守这些原则与伦理。此外，未成年人司法社会工作的原则不是一成不变的，其制定需考虑时代发展的特点，适应未成年人司法改革和未成年人成长的需求。因此，社会工作也应紧扣时代发展的需要，契合未成年人司法发展的要求，动态调整工作原则。其二，要完善服务提供体系。未成年人司法社会工作服务经过十多年的发展，仍是一个新兴的、有很多空间可供探索的领域。在刑事、民事、行政及公益诉讼等方面，未成年人司法社会工作仍需根据少年司法的发展、服务群体的需求变化开拓服务内容，在刑事、民事、行政及公益诉讼等方面完善服务提供体系。其三，完善服务保障体系。未成年人司法社会工作应整合资源，联合多方力量，积极推进政策倡导，完善制度保障，加强制度的统筹、规范和保障作用；加强专业人才队伍建设，完善继续教育体系，加强对人才的培养和激励；建立多种筹资渠道，如推动政府购买未成年人司法社会工作服务等，强化其在行业内的筹资能力。

总而言之，完整的服务体系建设保障了未成年人司法社会工作服务的可靠性和可持续性。未成年人司法社会工作服务基础体系和服务提供体系的搭建，明确了未成年人司法社会工作的原则、伦理、服务内容、方法等，为社会工作者提供了重要的行动指南和服务规范，保障了服务的可靠性。未成年人司法社会工作服务保障体系的搭建，为未成年人司法社会工作提供了发展所必需的人力、财力等资源，推动了服务的可持续性。

（四）多方参与原则

多方参与原则指未成年人的需求和面对的问题是复杂的，往往很难仅依赖某一方的力量和资源就可以解决，因此需要秉持多方参与原则，整合资源，协同解决。这一过程，既需要司法机关、民政、教育部门等正式资源的参与，又需要社区、家庭、企业等非正式资源的参与。参与各方应明确各自的职责分工，通力合作，共同实现预防未成年人犯罪、保护未成年人合法权益的目标。

未成年人司法社会工作应遵循多方参与原则。一是因为未成年人在成长与发展过程中遇到的困难与问题、呈现的需求是多元的，仅凭单一资源无法予以充分回应与解决，需要不同部门的参与和支持。二是因为用于保障未成年人司法社会工作服务体系的经费、人力、行政等措施，需要多部门合力推行。

这些保障措施只有以部门规章制度或其他政策文件的形式确立下来，才能保证其持续性，这需要对不同部门的资源进行链接与整合。

具体实践中，社会工作者要充分发挥专业优势，以未成年人的需求为基础，有针对性地进行资源开发、链接、整合，促进多方合力，共同护航未成年人的成长。此外，社会工作也要积极发挥政策倡导的功能，加强与各方的合作与联动，为行业发展创造良好的政策环境。

（五）分级分类干预原则

分级分类干预原则是在《预防未成年人犯罪法》所确立的未成年人犯罪预防的分级干预体系和未成年人司法具体领域划分的基础上提出的原则。

从分级角度来说，《预防未成年人犯罪法》明确提出了未成年人犯罪预防的分级干预体系，以未成年人越轨行为的严重程度为标准，将干预分成预防犯罪的教育、不良行为的干预、严重不良行为的矫治、重新犯罪的预防四个等级。在实践中，具有不良行为的未成年人、具有严重不良行为的未成年人和违法犯罪未成年人在群体特点、行为成因、社会支持情况等方面也有区别。因此，未成年人司法社会工作需要针对一般不良、严重不良、违法犯罪等行为严重性程度不同的未成年人设计不同的服务方案，有针对性地进行干预。

从分类角度来说，未成年人司法社会工作既关注未成年人刑事司法领域，又关注未成年人行政司法领域、民事司法领域，服务对象不仅包括具有不良行为、严重不良行为或违法犯罪行为的未成年人，而且也包括未成年被害人、民事案件中的未成年子女等未成年人群体，不同服务群体呈现的服务需求不同。所以，未成年人司法社会工作要针对不同类型案件的服务对象开展服务。

在未成年人司法社会工作中坚持分级分类干预原则，有两个重要原因。第一，这是社会工作契合未成年人司法发展的需要。未成年人司法在犯罪预防工作中推行分级干预原则，同时在民事案件、行政司法案件、未成年被害人救助领域积极引入专业社会力量参与，服务需求激增。未成年人司法社会工作应及时关注和回应这些需求，将分级分类干预的原则引入工作中，指导自身服务的开展。第二，这是最有利于未成年人原则在具体实践中的体现。未成年人司法社会工作面对不同的服务群体，如具有不良行为的未成年人、违法犯罪未成年人、未成年被害人等，他们有不同的特点和需求，需要提供针对性的服务。

具体实践中，社会工作者需要针对不同未成年人群体的特点和需求，提供不同程度、不同侧重的服务，注重搭建多类型、多层级干预的未成年人司法社会工作服务体系。具体来说，社会工作者提供的服务应做到适用对象分级分类、干预措施分级分类，针对不同类型的未成年人，提供有针对性的服务方案。

二、未成年人司法社会工作的伦理

未成年人司法社会工作的伦理主要有五个：平等、保密、不歧视、非评判和个别化。

（一）平等

每个人都有尊严和价值，拥有法律赋予的社会权利。社会工作就是要在承认、尊重个人的尊严和价值的基础上，为有需要的困难群体提供专业的助人服务，在服务中协助服务对象恢复个体的社会功能，拓展个体处理问题的能力，增强其自尊和自信。社会工作者应以接纳的态度对待所有服务对象，给予他们平等和尊重。

在未成年人司法社会工作领域内，坚持平等的伦理是基于社会工作的人文关怀理念，以及尊重个体的独立人格的价值观的考量。未成年人司法社会工作的部分服务对象自身的越轨行为、被害事件等使其生存环境容易处于边缘地带，常常会被“贴标签”“污名化”，从而难以得到平等对待。这种不平等会给他们带来伤害和痛苦，并且有可能影响他们获取资源和机会，进而影响其正向成长。因此，社会工作者坚持平等的伦理是尊重未成年人个体人格的重要表现，是营造安全、和谐服务环境的必要手段。同时，未成年人司法社会工作对违法犯罪的未成年人来说，是一项非自愿服务，容易产生抵触情绪。社会工作者与违法犯罪的未成年人建立平等的关系，有利于提高他们对服务的接纳程度，推动服务顺利开展。

具体实践中，社会工作者应做到：① 和违法犯罪未成年人建立平等的服务关系，营造安全的服务氛围。在向服务对象提供服务时，社会工作者应以客观、接纳的心态，在平等、安全的氛围中与服务对象深入讨论问题，共同寻得解决问题的办法。社会工作者的身份与司法机关办案人员不同，不具有对案件的管辖权限，无权干涉案件的处理结果。因此，社会工作者在案件审理过程中与服务对象的地位无明显差别，应与服务对象平等交流，与其建立专业关系，为其提供支持。② 协助服务对象得到平等获取资源的机会。社会工作者从违法犯罪未成年人的需求出发，协助其与相关政府部门、学校、企业等进行沟通，避免他们在获得经济补助、就学机会、就业机会等资源时被不平等对待，因偏见、歧视等失去所需的资源。

（二）保密

保密的实质是强调社会工作者应尊重服务对象的隐私权。在社会工作伦理中，保密有两层含义：① 隐私是个人的自然权力，除非有提供服务或进行社会工作评估、研究的必要，否则社会工作者不应诱使案主说出隐私信息。② 一旦隐私信息被披露出来，社会工作者在没有得到案主许可之前，不应把利用专业关系获取的有关案主的资料透露给其他人。[①]

未成年人司法社会工作坚持保密的伦理，一方面是社会工作自身的工作要求，另一方面是未成年人司法保护的工作要求。从社会工作的角度出发，保密是重要的专业伦理，社会工作者必须遵循并践行这一要求。从未成年人司法的角度出发，1985 年，《联合国少年司法最低限度标准规则》（北京规则）规定："对少年罪犯的档案应严格保密，不得让第三方利用。应仅限于与处理手头上的案件直接有关的人员或其他经正式授权的人员才可以接触这些档案。"我国坚定履行这一规定。此外，《未成年人保护法》《刑事诉讼法》《关于未成年人犯罪记录封存的实施办法》规定，要保护未成年人隐私权和个人信息，封存未成年人犯罪记录。

在未成年人司法社会工作的具体实践中，社会工作者必须保护未成年人的隐私，对获得的与未成年人相关的个人信息、案件信息等内容采取保密措施。同时，社会工作者也要保证未成年人在专业关系中透露的信息不被曝光，保护未成年人的利益。

社会工作者需要明确，在面对服务对象时遵循的保密伦理，应以遵守法律法规为前提。但遵循保密伦理不是绝对的，也存在例外的情况，包括：① 服务对象亲自或通过监护人或法律代表决定放弃时；② 涉及紧急的危险性情况，基于保护服务对象本人或其他第三者合法权益时；③ 社会工作者负有警告责任时；④ 社会工作者负有法律规定的相关报告责任时；⑤ 服务对象患有致命危险的传染疾病时；⑥ 评估服务对象有自杀危险，需要进行危机干预时；⑦ 服

① 赵芳：《社会工作伦理：理论与实务》，社会科学文献出版社，2016，第 118 页。

务对象涉及刑事案件时。[①] 社会工作者在与未成年人建立关系之初,应明确告诉服务对象保密伦理例外的情况。

（三）不歧视

在儿童权利保护中,有一项重要的伦理——不歧视。其基本内涵是儿童享有平等的权利,不得因儿童或其父母或法定监护人的种族、肤色、性别、语言、宗教、政治或其他见解、民族或社会出身、财产、伤残、出生或其他身份而有任何差别。[②] 换言之,不歧视原则要求我们无差别地对待儿童。

在未成年人司法社会工作领域内,社会工作者践行不歧视伦理,是遵循儿童权利保护的基本工作要求,保证所有服务对象都能无差别地得到专业社会工作的支持。

为此,社会工作者应做到：① 以尊重为基本价值,充分尊重每一个服务对象,把服务对象看作需要予以服务的个体,不应因自己的价值观对服务对象产生任何歧视。② 不得因未成年人及其监护人的民族、种族、职业、宗教信仰、受教育程度、财产状况、身体状况、性取向等对服务对象产生歧视。③ 发挥倡导者的功能,协助构建他者对服务对象的非歧视环境。具体而言,一是对服务过程中出现的歧视现象进行干预。在实践工作中,社会工作者可能遇到合作伙伴对服务对象不友善、歧视的情形。对此,社会工作者应与合作伙伴进行沟通,协助合作伙伴做出调整,避免因歧视给服务对象造成伤害。二是进行政策倡导,积极推动构建儿童友好的、非歧视的司法程序和环境。

（四）非评判

在社会工作领域,非评判是指社会工作者基于服务对象的需要主动对其提供服务。社会工作者应暂时放下自己的主观判断,感受服务对象的处境,投入其内心世界,并从服务对象的观点和立场出发,设身处地去体会和同理其主观感受。非评判的伦理有利于社会工作者与服务对象建立良好的专业关系,使服务对象感到社会工作者的可信赖和友善,激励服务对象表达自己的真实需求,从而推动服务的顺利进行。[③]

具体实践中,社会工作者应理解、尊重服务对象的言行和价值观,支持他们在观念和生活方式上的选择,不将自己的价值观强加于服务对象身上,不对

---

① 陈钟林、黄晓燕：《社会工作价值与伦理》,高等教育出版社,2011,第 107 页。

② 郑素华：《儿童权利保护的“非歧视”原则探究》,《青少年犯罪问题》2011 年第 1 期。

③ 滕明君、李耀男：《社会工作非批判原则困境研究》,《领导科学》2021 年第 4 期。

服务对象的性格、性取向、生活方式等进行倾向性的评判。在服务过程中，社会工作者要注重提升服务对象的参与度，始终坚持和服务对象一起讨论问题、需求、解决方法等，使服务对象能够对自身遇到的困境发表看法，寻找适合自己问题的解决策略。同时，社会工作者需避免僵化地践行非评判的伦理。有些服务对象行为背后体现的价值观有明显的偏差，社会工作者展现自己非评判的态度，并不是不加考虑地认同其价值观，而是在尊重、接纳的基础上，用专业的方法和技术，引导服务对象进行思考，对其进行正向的引导。

（五）个别化

每个人都是独特的个体，有自己的价值观、生活经历、身心特点、行为习惯、家庭关系等，这种独特性应当被了解和尊重。个别化要求社会工作者充分考虑服务对象在家庭背景、所处环境、个性特质等方面的不同，接纳服务对象在性别、年龄、职业、宗教、政治信仰、社会地位等方面存在的价值差异，以及尊重服务对象与社会主流价值之间存在的不同和潜在的冲突，有针对性地设计服务方案并开展服务。

在未成年人司法社会工作领域内，坚持个别化的伦理要求，有助于社会工作者全面、准确地对服务对象的问题和需求进行评估，和服务对象一起寻找合适的解决方案。具体实践中，社会工作者应以个别化的态度看待未成年人，了解其个性化的需求；承认每个人的独特性，尊重每个人的想法和观点，理解其行为，而不是以一般规律代替个体特征，盲目满足其需求；社会工作者在服务过程中要根据未成年人的个人特点采用不同的方法建立关系，根据其各自的需求和问题提供有效的服务。

本章在界定未成年人司法社会工作含义的基础上，梳理了此前20多年未成年人司法社会工作的发展实践，归纳总结了我国已形成的“三大类七小类”未成年人司法社会工作服务的内容。此外，在实践中，未成年人司法社会工作在开展服务时还需要遵守一定的原则和伦理，才能充分发挥其刑事司法的功能。社会工作者只有准确理解上述未成年人司法社会工作的核心要素和框架，才能有效指导未成年人司法社会工作服务顺利、健康开展。

本章要点

未成年人司法社会工作是指拥有法律和社会工作双重知识背景的社会工作者，以未成年人权益保护和犯罪预防为服务目标，与刑事、民事等司法机关或行政机构合作开展的社会调查、教育矫正、合适成年人服务、被害人救助和民事观护等各项服务的统称。

目前，我国未成年人司法社会工作主要涵盖“三大类七小类”具体的服务内容，分别是：维权类服务，包括合适成年人服务、被害人保护救助服务和家事案件观护服务；预防犯罪类服务，主要是针对具有不良行为未成年人开展的干预服务和针对严重不良行为未成年人的矫治服务；矫正类服务，包括违法犯罪未成年人社会调查服务和违法犯罪未成年人观护帮教服务。

未成年人司法社会工作应发挥四个基本功能：协助未成年司法人员科学化、规范化地适用法律，充分实现未成年人司法的教育矫正功能，有效实现未成年人司法对社会关系的保护功能，促进未成年人立法和司法制度的进一步完善。

未成年人司法社会工作开展服务时必须遵循一定的原则和伦理。原则是社会工作服务的行动指南，未成年人司法社会工作需遵守的原则包括：最有利于未成年人原则、契合性原则、系统性原则、多方参与原则和分级分类干预原则。伦理是社会工作者的行为规范，未成年人司法社会工作者须践行的伦理包括平等、保密、不歧视、非评判和个别化。

思考题

1. 如何定义未成年人司法社会工作？
2. 目前未成年人司法社会工作的主要服务内容有哪些？
3. 未成年人司法社会工作的功能是什么？
4. 未成年人司法社会工作应如何实现分级分类干预原则？
5. 在未成年人司法社会工作中如何践行不歧视和非评判伦理？

第二章

未成年人司法社会工作在国内外的发展

社会工作参与未成年人司法工作并提供专业的服务已成为国内外少年司法制度的普遍做法。本章将系统梳理未成年人司法社会工作在国内外的发展，使读者了解不同国家和地区未成年人司法社会工作的特色与经验，以对我国未来未成年人司法社会工作的发展提供思路与启示。

第一节　未成年人司法社会工作在国内的发展

少年司法从保护未成年人权益出发，在“非监禁化”“非刑事化”的理念下，预防未成年人罪错行为，对具有行为偏差的未成年人采取有针对性的教育矫治措施，促进其顺利回归社会。在这一背景下，司法工作对未成年人教育矫治有着迫切需求，在司法机关自身力量有限的情况下，急需社会力量的参与。经验证明，社会工作具有价值观、理论和方法上的专业优势，是回应少年司法改革需求不可缺少的重要力量。

一、我国香港地区(以下简称香港)的未成年人司法社会工作的发展

相较于内地未成年人司法社会工作服务的发展，香港的未成年人司法社会工作发展相对较早，其在70余年的发展过程中已构建起相对完善的社会工

作服务网络,积累了丰富的经验做法。

(一) 香港地区未成年人司法社会工作的法律基础

20 世纪 30 年代以前,少年犯被当作成人罪犯对待。[①] 1933 年,香港制定了第一版《少年犯条例》(*Juvenile Offenders Ordinance*),并且任命了第一位感化官。感化服务,1939 年之前由警务部门负责,直至 1939 年,由监狱部门(1982 年更名为惩教署,Correctional Services Department,CSD)接管。1949 年,社会福利署成立。1950 年,一位专业的社会工作者被委任为首席感化官,负责社会福利署新推行的感化服务。[②] 社会工作者担任首席感化官一职,标志着社会工作正式进入香港的少年司法体系。目前,社会福利署的感化官均毕业于社会工作专业,接受过社会工作价值观、服务原则和服务技巧等方面的专业训练。

在香港,社会福利署和惩教署是为 10～20 岁的未成年人犯提供回归社会服务项目的两个主要法定机构。

1. 社会福利署提供服务的依据

社会福利署为未成年违法者提供服务的整体目标是协助他们重新融入社会,成为守法公民。《少年犯条例》《罪犯感化条例》《社会服务令条例》《感化院条例》《保护儿童及少年条例》《入境条例》等均对社会福利署对未成年人群体提供的服务做出了明确规定。[③]

上述条例是在不同时期制定的,相关服务是根据当时的具体情况而建立和发展的。为了精简和整合服务模式,社会福利署提供以社区为基础的未成年违法者服务,是感化服务、社会服务令服务和社区支持服务计划的统合。新的综合服务模式于 2012 年生效。

2. 惩教署提供服务的依据

惩教署的使命是保护市民和预防犯罪,为被拘留人员提供安全、可靠、人道、合适和健康的环境,创造更生康复机会,以及通过社区教育推广守法和包

---

① G B Endacott, *Government and People in Hong Kong 1841 - 1962: A Constitutional History* (Hong Kong: University Press, 1964).

② I T Heath, "The Sentencing of Juveniles in Hong Kong," *Hong Kong Law Journal* 7, no.2 (1987): 193 - 98.

③ Lee Koon-mei, "The Role of Social Work in Juvenile Justice in Hong Kong," in *The Role of Social Work in Juvenile Justice: International Experiences*, eds. Robert G. Schwartz and Yifang Chen (Lund: Raoul Wallenberg Institute, 2020), p.156.

容的价值观念。在香港，虽然没有规定惩教署人员必须是社会工作专业的毕业生，但惩教署与各大学的社会工作系合作，由社会工作系为其人员提供社会工作实务与技能训练。

在提供更生康复服务时，惩教署依据的条例包括《劳教中心条例》《教导所条例》《监狱条例》《戒毒所条例》《更生中心条例》等。这些条例对惩教署为未成年人提供的服务做出了明确规定。①

此外，1990 年，中国内地签署了联合国《儿童权利公约》。1994 年，香港通过了《儿童权利公约》。1997 年后《儿童权利公约》继续适用于香港。

综上可以看出，在香港，儿童和未成年人的权利已受制度和条例的保障。

（二）香港未成年人司法社会工作的服务内容

香港的未成年人司法体系将未成年人的福利需要考虑在内，所采取的措施高度重视治疗康复导向，不仅考虑司法因素，而且考虑未成年人的情绪和教育等个人需求。

在香港，对未成年人的越轨行为主要有三种控制策略，分别是正向成长预防策略、全校参与策略和法定刑事司法策略。这些服务受社会福利署资助，由非政府机构提供。社会工作者根据他们的专业价值观、方法与技巧等提供服务。②

1. 正向成长预防策略

正向成长预防策略的核心价值是通过促进人格发展和性格训练来帮助未成年人获得成长，尽早识别和预防其越轨行为的发生。在正向成长预防策略中，非政府机构为未成年人提供的社会工作服务主要包括以下五种。

（1）综合未成年人服务中心

社会福利署协助非政府机构成立综合未成年人服务中心。该中心提供预防、发展、支持和补救类的专业社会工作服务，内容包括未成年人辅导咨询、支持性服务、发展及社会化服务，以及社区参与服务。服务对象包括 6～24 岁的青少年，以及与他们关系密切的人员。

（2）未成年人外展社会工作队

社会福利署会资助非政府机构成立未成年人外展社会工作队。该工作队

---

① Lee Koon-mei, "The Role of Social Work in Juvenile Justice in Hong Kong," in *The Role of Social Work in Juvenile Justice: International Experiences*, eds. Robert G. Schwartz and Yifang Chen (Lund: Raoul Wallenberg Institute, 2020), p.157 - 158.

② 同①。

主要负责寻找 6～24 岁通常不参加传统社会活动，并且易受社会不良影响的青少年，为他们提供辅导和咨询服务。[①]

（3）深宵外展服务

为了更全面地满足夜不归宿未成年人的需要，香港特别行政区政府自 2001 年起委托 18 所综合未成年人服务中心为全港夜不归宿的未成年人提供深宵外展服务。相关支持服务包括通宵可到访中心（为未成年人提供夜间休息和娱乐的社会工作服务场所）、危机住宿服务和室内深宵康乐活动。

（4）社区支持服务

社区支持服务计划旨在协助警司警诫计划（Police Superintendent's Discretion Scheme，PSDS）下的未成年人重返学校或工作岗位（警司警诫计划及社区支持服务将在法定刑事司法策略中详细介绍）。

（5）滥用精神药物者辅导中心

社会福利署共管辖有 11 个滥用精神药物者辅导中心。这些中心主要为惯性/偶尔/有可能的药物滥用者，以及边缘未成年人提供辅导和支持服务，协助他们戒除药物滥用行为，建立健康的生活方式。社会工作者为此类人群提供的服务包括咨询辅导、预防教育、专业训练和实地医疗支持等。[②]

2. 全校参与策略

在学校场域内，非政府机构最初（2000 年之前）主要为中学生提供社会工作服务，以协助他们处理学业、社会关系和情绪等方面的问题。从 2019—2020 学年起，每所中学的学校社会工作者人数增加至 2 名，并且增派了督导对他们及开展的服务加以支持。同时，越来越多的非政府机构开始运用全校参与策略协助学校处理危机，建立和谐的校园文化。随着学校社会工作服务的不断发展，目前社会工作服务已扩展至小学和幼儿园，成效显著。

社会工作者在学校场域内扮演着多重角色，除了提供个案辅导、小组工作和全校性的活动外，还需要与家长、心理学家、警察及政府相关部门合作，为教师提供培训，组织课后活动、生命教育活动，培训学生，参加危机管理小组等。

3. 法定刑事司法策略

法定刑事司法策略主要是指警司警诫计划及随后的转介服务。警司警诫计

---

① Lee Koon-mei, "The Role of Social Work in Juvenile Justice in Hong Kong," in *The Role of Social Work in Juvenile Justice: International Experiences*, eds. Robert G. Schwartz and Yifang Chen (Lund: Raoul Wallenberg Institute, 2020), p.160.

② 同①.

划关注的是犯有轻微罪行的未成年人群体，通过矫正性的监管而非制裁，协助他们重新融入社会。当10～18岁的未成年人出现触犯法律行为，并且有足够的证据对其提出指控时，警方可向法庭提出诉讼或根据警司警诫计划对其做出警告。未成年人可受警方监管两年或直至年满18周岁(以较早者为准)。

在发出警诫后，警司会评估是否需要提供转介服务。如有需要，可在警诫后由警方未成年人保护组进行探访或转介给社会福利署、教育局或推行社区支持服务计划的非政府机构。①

在由警司转介开展的服务中，与社会工作服务相关的内容包括以下三项。

(1) 社区支持服务计划

警司在评估违法未成年人是否需要转介时，若该未成年人已经辍学、失业或没有参加任何未成年人活动，但又有可能因参与上述社会活动而受益的话，警司可以将其转介至开展社区支持服务计划的非政府机构。

如前所述，社区支持服务计划由非政府机构在社会福利署的资助下运作。此计划旨在协助接受警司警诫计划的未成年人改善人际关系，培养他们的社会责任感，协助他们重返学校或工作岗位，降低他们再犯罪的可能性。大多数情况下，被警诫的未成年人会同时参加未成年人保护组(警方的未成年人保护设置)和社区支持服务计划提供的服务。服务内容包括个人及家庭辅导、治疗小组、技能训练、教育小组、历奇活动，以及康乐和社区服务等。

(2) 家庭会议

当社会福利署经评估发现未成年人的问题或需求，需要三方及以上的支持资源予以回应或该未成年人在警司警诫计划中被警诫过两次及以上时，便可为其召开家庭会议。家庭会议的目的是把被警诫的未成年人及其家人和来自不同专业的相关人员聚集在一起，评估未成年人的需求，并制订全面的跟进计划。在开展家庭会议时会指派社会工作者对会议上制订的计划进行跟进，包括将未成年人及其家人转介至必要的服务单位，向警方未成年人保护组和相关单位反馈后续计划的实施情况等。

(3) 感化服务

感化服务是一项以社区为基础的服务计划。据香港有关规定，罪犯须接

① Lee Koon-mei, "The Role of Social Work in Juvenile Justice in Hong Kong," in *The Role of Social Work in Juvenile Justice: International Experiences*, eds. Robert G. Schwartz and Yifang Chen (Lund: Raoul Wallenberg Institute, 2020), p.161.

受感化官的法定监管,为期1～3年。感化是一种对任何10岁及以上人士的量刑选择,年满14周岁的未成年人可根据《感化院条例》处理。感化服务的最终目标是协助未成年人重新融入社区,成为守法公民。所有感化官都是注册的社会工作者且经过一定的专业训练,并且必须经过正式任命。他们的职责是为被感化者提供建议、帮助和指导。①

在对违法未成年人提供感化服务时,社会福利署可以依照有关规定,对违法未成年人采取干预措施。这些干预措施均与社会工作相关,具体措施包括以下两点。

(1) 社会服务令计划

社会服务令计划是一种以社区为基础的量刑选择,法庭可以对14岁及以上的罪犯判决社会服务令。社会服务令的目的在于通过提供个案辅导、监管、参与社会服务等方式,为未成年人提供支持。社会服务令计划由感化官监管执行。

根据社会服务令计划,违法未成年人必须在12个月内从事不超过240小时的无偿社区工作。负责监管的感化官既负有法定职责,又负有行政职责。法定职责包括准备社会调查报告,为违法未成年人安排无薪酬的工作地点并进行监管;行政职责包括与可提供工作的机构联络,以及对工作现场的管理者进行监督等。

(2) 住宿院舍干预

若法庭认为采用监禁措施较为适当,会判令违法未成年人接受住宿院舍干预服务。需要注意的是,住宿院舍干预服务不仅可以由社会福利署提供,而且可以由惩教署提供,以满足违法未成年人的不同需求。

社会福利署提供的住宿院舍干预场所包括感化之家、感化院等,服务内容包括教育和职业培训、个案辅导及小组工作、社区服务、康乐活动、监护人探访/家庭工作/外出许可和健康护理等。惩教署提供的住宿院舍干预场所包括教导所、劳教中心(只为男性提供)、更生中心和戒毒所等,服务内容包括一系列的教育、职业训练及辅导计划,以协助违法未成年人纠正越轨行为,提升他们的人际交往能力,增强他们重返社会的信心,增加他们获释后找到合适工作

---

① Lee Koon-mei, "The Role of Social Work in Juvenile Justice in Hong Kong," in *The Role of Social Work in Juvenile Justice: International Experiences*, eds. Robert G. Schwartz and Yifang Chen (Lund: Raoul Wallenberg Institute, 2020), pp.162 - 163.

的可能性。

虽然惩教署的工作人员不一定是社会工作者，但他们多具备社会工作专业知识，以便进行更生康复工作。[①]

（三）香港未成年人司法社会工作的主要特色

1. 未成年人司法社会工作服务网络全覆盖

香港的未成年人司法社会工作服务非常全面，服务对象不仅有未成年人群体，而且也惠及成年人群体，对儿童保护理念的贯彻更加深入。社会工作者每周七天为未成年人提供服务，服务内容涵盖预防、发展和补救等领域。

2. 相对完善的多部门联动协调机制

许多政府部门都参与了对未成年人违法犯罪案件的处理，包括警务处、律政司、惩教署、社会福利署、卫生福利署、保安局和少年法庭。其中，社会福利署在保障和促进香港儿童和未成年人的福祉方面承担着重要的角色。香港大部分预防未成年人犯罪的服务由非政府机构提供，社会福利署负责对这些机构进行资助和监管。同时，社会福利署专门负责训练社会工作者担任处理未成年人违法犯罪事务的感化官。感化官可以作为代表与政府部门、非政府机构及学校合作处理未成年人违法犯罪的相关事务。而社会工作者与儿童保护利益相关方的紧密合作，也为他们提供优质服务奠定了良好的基础。

二、我国内地未成年人司法社会工作的发展

（一）我国内地未成年人司法社会工作的发展阶段

我国内地少年司法改革的标志性事件是 1984 年 10 月上海市长宁区人民法院设置了第一个少年法庭（少年犯合议庭）。1986 年，上海市长宁区检察院在审查起诉科设立了全国第一个少年刑事案件起诉组。同年，上海市长宁区公安分局设立了全国第一个独立的少年警务机构——少年科。此后，从少年法庭、少年检察到少年警务，我国内地少年司法工作体系建构开始逐步探索，但尚处于“各自为政”的发展阶段且缺少社会工作等专业力量的参与。

没有社会工作等专业力量的参与，司法人员在办理未成年人案件时，受专业背景、时间和精力等因素的影响，无法实现既办案又帮教的目标，同时也容

---

① Lee Koon-mei, “The Role of Social Work in Juvenile Justice in Hong Kong,” in *The Role of Social Work in Juvenile Justice: International Experiences*, eds. Robert G. Schwartz and Yifang Chen (Lund: Raoul Wallenberg Institute, 2020), pp.165 - 167.

易造成工作边界不清晰的局面。随着社会工作专业化和职业化水平的不断提高，司法社会工作者逐渐介入少年警务、少年检察、少年审判、社会关护、未成年人监所等机构，推动了我国未成年人司法社会工作的形成与发展。[①]

据席小华的研究，我国内地的未成年人司法社会工作的发展历程大致可以分为三个阶段。[②]

1. 零星化探索的发展阶段(2003—2010 年)

从 2003 年开始，我国内地一些具有良好专业基础和资源基础的省份开始探索未成年人司法社会工作服务。上海于 2003 年搭建了预防和减少犯罪工作体系，2004 年成立了上海市阳光社区青少年事务中心，为 14～25 周岁的社区青少年开展社会工作服务；北京于 2004 年开始探索在未成年犯管教所、工读学校提供社会工作服务，对具有不良行为和犯罪行为的未成年人开展教育矫正工作，并且于 2009 年开始探索在检察阶段开展未成年人司法社会工作服务；云南于 2005 年建立了第一支兼职提供合适成年人服务的队伍，服务对象为辖区所有涉嫌犯罪的未成年人，服务内容包括合适成年人到场维权、社会调查和跟进帮教。

在这一阶段，未成年人司法社会工作服务开始在一些资源基础较好的地区进行探索，虽然这些服务没有成为明确的制度安排，但为后续相关制度的出台和服务的覆盖提供了经验。

2. 制度支持下的系统探索阶段(2010—2020 年)

随着社会工作在未成年人司法中所起的作用越来越重要，有关制度开始将社会工作纳入未成年人司法保护工作，使未成年人司法社会工作获得制度性支持。

2010 年 8 月，中央综治委预防青少年违法犯罪工作领导小组、最高人民法院、最高人民检察院、公安部、司法部、共青团中央联合出台了《关于进一步建立和完善办理未成年人刑事案件配套工作体系的若干意见》，其中规定："法定代理人无法或不宜到场的，可以经未成年犯罪嫌疑人、被告人同意或按其意愿通知其他关系密切的亲属朋友、社会工作者、教师、律师等合适成年人到场。"

2012 年修订的《刑事诉讼法》设置了《未成年人刑事案件诉讼程序》专章。

---

① 何明升：《司法社会工作概论》(第二版)，北京大学出版社，2020，第 211 页。

② 席小华：《"两法"修改背景下未成年人司法社会工作服务体系建设研究》，《华东理工大学学报(社会科学版)》2021 年第 5 期。

2015 年，最高人民检察院发布了《检察机关加强未成年人司法保护八项措施》，推动建立未成年人司法借助社会工作专业力量的长效机制，提出大力支持未成年人事务社会工作专业人才队伍建设工作，主动与未成年人事务社会工作专业机构链接，以政府购买服务等方式，将社会调查、合适成年人参与未成年人刑事诉讼、心理疏导、观护帮教、附条件不起诉监督考察等工作，交由专业社会力量承担，提高未成年人权益保护和犯罪预防的专业水平，逐步建立司法借助社会专业力量的长效机制。

2018 年 2 月 9 日，最高人民检察院、共青团中央签署《关于构建未成年人检察工作社会支持体系合作框架协议》，指导省级及以下检察机关和共青团组织，组建专门的未成年人司法社会服务机构，建设专业未成年人司法社会工作者队伍，开展附条件不起诉考察帮教、社会调查、合适成年人到场、心理疏导、法庭教育、社会观护、被害人救助等工作，逐步扩大社会力量参与未成年人司法的领域和范围，为构建涵盖未成年人警务、检察、审判、执行各个环节的社会支持体系提供经验。

在以上政策的推动下，各地未成年人司法社会工作的制度化建设不断推进，未成年人司法社会工作服务实践领域不断拓展。

各地不断探索未成年人司法社会工作服务的内容，并且使其逐步完善。各地开展的未成年人司法社会工作服务有不良行为干预服务、严重不良行为矫治服务、合适成年人服务、社会调查服务、违法犯罪行为矫正服务、被害人救助服务和家事案件观护服务。在服务领域上，从传统的刑事司法领域延伸至民事司法、行政司法等领域。同时，未成年人司法社会工作服务开展的场域从传统的司法场域向学校、社区等外围场域拓展。

3. 立法支持下的服务体系构建发展阶段(2020 年至今)

2021 年 6 月 1 日起，新修订的《未成年人保护法》和《预防未成年人犯罪法》正式施行，其中明确规定了社会工作者要参与未成年人保护和犯罪预防工作。如本书第一章开头部分所述，《未成年人保护法》《预防未成年人犯罪法》《社区矫正法》等法律均强调了社会工作专业服务参与未成年人犯罪预防工作的作用，明确了相关服务内容。

历经多年理论与实践的积累和发展，未成年人司法社会工作获得了立法支持，并且迎来未成年人司法社会工作服务体系建设的新阶段。

(二) 我国内地未成年人司法社会工作的发展现状

20 多年来，我国内地未成年人司法社会工作的服务内容不断丰富，司法介入环节不断延伸，人才队伍不断壮大，立法支持不断加强。同时，随着未成年人司法社会工作在全国范围内的铺开，各地结合自身的实际情况进行了本土化探索，积累了丰富的经验。本部分选取了几个发展水平处于不同状况的地区，对其未成年人司法社会工作的发展现状进行介绍，以展现我国内地未成年人司法社会工作的整体情况。

1. 北京未成年人司法社会工作的发展现状

北京的未成年人司法社会工作服务以专业社会工作机构为服务主体，贯穿未成年人案件侦查阶段、审查起诉阶段、审判阶段、执行阶段，已形成“公、检、法、司”一条龙覆盖的未成年人司法服务体系。

目前，北京有专业性较强、拥有较大影响力的社会工作服务组织10余家，可以保障全市各区稳步开展、推进未成年人司法社会工作服务。

北京的未成年人司法社会工作服务经费来源以政府购买服务为主，服务购买方包括公安机关、人民检察院、人民法院、群团组织、民政部门、教育行政部门等单位。上述单位通过直接拨款或公开招标等方式，交由有资质的社会服务机构开展相关的未成年人司法社会工作服务，并且根据社会服务机构提供的服务数量和质量支付服务费用。

目前，北京市的未成年人司法社会工作服务已形成“1－3－8”服务格局：“1”是指一个核心原则，即最有利于未成年人原则；“3”是指三个服务类别，即预防类服务、维权类服务、矫正类服务；“8”是指八项具体服务内容，包括驻校社会工作综合服务(不良行为未成年人干预)、违法未成年人矫治教育服务、合适成年人服务、未成年被害人保护救助服务、家事案件社会观护服务、社会调查服务、帮教服务、未成年服刑人员矫正服务。也就是说，在服务内容方面，北京市的未成年人司法社会工作服务在合适成年人、违法犯罪未成年人社会调查、违法犯罪未成年人帮教等服务的基础上，延伸探索了被害人救助、不良行为未成年人教育矫治等服务；在服务领域方面，从刑事司法领域拓展至行政司法领域、民事司法领域；在服务对象方面，从未成年犯罪嫌疑人、被告人拓展至具有不良行为的未成年人、未成年被害人等群体，实现了社会工作在未成年人司法保护和犯罪预防工作中的全覆盖。

2. 上海市未成年人司法社会工作的发展现状

上海市的未成年人司法社会工作服务是在预防和减少犯罪工作体系建设的总体设计下，根据“政府主导推动、社团自主运作、社会多方参与”的原则，以及政府购买服务制度保障下开展和实施的。随着政府主导的力度逐渐加大，上海市开始积极推动区（县）级层面购买社会工作服务机制的完善，通过进一步明确区（县）级层面政府在预防和减少未成年人犯罪工作中的职责及实现政府职能转换，促进政社合作关系在市、区（县）甚至街镇政府之间的构建，为未成年人社会工作服务创造了良好的制度环境。

为有效开展未成年人司法社会工作，上海市成立了预防青少年违法犯罪专项组、预防青少年犯罪研究会、青少年社会工作专业委员会，以指导未成年人司法社会工作的开展。

目前，上海市未成年人司法社会工作服务的内容包括未成年人犯罪预防服务（主要针对闲散未成年人群体、有不良行为或严重不良行为的未成年人群体、流浪乞讨未成年人群体、服刑在教人员未成年子女群体、农村留守儿童等五类重点未成年人群体），合适成年人服务，社会调查服务，社会观护服务，考察帮教服务，社区矫正，监所内服务，家事审判服务，禁毒教育服务等。上海市未成年人司法社会工作服务对象的年龄由原来的 16 岁降至 14 岁；将沪籍未成年人拓展到来沪未成年人；明确了重点未成年人服务对象的类别。服务领域由原来的社区拓展至学校、监所、大型市场、城中村。服务内容涉及正面联系、临界预防、行为矫治、社会关护等方面，建构了系统性、系列化的专业服务体系。①

3. 云南省未成年人司法社会工作的发展现状

云南省的未成年人司法社会工作者包括共青团体系下孵化建立的未成年人事务社会工作机构的专业工作者、关工委系统下开展未成年人司法项目的专兼职人员及其他领域专业或非专业的未成年人工作参与者。②

未成年人司法社会工作的组织机构主要有三种形式：一是关工委组织领导的覆盖全省所有县、区的未成年人司法项目办公室，这是云南省政法委为解决云南未成年人犯罪预防问题而在全省强力推行的组织形式；二是分布于各地的专业未成年人事务社会工作机构，如昆明市红嘴鸥青少年事务服务中心、西山区向阳花青少年事务服务中心等；三是其他未成年人保护组织、照顾机构，如盘龙区未成年人保护中心、云南省家馨社区儿童救助服务中心等。

目前，云南省开展的未成年人司法社会工作服务主要有以下几类：一是

① 费梅苹、王琼蕾、汪鸿波：《上海青少年司法社会工作的发展与反思》，载席小华编著：《中国青少年司法社会工作理论与实务模式研究》，华东理工大学出版社，2019，第 91—111 页。

② 如心理咨询工作者、教育工作者、医务人员等，也会参与到司法社会工作中。

配合落实特殊法律制度，主要包括合适成年人到场维权、社会背景调查等；二是监管、帮教服务，具体对象包括被决定取保候审、附条件不起诉、相对不起诉、缓刑等的未成年犯罪嫌疑人或被告人；三是对刑罚执行阶段未成年人的回归与支持，在这一部分，除传统的缓刑、假释违法犯罪未成年人社区矫正外，在监狱内对接受教育改造的未成年人提供专业的帮教逐渐成为社会工作机构需提供的服务内容之一；四是违法犯罪预防、儿童保护宣传，如在法治教育基地开展未成年人犯罪预防、安全保护等宣传活动；五是救助保护，服务对象包括未成年被害人，监护缺失、监护有较高风险的未成年人；六是心理评估、服务进驻学校等与未成年人犯罪预防和权益保护相关的服务内容。①

4. 江苏省未成年人司法社会工作的发展现状

江苏省的未成年人司法社会工作服务以检察机关为主导，通过整合资源、优化配置、引入专业司法社会工作者、组建专门机构的方式，推动形成了“政府主导、社会联动、社团承接、全面维权”的社会支持模式，包括统筹调配型和分散协作型。统筹调配型是依托检察机关与团委、社会工作事务所等单位和组织合作，建立专门的未成年人司法社会服务中心，通过统筹调配社会资源，提供个案服务和转介服务的方式，实现司法办案需求与社会资源的快速连接；分散协作型是检察机关以自行寻找或单方委托的方式与学校、民政、社会工作组织等单位或组织会签单项合作协议，以满足具体办案的需求。

目前，江苏省的未成年人司法社会工作服务的内容主要包括三个方面：一是社会工作专业力量参与社会调查、合适成年人到场、法律援助、考察帮教等工作，落实未成年人特殊程序保护；二是通过社会工作机构、民政、爱心企业、职业学校等单位或组织之间的沟通协作，采用建立观护基地、提供就学就业、给予经济救助、开展亲职教育等方式，为未成年人提供全面综合的保护；三是从社会工作机构、学校、社区、公益组织等单位吸纳优秀人员，组建、培育优质的法治教育讲师队伍，打造未成年人法治教育工作站，常态化开展普法教育。

5. 河南省未成年人司法社会工作的发展现状

河南省未成年人司法社会工作服务于 2018 年开始推行，服务委托方主要

① 姜敏、陈怡璇：《云南省青少年司法社会工作情况介绍》，载席小华编著：《中国青少年司法社会工作理论与实务模式研究》，华东理工大学出版社，2019，第 112—131 页。

包括民政局、共青团组织、检察机关等部门，服务承接方以专业社会工作机构为主。为了规范未成年人司法社会工作服务的开展，河南省建立了利益相关方（委托方和承接方）沟通机制、服务成效测评机制、信息公开机制、意见征集与反馈机制、监督评议机制、人才奖励机制等，积极推动制度建设、人才培养、质量把控等服务保障工作的发展与完善。

目前，河南省的未成年人司法社会工作服务形式为岗位嵌入式、项目打包式两种方式并存，经费来源以民政局、共青团等政府部门的购买服务资金为主。服务内容包括合适成年人服务、涉罪未成年人社会调查服务、帮教服务、不良行为未成年人教育矫治服务、被害人救助和未成年人普法宣传服务等六大类别。

（三）我国内地未成年人司法社会工作服务的特征与挑战

1. 服务内容不断丰富，但各类服务发展不平衡

在发展初期，未成年人司法社会工作的服务对象主要为违法犯罪未成年人，服务内容主要为合适成年人服务、社会调查服务和帮教服务，服务领域主要为刑事司法领域。随着社会工作实践的深化，我国内地未成年人司法社会工作在服务领域、服务对象、服务内容等方面不断探索，未成年人司法社会工作服务内容体系逐步成形并完善。

但就总体发展情况来看，合适成年人服务、社会调查服务、帮教服务等发展较早的社会工作服务发展情况较好，形成了较为成熟的服务模式；不良行为干预服务、严重不良行为矫治教育服务、被害人救助保护服务、家事案件观护服务等社会工作服务开展的频率相对较低，无法充分回应少年司法的需求，亟须补齐这几类服务的发展短板，为各类案件中的未成年人提供更全面的保护。

2. 介入环节不断延伸，有关部门的接纳程度差异显著

在未成年人司法社会工作发展的初期，社会工作参与少年司法工作的环节主要集中在审查起诉阶段和审判阶段，在犯罪侦查阶段和执行阶段的参与相对较少。近年来，随着少年司法制度改革的推进，在一些经济发展情况较好的地区，公安机关、教育行政部门开始引入社会工作专业服务，与社会工作机构建立合作关系，使社会工作服务得以向犯罪预防、犯罪侦查等环节延伸。

然而，从整体情况来看，引入社会工作服务较多的司法机关仍然以人民检察院和人民法院为主，尽管部分地区尝试将社会工作服务向犯罪侦查阶段延

伸，但总体而言，不同司法机关、政府部门对社会工作服务的接纳程度存在显著差异。

3. 人才队伍不断壮大，服务专业化水平有待提高

为适应各地少年司法工作的需求，共青团、民政部等大力培育当地的社会工作服务人才和社会组织。据“中国青年网”报道，截至 2023 年 3 月，我国内地注册在籍的青少年事务社会工作者约 23.35 万人，其中近三成为青少年司法社会工作者。从整体情况来看，大部分地区均有社会工作机构和社会工作者参与未成年人司法社会工作服务，未成年人司法社会工作服务的人才队伍不断壮大。

但是，由于一些地区的社会工作者队伍缺乏系统的培训督导和继续教育等因素，我国内地未成年人司法社会工作者的服务能力和水平仍有待提升，这既需要高校加强未成年人司法社会工作专业人才培养工作，又需要政府部门制定专门的政策推动未成年人司法社会工作的职业化发展，从专业化和职业化两个维度共同推动未成年人司法社会工作服务整体水平的提升。

4. 已获得立法支持，但尚需配套政策支持

随着未成年人司法社会工作服务开展的不断深化，其在未成年人保护和犯罪预防工作中的作用越发显著并获得了立法支持，新修订的《未成年人保护法》《预防未成年人犯罪法》等法律都强调了社会专业力量对未成年人司法工作的介入。

但是，当前的法律规定仍然过于笼统，缺乏可操作化的支持未成年人司法社会工作服务发展的制度设计，这导致社会专业力量参与少年司法过程遇到的一些具体问题缺乏强有力的制度支持，部分具体工作无法推进，因而需要更加细化的政策。

第二节 未成年人司法社会工作在国外的发展

社会工作参与未成年人司法工作，为处于司法程序中的未成年人提供支持和保护，是世界各国的普遍做法。在一些国家，未成年人司法社会工作作为未成年人犯罪预防和权益保护的重要组成部分，有着悠久的发展历史。随着社会环境和司法体制的变迁，不同国家的未成年人司法社会工作也经历了不

同的发展阶段，呈现不同的发展特点。

虽然国情和社会环境有所不同，但其他国家未成年人司法社会工作领域的经验可以为我国未成年人司法社会工作的发展提供借鉴和启示。因此，本节以美国、加拿大、英国、荷兰和瑞典五个国家为例，从法律基础、服务内容和主要特色三个方面对其未成年人司法社会工作进行分析和梳理，以更全面、清晰地呈现未成年人司法社会工作在这些国家的发展。

一、未成年人司法社会工作在美国的发展

在美国，未成年人司法社会工作作为社会工作的重要组成部分，有着悠久的发展历史。19 世纪末 20 世纪初，社会工作者已经开始广泛介入社区、法院和监狱的未成年工作，为罪错未成年人及受害者开展社会服务。1899 年，美国第一个少年法庭设立于伊利诺伊州。到 1925 年，46 个州及哥伦比亚均创设了少年法庭。少年法庭的设立推动了未成年人司法社会工作者数量的大增。20 世纪 70 年代，随着美国未成年人司法工作对报应刑的推崇和大规模监禁措施的实施，以及社会工作本身关注领域的转变，社会工作开始从未成年人司法领域“撤离”。20 世纪 90 年代，美国政府出于财政考虑，也认识到未成年人犯罪中的种族比例失调，监禁替代措施得以增加，人们对于社会工作重返未成年人司法领域的呼声越来越高，一系列新政策和实务动向也为未成年人司法社会工作提供了广阔的发展空间。随着社会工作在未成年人司法领域实践的不断深入，社会工作者在美国司法系统中的作用越来越重要，其在提升儿童福利水平和促进司法公平方面发挥着重要的作用。

（一）法律基础

在美国，每个州都制定了本州的法律，在立法中有促进未成年人司法社会工作发展的特别条款，以支持社会工作更好地参与未成年人司法工作。

在联邦层面，1974 年，国会通过了《联邦未成年人违法犯罪预防法案》，规定联邦向各州提供小规模拨款，用于支持各州对犯罪的未成年人、闲散未成年人、难以管教的未成年人、离家出走的未成年人等实施非监禁化的措施。在联邦拨款的支持下，未成年人违法犯罪预防办公室（Office of Juvenile Justice and Delinquency Prevention，OJJDP）随即成立，该办公室隶属于司法部，负责制定政策和协调资源。然而，当联邦的小规模拨款使用完后，州和地方政府就不再继续支持这些项目，于是该办公室也不再发挥作用。20 世纪 80 年代早

期，大部分由联邦支持的未成年人违法犯罪预防项目已经被停止运作。[①]

在州级层面，当前所有州的未成年人司法都保留了对未成年人采用监禁替代措施、促使未成年人回归社会和对未成年人提供监管的做法。为了回应未成年被害人的需求，一些州还在其法律中增加了恢复性司法的原则，要求帮教人员帮助进入未成年人司法体系中的未成年人发展社会技能和能力。除此之外，每个州的法律都规定了罪错未成年人转处的相关办法，以帮助他们转处到其他体系中，如精神健康体系或者教育体系，以更好地矫正未成年人的罪错行为。

以上法律中有关未成年人保护的内容，需要社会工作者的参与和协助，以促进相关目标的实现。因此，各个州的法律也规定了社会工作者参与未成年人司法体系的相关内容，如社会工作者在转处中应发挥作用，包括：对未成年人面临的风险、需求和优势等进行评估，帮助未成年人链接社区为本的服务资源，以降低其行为风险；社会工作者要为接受监禁替代措施的未成年人提供安置照料服务，以降低其再犯的风险，通过技能培训等方式促进未成年人重新回归社区等。

（二）服务内容

1. 政策倡导

在美国，社会工作者主要采用体制内措施达成政策倡导的目标。例如，社会工作者可以通过竞选社区领袖、立法者工会主席等职位，直接参与法律的修改或者促进法律修正案的出台。除此之外，社会工作者还可以通过多种资源了解参议院和立法代表的信息，通过将实践过程中的数据和政策相结合，向立法者提供有说服力的证据，促进立法者完善相关法律和政策。

2. 犯罪预防服务

在美国，犯罪预防服务主要在儿童福利领域和学校领域展开。在儿童福利领域，研究表明，受父母忽视或者虐待的未成年被害人更容易出现违法犯罪行为。因此，在未成年人被逮捕后，社会工作者和未成年人司法人员会对未成年人进行甄别，判断其是不是存在被侵害的经历，如社会工作者会与未成年人、其家庭成员和司法人员召开转处会议，参与有关抚养问题的听证会，链接社区服务，对其家外安置需求做评估等。社会工作者基于未成年人在就业、精

---

① 熊贵彬：《美国青少年司法社会工作的兴衰》，《中国青年社会科学》2015 年第 6 期。

神健康、教育、住房等方面的需求，为其提供个案管理服务；可以协助将未成年人安置到寄养家庭中生活并去公立学校就读。与此同时，社会工作者除了向未成年人提供服务外，也会对未成年人寄养家庭中的父母、亲生父母（或者其他照顾者）等提供亲职教育等服务。

在学校领域，社会工作者在犯罪预防工作中的介入主要体现在：倡导学校使用"积极、适当和分级的"管教措施改善学校氛围；促进罪错未成年人继续接受教育和重返学校；促进学生社会情感的学习和正向发展；向家庭、社区和学校工作人员提供支持等。

3. 链接法律援助服务

在美国，社会工作者会为无力负担私人律师费用的未成年人提供免费或减收费用的法律援助服务。其中一种服务模式是由社会工作者直接为服务对象提供法律援助，但是这对社会工作者的专业素质有着较高的要求。因此，主流的服务模式是由社会工作者向服务对象推荐律师，这些律师大多来自私人或营利机构的律师事务所、律师组织和非营利性律师协会。

4. 矫正服务

在矫正服务中，社会工作者主要负责开展罪错未成年人社会背景调查、撰写调查报告等工作，调查到的未成年人信息将作为法院审判的参考。在美国，未成年人可以通过一些证据的提供减轻所需承担的法律责任，所以在进入审判环节前，社会工作者可以收集未成年人的家庭状况、生活环境中的社会和文化影响、未成年人身心健康问题等能够解释未成年人犯罪行为成因的信息，以争取法院的宽大处理。

审判后，社会工作者会评估罪错未成年人的需求并制定矫正目标和矫正方案。对监所中的罪错未成年人，社会工作者可以针对其在监所的不同阶段，开展有针对性的服务，如针对刚进入监所的未成年人开展情绪安抚等工作，对即将离开监所的未成年人开展社会融入和社会关系重构等工作。

罪错未成年人被释放后，社会工作者可以帮助他们构建多元的社会支持网络，以帮助其更好地融入社会。

5. 专家证人

在美国，社会工作者可以在法庭上担任专家证人的角色，即在开庭时凭借自己具有的知识和经验，对相关问题发表意见，这些意见可能被法庭采纳，作为证据使用。在实践中，社会工作者作为专家证人更多地出现在涉及儿童福利、儿童抚养、儿童虐待、家庭问题、精神健康等议题的民事或刑事案件的庭审中。社会工作者作为儿童保护机构的工作人员，在专业测量和评估方面具有权威性，可以出庭并出具儿童是不是遭受虐待、是不是适合与对方当事人一同生活等内容的专业评估证明，以供法官和评审团判断儿童的权利如何得到最大限度的保护。

（三）主要特色

美国未成年人司法社会工作的服务领域较为多元，只要是可能涉及少年司法问题的案件都有社会工作的参与。目前，未成年人司法社会工作的服务领域包括虐待和忽视儿童、儿童性虐待、社区矫正、犯罪行为、刑事司法、家庭暴力、药物滥用、家庭惩教、警察社会工作、缓刑和假释、罪犯康复、受害人服务，以及联邦、州和地方的政策建议等。

美国设置了丰富的可以开展社会工作服务的岗位。一方面，美国的非政府组织非常活跃，这些非政府组织雇用了相当数量的未成年人司法社会工作人员，以实施联邦、州与地方的司法援助和预防犯罪项目，或者根据机构的目标设计灵活而富有差异性的服务方案，并且提供专业的服务。另一方面，社会工作者进入政府部门，帮助政府制定和完善与社会工作相关的各项法律或政策。此外，一些政府工作中的职位，如缓刑官，也是从社会工作者中选拔出来的，他们具有社会工作研究生学历或者曾在社会工作者岗位上就职并具有一定的实践经验。

二、未成年人司法社会工作在加拿大的发展

在加拿大，社会工作服务是未成年人量刑裁判的组成部分之一，几乎所有判决都会以某种方式关涉社会工作服务。司法裁判中未成年人的需求越复杂、量刑越重，社会工作越必不可少。随着加拿大未成年人司法社会工作服务实践的不断推进，更多案件从司法体系中分流转出，加拿大未成年人的庭审率、监禁率和犯罪率明显降低。

（一）法律基础

2003 年，加拿大颁布了《未成年人刑事司法法》，将联合国《儿童权利公约》的相关规定直接纳入立法中。《未成年人刑事司法法》考虑了刑事司法领域各个阶段的未成年人可能需要的多元且专业的支持，为包括社会工作者在内的多种专业服务搭建了广阔的平台。其序言明确解释了该法的指导性原则，即

协助未成年人并引导他们长大成人是社会共同的责任,需要社会力量的参与及采取多学科的方法来预防未成年人犯罪和回应未成年人的需求。《未成年人刑事司法法》强调少年司法建设的结果、责任,以及帮助未成年人重新融入社会的目标,并且注重社区机构、社会服务在预防犯罪、改善诱发未成年人犯罪行为的环境等方面的整体作用。《未成年人刑事司法法》规定了未成年人司法的发展路径,即不仅要考虑犯罪的严重性,还要考虑犯罪者的情况和需要,目的是防止未成年人进入刑事司法领域,即使他们犯罪,也应帮助他们改过自新,避免再犯。因此,在未成年人进入刑事司法体系后,从起诉前到做出最终处置决定,社会工作都发挥着重要的作用。

(二) 服务内容

1. 犯罪预防服务

犯罪预防服务主要是指社会工作者为那些在进入未成年人司法体系之前的风险未成年人提供的服务。例如,加拿大的非营利组织为未成年人及其家庭提供课后服务、反校园欺凌、驻校的娱乐与咨询等。安大略省比较常见的是一个名为“立即停止并进行规划”(Stop Now and Plan,SNAP)的项目,旨在教授未成年人(6～12 岁)及其父母有效地进行情绪调节、自我控制和问题解决的技巧。

2. 拘留中心咨询服务

未成年人被关押到拘留所后,一些拘留所会雇用社会工作者或者委托社区机构的社会工作者,与拘留中心的未成年人会面。社会工作者向未成年人提供咨询,协助其对重新融入社会进行规划。未成年人离开拘留所返回社区后,社会工作者可以及时为他们提供住房、入学或就业的机会。

3. 精神健康服务

在安大略省,每个少年法院都有一名未成年人精神健康工作人员。他们在庭审过程中会协助未成年人与法庭工作人员交流,帮未成年人链接资源,使其进一步接受社区服务,满足他们的精神健康或其他服务需求。此外,安大略省的一些少年法庭还安排了在地的法院工作者,为当地的未成年人提供服务。服务提供者可能是受雇于社区机构的社会工作者,也可能是其他单位的精神健康专业人士。

4. 关系修复服务

社会工作者会组织恢复性司法会议,让未成年人学会承担责任,并且帮助他们修复与被害人或社区之间受损的关系。恢复性司法项目旨在明确导致冲突的根本原因、未成年人的责任范围,以及协助未成年人修复受损的关系,从而帮助未成年人走向更加积极的未来。

5. 保释监督服务

一些少年法庭会开展保释监督项目。这些保释监督项目向没有保证人——向法院承诺对保释期间的未成年人进行监管的人——的未成年人提供帮助。没有保证人的未成年人必须同意接受保释监督项目,并且遵守保释项目的条件和规定。社会工作者可以承担保释项目中协调人的工作,通常是充当个案管理者的角色,以满足未成年人的需求。例如,如果未成年人没有住房,社会工作者可以在保释项目中帮助未成年人在青年庇护所找到床位。

6. 医疗或心理评估服务

社会工作者可以参与对涉入未成年人司法系统的未成年人开展的评估,其中一项评估即是《未成年人刑事司法法》第三十四条所规定的医疗或心理评估。这些评估主要由精神病学家或心理学家开展,社会工作者会在其中协助收集信息并撰写评估报告的部分内容。曾参与未成年人服务的社会工作者可能会作为评估的一部分主体接受评估方的咨询,以便提供有关未成年人需求的背景信息或反馈。

7. 治疗中心服务

如果一名未成年人因精神错乱而被判不负刑事责任,他就需要前往治疗中心接受治疗。在治疗中心工作的心理健康专家既有精神病医生、心理学家,又有社会工作者。其中,社会工作者主要提供心理健康治疗和个案管理服务。

8. 观护服务

未成年人及其家庭一旦正式参与观护服务,观护官就要监督为其制订的个案管理总体计划的实施情况。观护官是政府工作人员,他们协助违法犯罪未成年人重新融入社会,并且努力降低未成年人再犯罪的风险。如果一名未成年人被判监禁,社会工作者将参与这名未成年人的个案管理总体计划的制订,并且与家庭、教师和监禁场所的工作人员一起按照个案管理总体计划为未成年人提供专业服务。许多监禁场所会雇用社会工作者或者从外围的机构聘请社会工作者,为监所中的未成年人提供咨询服务。如果一名未成年人被判缓刑,那么他必须定期到观护官处报到,以确保其遵守缓刑条件。同时,未成年人缓刑令要求未成年人必须接受观护帮教,相关观护帮教服务可以由社会工作者提供。

（三）主要特色

加拿大的少年司法工作认为“监禁替代措施通常是解决未成年人犯罪最适当和最有效的方法”。因此，加拿大的少年司法程序为未成年人犯罪提供了大量替代性方案，如指控前的社区康复项目、指控后的咨询与教育服务、法院转介的未成年人照管计划等。这些替代性方案贯穿指控、起诉、审判等各个阶段，社会工作服务作为这些替代性方案的重要组成部分，发挥了显著作用。社会工作服务的有效提供，使得加拿大的犯罪预防工作取得了明显成效。

三、未成年人司法社会工作在英国[①]的发展

目前，英国的少年司法体系的显著特征是将预防儿童和未成年人犯罪作为整个未成年人司法体系的核心原则和目标，要求政府在预防犯罪和少年司法中承担更多的责任。以少年司法委员会和未成年人犯罪小组为核心的多机构支持体系是英国少年司法的改革创举，该体系将警察、社会工作者、教育工作者、卫生健康工作者等不同机构的专业力量汇集起来，围绕罪错未成年人，凝聚国家和社会的力量，共同致力于儿童和未成年人的最大福祉，从而实现国家、社会、学校及个人的良性互动。[②]

（一）法律基础

2019 年，英国出台了《未成年人司法系统中的儿童标准》，旨在协助社会工作机构及其他未成年人服务机构、刑事司法机构等遵守“儿童优先”原则，即优先考虑未成年人的最大利益，承认未成年人的需求、能力、权利和潜力，以未成年人的个人优势和能力为基础，促进其社会身份认同，远离犯罪。

《未成年人司法系统中的儿童标准》提出这些机构要提供“庭外处分”，社会工作者必须建立支持关系和提供及时、适当的干预措施，确保与警察的密切合作；为未成年人提供“法庭内”服务，社会工作机构和其他相关服务机构应向法院提供高质量报告，该报告需要关注未成年人的最大利益，具有能够逐步提升他们潜力的方案，使他们远离犯罪；为受法庭处分的未成年人提供社区内服务，社会工作者必须与其负责监督的未成年人之间建立信任关系，将未成年人

---

① 本节的英国主要是指英格兰和威尔士地区。

② 史立梅、张丽霞：《基于犯罪预防的多机构合作策略与实践——来自英国的经验及其启示》，《刑法论丛》2020 年第 2 期。

的各种需要考虑在内，促进未成年人在获得和参与方面的平等，帮助未成年人远离犯罪，建立对社会的认同感，此外还要根据社区秩序的条款，阐明未成年人的权利和责任，确保未成年人能够理解其中的含义；为被剥夺自由的未成年人在监禁场所内提供服务；为从监禁场所出来的未成年人提供过渡和安置服务，社会工作者必须确保未成年人在监禁场所中的需求得到确认、解决、协调和管理，实现未成年人回归社区后适当、有效和建设性地安置，为其成长提供良好的环境。

通过这种方式，《未成年人司法系统中的儿童标准》明确了社会工作在英国当代少年司法系统中的角色和功能，把"儿童优先"原则放在第一位，既优先关注、满足未成年人的需要，又认识到犯罪现象的复杂性和在未成年人司法干预中采取积极方式的重要性。

（二）服务内容

1998 年，英国颁布了《犯罪与社会失序法》，其中第三十九条规定，地方政府应该联合警察、缓刑委员会及医疗卫生机构等个人或团体成立一个或者多个未成年人犯罪工作小组，负责为该地区的未成年人司法提供支持服务，并且履行当地政府制定的未成年人司法计划规定的其他职能，未成年人犯罪工作小组至少应包括一位地方政府社会服务局的社会工作人员。因此，社会工作者主要以参与未成年人犯罪工作小组服务的形式为未成年人提供专业支持，成为未成年人犯罪工作小组的主要人员之一。基于未成年人犯罪工作小组的职责，社会工作者提供的专业支持包括以下三种。

1. 庭外处置阶段的支持服务

（1）协助警察做出庭外处置决定。警察对未成年人做出警告处分之前，必须将该未成年人的情况报告给未成年人犯罪工作小组，如果该未成年人以前有过犯罪经历，未成年人犯罪小组需要先对其进行评估，再由警方和未成年人犯罪工作小组联合做出决定。此外，未成年人犯罪工作小组需要将处置原因、处置结果等信息录入未成年人犯罪工作小组信息库，确保做好庭外处置的记录并制订有效的干预措施，以支持未成年人警告和附条件的未成年人警告的实施。

（2）提供庭外处置保释的支持服务。未成年人犯罪工作小组需要对未成年人保释的进行提供评估和支持。例如，建立该未成年人之前犯罪或者保释的历史档案，确认该未成年人是不是接受过未成年人犯罪工作小组或者其他相关机构提供的服务，核实保释地址的适当性和稳定性，以此为基础向警察提出保释适当的建议。[①]

(3) 提供合适成年人服务。当未成年人的父母、监护人或其他成年亲属不能及时到场时，未成年人犯罪工作小组将为未成年人指派合适成年人作为其临时代理人，维护其合法权益。除此之外，未成年人犯罪工作小组负责对被招募的合适成年人提供培训。

2. 法庭审判阶段的支持服务

未成年人犯罪工作小组在法庭审判阶段发挥着核心作用，对法庭非监禁的判决产生重要影响。开展支持服务的内容主要包括法庭职能服务和审前报告。

(1) 法庭职能服务。法庭职能服务指以保障法庭程序的正常运转而开展的服务。未成年人犯罪工作小组通过链接资源、搭建协调平台等方式向未成年人及其父母提供相应的支持，如协助他们更好地理解法庭命令和法庭程序，帮助他们更好地理解未成年人犯罪工作小组的职能等。

(2) 审前报告。未成年人犯罪工作小组在对相关未成年人进行综合评估的基础上，向法庭出具审前报告并接受法官的提问，协助法庭做出处置该未成年人最合适的方式，这也是未成年人犯罪工作小组的法庭职责之一。审前报告的目标是尽量促成未成年人非监禁刑罚，以保障未成年人的最大利益。

3. 审判后安置阶段的支持服务

当法庭判处未成年人非监禁处罚时，未成年人犯罪工作小组会指导未成年人父母采取有效预防未成年人再犯罪的干预措施；协助未成年人理解法庭的裁判结果，使判决结果可以得到更好地执行。同时，未成年人犯罪工作小组将出具该未成年人的安置评估报告并提交给少年监狱的服务部门，协助他们对未成年人采取合适的安置方式。在未成年人安置的过程中，如发现少年监狱服务部门未采取合适的安置方式，未成年人犯罪小组可以采取信息提供的方式，促使少年监狱服务部门调整安置措施，以更好地保障未成年人的权益。

(三) 主要特色

多部门合作是英国未成年人司法社会工作发展的显著特征。在政府和法

---

① 史立梅、张丽霞：《基于犯罪预防的多机构合作策略与实践——来自英国的经验及其启示》，《刑法论丛》2020 年第 2 期。

律的强力保障下，英国成立了专门的未成年人犯罪工作小组，由此建立了多机构合作体系。在这一体系中，社会工作专业力量可以与其他部门充分合作并调动各方资源，更好地为未成年人及其家庭提供支持。

英国在传统的刑事司法体系中引入其他机构和专业力量的举动，促进了未成年人犯罪工作小组的诞生，使其作为一个准少年刑事司法机构，为刑事司法和社会工作等专业力量搭建了沟通与协作的平台，推动了未成年人司法保护的专业化进程。

四、未成年人司法社会工作在瑞典的发展

在瑞典，直到19世纪中叶，犯罪未成年人会受到和成年人同等的对待，其结果是未成年人在监狱里可能会从成年人那里习得更多的犯罪行为。1964年，瑞典《刑法典》中出现了旨在减轻对犯罪未成年人的处罚的规定。法院会考虑同成年人相比，未成年人更加难以认识到自己某些行为的后果，其行为可能与其明显不成熟、缺少社会经验等因素有关。2006年，瑞典政府通过了《政府法案》，其建议对瑞典有关犯罪未成年人司法介入和处理的法律法规进行一系列变革，主要目的是：改革和完善15岁以上且未满21岁犯罪青少年的惩罚机制；更好地发挥早期司法介入的效果，防止未满15岁的犯罪青少年走上终生犯罪的道路；让社会服务机构代为管教15～17岁的犯罪青少年。

（一）法律基础

在未成年人司法领域内，瑞典于2001年出台了《社会服务法》，规定了社会服务机构对未成年人应当承担的责任。社会工作者在提供服务的过程中，需要与其他政府机构，如警察局、检察院和法院等联合起来。从未成年人涉嫌犯罪开始，到调查或初步调查，直至整个审判期间，社会工作者应当提供全流程的服务。社会工作者在工作中必须秉持儿童利益最大化的原则，确保未成年人的意见得到重视。除此之外，瑞典还出台了《初步调查通告》《罪错未成年人特别条款法》《未成年人照管特别条款法》《未成年人机构照管执行法》《犯罪调解法》等一系列法律法规，对社会工作介入未成年人司法工作开展服务提供了合法性保障，同时也对社会工作服务进行了规范化管理。

（二）服务内容

1. 合适成年人服务

警方在发现未成年人有犯罪嫌疑时，应立即通知社会服务部门。社会工

作者需要参加警察对未成年人的询问或讯问工作。瑞典有部分警察局设立了社会工作者办公室,以便社会工作者在询问或讯问时在场,为未成年人提供支持。

2. 调解服务

自2002年以来,瑞典各市的社会服务机构根据《犯罪调解法》对加害人(如果未满21岁)和受害人进行调解。调解工作以恢复性司法理念为基础,旨在促成当事双方的和解。调解工作一般由社会工作者或者其他相关人员负责。如果受害人和加害人同意调解,社会工作者将与他们分别进行会面,以及参与整个调解过程。

3. 社会调查服务

检察官在决定是否起诉一名未成年人之前,应要求负责对这名未成年人提供服务的社会工作机构出具书面报告。书面报告的内容包括对这名未成年人采取过的措施、对未成年人采取特殊预防措施以避免进一步伤害的评估、计划对未成年人采取的预防措施、对未成年人个体发展和生活条件的总体说明及其他相关情况说明等。如需开庭审判,社会工作者应出席,回答法官关于书面报告的提问。

4. 观护服务

如果未成年人因犯罪行为面临健康或发展的风险,那么社会服务委员会可以向法院申请对该未成年人执行强制照管。如果未成年人需要紧急照管,经社会服务委员会决定,可以将其安置在封闭机构中。

当未成年人被送至瑞典国家机构照管委员会管理的照管机构后,社会服务委员会的社会工作者将为其制定照管期间和离开机构后的日常安排,同时也需要协助未成年人完成学业。

5. 犯罪未成年人社区服务

如果21岁以下的青少年被裁定有罪,法院就可以判处其参加未成年人服务。法官的判决基于社会服务机构的书面报告。未成年人服务是指未成年人从事无偿劳动和参加其他活动。社会服务委员会负责安排其参加未成年人服务,以书面的形式规定其应从事何种工作、必须参加哪些会谈,以及为未成年人指定一名监督者对其开展的服务进行监管。

6. 被害人询问服务

法律规定社会服务机构对直接遭受家庭暴力或间接遭受其他暴力侵害的

未成年人负有责任，同时也有责任向此类未成年被害人提供支持。

瑞典为未成年被害人设立了儿童之家，社会服务机构负责管理这些儿童之家。在儿童之家，未成年被害人将由一名受过专门训练的警官进行询问。检察官、社会工作者和一名特别指定的律师可以在隔壁房间观看整个询问过程，通过这样的方式使初步调查、取证环节对儿童更加友好。此外，未成年被害人的身体检查也可以在儿童之家进行。

（三）主要特色

瑞典未成年人司法的特色在于对未成年人采取惩罚措施与帮助照顾措施相结合的综合性干预办法。瑞典未成年人司法体系认为，从生物学和心理学角度讲，未成年人还没有完全成熟，其智力还没有发育到能够理解自身特定行为所带来的结果的程度，也没有成年人应有的人生经验。因此，瑞典在《儿童福利法》中将未成年人司法适用对象的年龄限制上调至 21 岁，并且在对犯罪者的总体处遇中将未成年人处遇特殊化，在儿童一般福利中将罪错未成年人处遇特殊化，从而实现了未成年人司法对未成年人实行绝对保护的理念和目标。

五、未成年人司法社会工作在荷兰的发展

自 16 世纪以来，荷兰的儿童保护和少年司法体系便具有福利导向的特征。在荷兰，最低刑事责任年龄被规定为 12 岁。此外，社会工作者、心理学家和教育工作者等社会专业人士越来越多地参与少年司法体系的建设。尽管随着司法体系的不断发展和改革，荷兰的相关法律中对触法儿童的处理方式变得越来越具有惩罚性，但社会工作服务在少年司法程序中仍然发挥着核心作用。

（一）法律基础

1901 年，荷兰颁布了三部儿童保护法：《民事儿童法》《刑事儿童法》《儿童原则法案》。其中，《儿童原则法案》包含了关于慈善机构、青少年管教所、孤儿院、监护组织、法院等实施和执行其他两部儿童保护法中相关措施与处置的条款。这些法律规定的主要原则是，可以限制父母的权力，罪错儿童应该被再教育而不是被惩罚。自 2015 年 1 月 1 日起，地方政府负责提供自愿性和强制性的青少年照管服务。[①]《荷兰青少年法》实施的一条重要原则是，为儿童提供的

① 2015 年以前，各省政府在对青少年提供照管服务方面负有法律责任。

照管与支持服务必须以儿童及其家庭本身的参与度和解决问题的能力，以及他们自身的社会支持网络为基础。地方政府在组织和提供青少年照管服务方面负有主要责任。当父母和儿童需要帮助时，他们可以联系当地政府的照管服务团队。如果当地的照管服务团队认为由于青少年家庭及其社会支持网络能力不足或不充分，求助确实必要时，那么服务提供者将对求助者提供青少年照管服务。[①]

（二）服务内容

1. 咨询服务

在荷兰，警察、检察官、儿童保护署的工作人员之间形成了一套行之有效的协商机制。警察局建立了一套未成年人快速办案的系统，这一系统可以在嫌疑人被拘留后的 9 小时内对其做出评估。此后，警察、检察官和儿童保护署的工作人员将一起决定此起案件如何处理，以及适用转处措施是不是合适。

在荷兰，一名未成年人被警方拘留后，警方会立刻通过评估会议让儿童保护署介入。社会工作者对处于审前羁押阶段的未成年被告人的福祉情况进行第一次评估。评估后，社会工作者需要提交一份书面报告给检察官和预审法官，书面报告的内容包括释放这名未成年人还是延长在押候审期限，以及是不是有必要对其进行进一步的个性调查等方面的建议。检察官在申请对嫌疑人继续进行审前羁押前，必须参考这些建议。[②] 如果检察官决定将未成年人起诉至法院，那么他需要依法要求儿童保护署提供一份社会调查报告，报告中需详细描述该未成年人的社会背景及对其适用何种量刑或措施提出建议。

如果未成年人在被拘留后没有被羁押，那么他将被邀请到儿童保护署的办公室，由社会工作者对其进行标准化的评估。评估的目的在于找到降低未成年人再犯罪风险的干预措施。儿童保护署将以这一评估为基础撰写并提交评估报告。

2. 观护服务

观护服务旨在控制未成年人的行为，从而达到预防其再犯罪的目的，以及

---

① S E Rap, et al.,"Children's Participation in Dutch Youth Care Practice: An Exploratory Study into the Opportunities for Child Participation in Youth Care from Professionals' Perspective," *Child Care in Practice* 25, no.1(2018): 1-14.

② 另一方面，预审法官也可以要求儿童关护和保护委员会将未成年人的情况告知给他，如在继续审前羁押一段时间之后。

影响未成年人的行为，以帮助他们安排新的生活。[①][②]

在荷兰，如果调查法官下令对未成年人中止审前羁押，未成年人观护服务部门可以执行3～6个月的强化监督。在此期间，未成年人必须遵守严格的作息安排，有时会配以电子监控。观护官会与警方、未成年人的父母、学校或工作单位紧密配合。此外，未成年人观护服务部门可以为未成年人提供专门的司法治疗或行为干预服务，由专门的司法照管机构（包括社会工作机构）具体开展。

此外，未成年人观护服务部门还负责涉罪未成年人在不予羁押期间及后续照管期间的监督工作。这是一项旨在帮助未成年人重新融入社会并关注教育和培训的特定计划，允许未成年人在监管机构以外的地方上学、工作、开展休闲活动、参加其他培训和治疗，最长为3个月。未成年人观护服务部门和儿童保护署必须就未成年人是不是需要开启上述计划提供建议。未成年人监禁机构负责设计该计划的相关内容，未成年人观护服务部门则负责该计划的具体实施。

当一名未成年人被释放时，由未成年人观护服务部门负责其后续照管工作。在未成年人被羁押时，未成年人及其监督人、儿童心理医生、儿童保护署及未成年人观护服务部门会共同制订监督计划。

（三）主要特色

荷兰未成年人司法社会工作服务的特色在于社会工作服务参与未成年人司法程序的每一个阶段，包括向法官和检察官提供建议，以及后续对未成年人进行监督和提供照管服务。未成年人观护服务贯穿从拘留到监禁释放的整个程序。荷兰的未成年人司法关注未成年人的社会背景和发展，每一个转处的决定都以再教育为目标，旨在促进未成年人的再社会化。此外，荷兰形成了大量的转处机制，即在司法程序的每一个阶段，都可以对未成年人加以处置。通过社会工作者等专业人员的参与，对未成年人进行动态评估与矫治，使量刑或实施措施的强度与其风险水平相匹配，促使未成年人都得到更合适的处遇，使其更好地回归社会。

---

① C van Nijnatten and G Stevens, "Juvenile Participation in Conversations with Probation Officers," *International Journal of Offender Therapy and Comparative Criminology* 56, no.3(2012): 483 - 499.

② C van Nijnatten and E van Elk, "Communicating Care and Coercion in Juvenile Probation," *British Journal of SocialWork* 45, no.3(2015): 825 - 841.

通过对未成年人司法社会工作服务在国内外的发展历史和现状的梳理，我们可以发现，随着儿童保护和犯罪预防越来越受重视，社会工作参与未成年人司法工作成为全世界未成年人司法体系建设的共识。无论是法律制度的制定和实施，还是服务体系与内容的搭建和拓展，国内外在未成年人司法社会工作服务发展过程中都经历着相同的困难、挑战与机遇。对国内外未成年人司法社会工作服务发展的总结与梳理，不仅能够帮助我们更加清晰地了解全世界在未成年人保护、未成年人犯罪预防、未成年人司法社会工作服务等方面的基础理念和发展动态，而且体现了我国未成年人司法社会工作服务与全世界儿童保护理念和做法的高度契合，对完善我国未成年人司法社会工作服务体系提供了重要启示和借鉴。

本章要点

我国内地未成年人司法社会工作经历了三个发展阶段：零星化探索发展阶段（2003—2010 年）、制度支持下的系统探索阶段（2010—2020 年）、立法支持下的服务体系构建发展阶段（2020 年至今）。

目前，我国内地未成年人司法社会工作的服务内容不断丰富、介入环节不断延伸、人才队伍不断壮大，并且获得了立法支持。同时，内地未成年人司法社会工作在发展进程中也面临一些挑战，主要有各类服务发展不平衡、有关部门的接纳程度差异显著、服务专业化水平有待提高、尚需配套政策支持和跟进等。

我国香港地区未成年人司法社会工作发展相对较早，基本上实现了服务网络的全覆盖，搭建了相对完善的多部门联动协调机制。

美国的未成年人司法社会工作涵盖司法、儿童福利和教育等多个领域。社会工作者可以作为专家证人参与庭审，这一服务内容使社会工作者作为专家的地位在法律程序上得以确立。

加拿大的未成年人司法体系为涉罪未成年人提供了大量替代性方案，这些方案贯穿起诉前和起诉后的各个阶段。社会工作者可以参与整个司法流程，在不同阶段发挥相应的作用。

英国强调通过多机构合作的方式解决少年司法过程中的社会支持问题，由此成立了专门的未成年人犯罪工作小组，在传统的刑事司法体系中创造性地纳入其他机构和专业力量。其中，社会工作者是未成年人犯罪工作小组主要的组成人员之一。

瑞典未成年人司法工作主要采取惩罚措施与帮助照顾措施相结合的综合性干预办法，并且在《儿童福利法》中将未成年人司法的适用对象的年龄限制上调至21岁。

荷兰未成年人司法社会工作服务参与未成年人司法程序的每一个阶段，包括向法官和检察官提供建议、对未成年人进行监督和提供照管服务等。未成年人观护服务可以贯穿涉罪未成年人从拘留至监禁释放的整个程序。

思考题

1. 促进未成年人司法社会工作产生和发展的条件有哪些？

2. 本章介绍的其他国家和地区的未成年人司法社会工作发展各有什么特征？产生差异的原因有哪些？

3. 其他国家和地区的未成年人司法社会工作的发展经验为我国提供了哪些有益借鉴？

第三章

未成年人司法社会工作的法律和政策基础

法律和政策基础是未成年人司法社会工作得以开展的重要依据。充分了解和掌握政策法规中的法理基础和实施细则,是未成年人司法社会工作者必备的职业要求之一,也是其专业服务得以顺利开展的前提条件。

近年来,国家立法机关及相关部门基于最有利于未成年人的原则和理念,对未成年人保护和违法犯罪预防方面的相关法律规范和政策做了修订,也对社会工作介入未成年人司法保护和犯罪预防工作提出了新要求。社会工作参与未成年人司法保护和预防未成年人违法犯罪工作,是对新时代“畅通和规范社会工作者参与社会治理”政策要求的积极回应。

本章主要梳理与未成年人司法社会工作相关的法律和政策基础。前者是指联合国和我国立法中关于未成年人司法社会工作服务的相关规定;后者是指推动社会工作发展的规范性文件。

第一节　未成年人司法社会工作的法律基础

在讨论未成年人司法社会工作实践时,我们需要掌握相关法律法规。本节主要涵盖两方面内容:一是联合国有关未成年人司法工作的立法倡导,具体包括《儿童权利宣言》等在内的未成年人保护国际公约或准则;二是我国立法中关于未成年人司法社会工作服务的规定,涉及治安、刑事、民事等领域的相关法律规定。

一、联合国有关未成年人司法工作的立法倡导

1959年，联合国大会通过《儿童权利宣言》[①]，这是规定儿童权利的第一个国际性文件。联合国关于儿童司法保护和犯罪预防的文件中，《儿童权利公约》、《联合国少年司法最低限度标准规则》（又称《北京规则》）[②]和《联合国预防少年犯罪准则》（又称《利雅得准则》）[③]这三个法律文件对全球范围内的未成年人司法制度的构建提出了指导性思想，即对违法犯罪的未成年人不应强调监禁和惩罚，而应更多地使用非监禁的社会化手段帮助其顺利回归社会。[④]

（一）强调未成年人司法处遇措施的多样化

《儿童权利公约》[⑤]第三十七条规定，对儿童的逮捕、拘留或监禁应符合法律规定并仅应作为最后手段，期限应为最短的适当时间；第四十条规定，应采用多种处理办法，诸如照管、指导和监督令、辅导、察看、寄养、教育和职业培训方案及不交由机构照管的其他办法，以确保处理儿童的方式符合其福祉并与其情况和违法行为相称。

《联合国少年司法最低限度标准规则》提到，主管当局可以采用各种各样的处理措施，使其具有灵活性，从而最大限度地避免监禁，把少年投入监禁机关始终应是万不得已的处理办法，其期限应是尽可能最短的必要时间。同时，该规则提倡更多地使用非监禁的方式，动员志愿人员和开展其他各项社区服务。

《联合国预防少年犯罪准则》[⑥]也规定了被逮捕或待审讯的未成年人应当享有的权利，主要包括假定为无罪、尽可能避免拘留、尽量缩短拘留时间、获得法律顾问并申请法律援助、获得一定的拘留待遇等。

（二）注重未成年人司法保护与社会环境的互动

《联合国少年司法最低限度标准规则》在总则中明确提出，应充分注意采取积极措施，这些措施涉及充分调动所有可能的资源，包括家庭、志愿人员及

---

① 《儿童权利宣言》于1959年11月20日在联合国大会通过 。

② 《联合国少年司法最低限度标准规则》，1984年5月联合国在北京召开的“青少年、犯罪与司法”专题专家会议通过，提交1985年在米兰召开的第7届预防犯罪和罪犯待遇大会通过。

③ 《联合国预防少年犯罪准则》，1990年8月27日至9月7日，联合国第8届预防犯罪和罪犯待遇大会通过，第46届联合国大会核准。

④ 席小华：《社会工作介入少年司法制度之探究》，《青少年犯罪问题》2009年第4期。

⑤ 《儿童权利公约》联合国1989年11月20日第44届联合国第25号决议。

⑥ 《联合国保护被剥夺自由少年规则》联合国大会1990年12月14日第45/113号决议通过。

其他社区团体以及学校和其他社区机构，以便促进少年的幸福，减少根据法律进行干预的必要，并在他们触犯法律时对他们加以有效、公平及合乎人道的处理。

《联合国预防少年犯罪准则》提出，预防未成年人犯罪政策的重点应是促使所有未成年人通过家庭、社区、同龄人、学校、职业培训和工作环境，以及各种志愿组织实现社会化，以达到社会融合的目标；应对未成年人适当的个人发展给予应有的尊重，并且应在其社会化和社会融合的过程中把他们视为完全的、平等的伙伴。

以上与未成年人司法相关的法律规定，在理念和价值观上为社会工作介入未成年人司法提供了重要的参考和依据。同时，也意味着，未成年人司法处遇措施的多样化、与社会环境的互动也需要依赖社会工作的持续、稳定发展。

二、我国立法中关于未成年人司法社会工作服务的规定

作为《儿童权利公约》的缔约国，我国一直以高度的责任感承担并全面履行公约规定的各项义务。自 1991 年签署《儿童生存、保护和发展世界宣言》，执行《儿童生存、保护和发展世界宣言》行动计划以来，我国先后颁布了一系列与未成年人保护相关的法律法规，并且在未成年人权益保护和犯罪预防方面取得了巨大成就。我国近几年出台的法律法规更是逐渐明确了未成年人司法社会工作的法律地位，为未成年人司法社会工作服务的开展提供了有力保障。

（一）未成年人司法社会工作服务的法律依据不断拓展

近年来，社会工作机构等社会组织参与社会调查、家事案件社会观护、反家庭暴力预防、家庭教育指导等服务陆续被纳入相关法律法规。

2012 年修订的专章设置了未成年人刑事案件诉讼程序。2018 年《刑事诉讼法》的修订，延续了以专章规定未成年人特别程序的体例。其中，《刑事诉讼法》第二百七十九条规定，公安机关、人民检察院、人民法院办理未成年人刑事案件，根据情况可以对未成年犯罪嫌疑人、被告人的成长经历、犯罪原因、监护教育等情况进行调查。第二百八十一条规定，对于未成年人刑事案件，在讯问和审判的时候，应当通知未成年犯罪嫌疑人、被告人的法定代理人到场。无法通知、法定代理人不能到场或者法定代理人是共犯的，也可以通知未成年犯罪

嫌疑人、被告人的其他成年亲属，所在学校、单位、居住地基层组织或者未成年人保护组织的代表到场，并将有关情况记录在案。到场的法定代理人可以代为行使未成年犯罪嫌疑人、被告人的诉讼权利。

2014 年，最高人民法院、最高人民检察院、公安部、民政部联合出台了《关于依法处理监护人侵害未成年人权益行为若干问题的意见》，第三十四条规定，人民法院根据案件需要可以聘请适当的社会人士对未成年人进行社会观护，并可以引入心理疏导和评测机制，组织专业社会工作者、儿童心理问题专家等专业人员参与诉讼，为未成年人和被申请人提供心理辅导和测评服务。该文件详细规定了未成年人司法社会工作参与未成年人权益保护的服务内容。

2018 年，最高人民法院发布《关于进一步深化家事审判方式和工作机制改革的意见(试行)》，其中提出，不断创新工作机制，积极争取各级党委和政府的支持，加强与相关职能部门和单位的协调配合，动员和激励社会各界力量共同参与，推动建立司法、行政和社会相结合的多元化纠纷解决机制，共同打造共建共治共享的社会治理格局；人民法院可以邀请人大代表、政协委员、人民陪审员、专家学者、律师、基层法律服务工作者、仲裁员、退休法律工作者、基层工作者以及其他具有社会、人文、法律、教育、心理、婚姻家庭等方面专业知识的个人加入家事调解委员会特邀调解员名册。上述规定强调了社会力量参与家事审判改革并提供专业服务的重要性，为未成年人司法社会工作参与家事审判、反家庭暴力预防干预及家庭教育指导提供了良好的契机。

《中华人民共和国反家庭暴力法》(以下简称《反家庭暴力法》)第四条规定，县级以上人民政府有关部门、司法机关、人民团体、社会组织、居民委员会、村民委员会、企事业单位，应当依照本法和有关法律规定，做好反家庭暴力工作。第九条规定，各级人民政府应当支持社会工作机构等社会组织开展心理健康咨询、家庭关系指导、家庭暴力预防知识教育等服务。第十四条规定，学校……社会工作机构、救助管理机构、福利机构及其工作人员在工作中发现无民事行为能力、限制民事行为能力人遭受或疑似遭受家庭暴力的，应当及时向公安机关报案。以上相关条款强调了社会工作参与反家庭暴力预防、家庭教育指导等工作的合法性。

(二) 未成年人司法社会工作的合法性地位正式确立

2020—2022 年，《中华人民共和国社区矫正法》(以下简称《社区矫正法》)、

《中华人民共和国刑法修正案(十一)》、《中华人民共和国民法典》(以下简称《民法典》)、《未成年人保护法》、《预防未成年人犯罪法》和《中华人民共和国家庭教育促进法》(以下简称《家庭教育促进法》)等与未成年人司法保护密切相关的法律制定和修订工作的开展,逐步为社会工作参与未成年人司法保护提供了合法的介入空间。

2020 年 7 月 1 日起施行的《社区矫正法》明确了社会工作服务的合法性,提出社区矫正工作要强调,专门机关和社会力量相结合,社区矫正机构根据需要,组织具有法律、教育、心理、社会工作等专业知识或者实践经验的社会工作者开展社区矫正相关工作。同时,本书第七章还对未成年人社区矫正做了特别规定,提出鼓励相关社会组织参与未成年人社区矫正工作,并且依法给予其政策支持。

2020 年修订的《预防未成年人犯罪法》第二条指出,预防未成年人犯罪,立足于教育和保护未成年人相结合,坚持预防为主、提前干预,对未成年人的不良行为和严重不良行为及时进行分级预防、干预和矫治。这也为未成年人司法社会工作开展罪错未成年人分级预防、干预和矫治服务提供了相应的法律依据。

2021 年 1 月 1 日起施行的《民法典》第三十六条规定,未成年人保护组织可以向人民法院申请撤销未成年人监护人的资格。虽然学界对这一规定仍有争议,但这规定在一定程度上为社会工作等未成年人保护组织参与未成年人监护权益保护提供了合法依据。

2021 年 6 月 1 日起施行的《未成年人保护法》第九十九条再次明确了未成年人司法社会工作的法律地位。

2021 年 6 月 1 日起施行的《预防未成年人犯罪法》第六条指出,社会工作可以参与专门教育指导委员会,研究确定专门学校教学、管理等相关工作。第九条规定,国家鼓励、支持和指导社会工作机构等社会组织参与预防未成年人犯罪相关工作,并加强监督。第二十一条规定,教育行政部门鼓励和支持学校聘请社会工作者长期或者定期进驻学校,协助开展道德教育、法治教育、生命教育和心理健康教育,参与预防和处理学生欺凌等行为。第三十一条指出,社会工作者可参与对不良行为未成年学生的行为干预。第四十二条规定,公安机关在对未成年人进行矫治教育时,可以根据需要邀请学校、居民委员会、村民委员会以及社会工作机构等社会组织参与。该法明确了未成年人司法社会工作参与专门教育、不良行为干预的角色和作用。

2022年1月1日起施行的《家庭教育促进法》第二十七条规定，县级以上地方人民政府及有关部门组织建立家庭教育指导服务专业队伍，加强对专业人员的培养，鼓励社会工作者、志愿者参与家庭教育指导服务工作。该法明确了社会工作参与未成年人健康成长、家庭教育指导服务的途径。

以上法律法规逐步明确了社会工作在未成年人司法保护工作中的合法地位，从明确社会工作在未成年人司法保护工作中需承担的角色和服务内容，逐步发展到肯定社会工作整体的地位和作用，对推进未成年人司法社会工作服务的深入发展有着重要意义。例如，2012年修订的《中华人民共和国治安管理处罚法》(以下简称《治安管理处罚法》)和2013年1月1日实施的《刑事诉讼法》明确指出应当开展"训诫""社会调查""合适成年人"等专业服务，保障未成年人司法社会工作服务的合法性。但是，对具体开展此类服务的人员并未做出明确规定。反观2016年后实施的《反家庭暴力法》《民法典》《社区矫正法》《未成年人保护法》《预防未成年人犯罪法》《家庭教育促进法》，其中不仅明确了"社会观护""教育矫治""监护能力评估""家庭教育指导"等服务内容的合法地位，而且明确指出了由"社会工作者""社会服务机构""社会服务组织"开展此类服务。

三、法律法规述评与反思

(一) 述评

上述法律法规文件不仅确立了社会工作在未成年人司法保护领域的合法地位，扩大了未成年人司法社会工作的服务范围，明确了未成年人司法社会工作的具体服务内容，而且促使了未成年人保护"六位一体"[①]工作格局的形成。

1. 确立了未成年人司法社会工作的合法性地位

在社会工作与未成年人司法合作初期，有关法律文件只是原则性地提出支持、鼓励相关社会组织参与未成年人司法保护相关工作，但对相关社会组织的界定却相对模糊，甚至并未出现由"社会工作机构""社会工作者"开展相关服务的明确规定，制度性困境曾经是限制未成年人司法社会工作发展的重要因素。

---

① 2021年6月1日起施行的《未成年人保护法》中，第二章至第七章分别为家庭保护、学校保护、社会保护、网络保护、政府保护、司法保护，简称"六位一体"的新时代未成年人保护工作格局。

2016 年后，《社区矫正法》《未成年人保护法》《预防未成年人犯罪法》《家庭教育促进法》等法律明确规定了需要"社会工作机构""社会工作者"的参与，并且规定了社会工作专业服务的具体内容。

2. 扩大了未成年人司法社会工作服务的辐射面

从立法来看，未成年人司法社会工作参与未成年人司法的路径越来越丰富，服务的辐射范围越来越广。目前，与未成年人司法相关的社会工作服务已从刑事司法领域延伸到民事司法领域，并且逐步延伸至与司法密切相关的分级干预、家庭教育等领域。未成年人司法社会工作服务内容涉及未成年人犯罪预防、不良行为干预、严重不良行为教育矫治、合适成年人服务、社会调查、附条件不起诉、观护帮教、被害人救助、家事案件观护、社区矫正等服务。

同时，近年来，未成年人保护日益成为国家和社会关注的焦点。2021 年 6 月 1 日起施行的《未成年人保护法》和《预防未成年人犯罪法》形成了新时代未成年人家庭保护、学校保护、社会保护、网络保护、政府保护、司法保护"六位一体"的工作格局。[①] 这一工作格局全面规定了未成年人保护的主要范畴，在多项政策文件的支持下，整合已有的未成年人保护服务，为未成年人搭建了更加全面、有效的保护体系，同时未成年人司法社会工作也成为实现"六位一体"工作格局的重要基础，为社会工作参与未成年人保护工作提供了广阔的实践空间。

（二）反思

虽然我国高度重视社会工作的发展，社会工作和未成年人司法社会工作的合法地位得到确认，但是从社会工作立法和未成年人司法社会工作的具体实践来看，还存在欠缺之处，未来需要不断充实和完善。

1. 独立的社会工作立法体系尚未建立

目前，我国还没有建立独立的社会工作专项立法体系，未成年人司法社会工作只能依据《未成年人保护法》等法律文件中对"社会工作"的规定开展专业服务。同时，未成年人司法社会工作的法律依据重点在于服务对象（如服务对象的社会救助和权益保护等），需要有统一的、专门性的法律法规来指导未成年人司法社会工作的未来发展方向。

2. 未成年人司法社会工作的行业规章制度有待完善

现阶段，社会工作立法和未成年人司法社会工作立法仍处于探索阶段，亟

---

① 张世华：《新未保法实施（一）：民政与社会工作的新使命》，《中国社会工作》2021 年第 16 期。

须倡导和完善未成年人司法社会工作行业规章制度，以便作为今后法律体系建设的基础。行业规章制度可以对未成年人司法社会工作者、服务对象、社会工作机构的权利和义务，职业准入制度，服务规范，以及法律责任等进行具体规定。只有建立适合我国国情的未成年人司法社会工作行业规章，才能更好地促进我国未成年人司法社会工作事业的发展。

第二节　未成年人司法社会工作的政策基础

政策文件是未成年人司法社会工作服务开展的重要依据。政策文件的陆续出台不仅为未成年人司法社会工作服务的开展提供了政策支持和制度保障，也为未成年人司法社会工作服务的专业探索创造了空间。

本节所指的政策基础是指社会工作机构、社会工作者在其专业（职业）活动中应该遵循的各类规范性文件的总和。以下梳理的相关政策中，既有与社会工作行业发展相关的宏观、纲领性文件，又有指导未成年人司法社会工作实践的中观、微观政策，只有两者兼备，才能有效推动未成年人司法社会工作的全面发展。

一、推动社会工作行业发展的相关政策基础

未成年人司法社会工作作为社会工作专业的服务领域之一，其专业规划、服务探索、人才培养和组织建设等内容都依赖社会工作行业的发展。由此，我们应当首先关注国家政策中与社会工作行业发展相关的政策。

（一）社会工作参与社会治理的地位逐渐明晰化

《中共中央关于加强党的执政能力建设的决定》（2004 年）和《中共中央关于制定国民经济和社会发展第十一个五年规划的建议》（2005 年）没有明确提及社会工作，只是将社会工作作为一种社会力量，纳入“社会协同、公众参与”的社会建设和社会管理体系范畴中。

2006 年通过的《中共中央关于构建社会主义和谐社会若干重大问题的决定》明确提出，要“建设宏大的社会工作人才队伍”，并且进一步指出，建立健全以培养、评价、使用、激励为主要内容的政策措施和制度保障，确定职业规范和从业标准，加强专业培训，提高社会工作人员职业素质和专业水平。由此奠定了以人才队伍建设为主线的社会工作政策本土化发展的基石。

2008年，国务院办公厅印发的《民政部职能配置、内设机构和人员编制规定》要求，民政部设立人事司(社会工作司)，会同有关方面按规定拟定社会工作发展规划、政策和职业规范，推进社会工作人才队伍建设和相关志愿者队伍建设，明确了社会工作人才队伍建设工作的主责部门。

2010年，中共中央、国务院发布了《国家中长期人才发展规划纲要(2010—2020年)》，将社会工作人才纳入我国六大主体人才行列，明确提出，以中高级社会工作人才为重点，培养造就一支职业化、专业化的社会工作人才队伍。到2015年，社会工作人才总量达到200万人。到2020年，社会工作人才总量达到300万人。此外，该文件进一步提出了"研究制定政府购买社会工作服务政策"的任务。这为壮大未成年人司法社会工作人才队伍建设提供了有力的政策支撑。

2012年，民政部、财政部印发《关于政府购买社会工作服务的指导意见》，首次对政府购买社会工作服务进行了顶层制度设计，从政府购买社会工作服务的指导思想、工作原则和主要目标，政府购买社会工作服务的主体、对象、范围、程序与监督管理，以及加强对政府购买社会工作服务的组织领导等方面为社会工作服务的有效开展提供了全面保障。同年，民政部发布《社会工作者职业道德指引》，推动了社会工作者的职业道德建设，引导社会工作者积极践行专业价值理念、规范专业服务行为、履行专业服务职责。

2014年，国务院出台的《社会救助暂行办法》，鼓励、支持社会力量参与社会救助，提出社会救助管理部门及相关机构应当建立社会力量参与社会救助的机制和渠道，提供社会救助项目、需求信息，为社会力量参与社会救助创造条件、提供便利。这为未成年人司法社会工作力量参与特殊未成年群体的社会救助服务提供了政策依据。

2016年，民政部、国家发展改革委联合印发了《民政事业发展第十三个五年规划》，在社会治理现代化能力提升方面，着重强调开展专业社会工作和志愿服务项目。同年，国家卫生计生委、中宣部等22个部门联合印发《关于加强心理健康服务的指导意见》，提出加强重点人群心理健康服务，其中包括全面加强儿童和青少年心理健康教育，特殊人群如流浪乞讨人员、服刑人员、刑满释放人员等的心理健康教育。

2015—2018年这几年的《政府工作报告》提出，要支持、发展专业社会工作，促进专业社会工作的健康发展。2021年的《政府工作报告》明确提出要大力发展社会工作，2022年的《政府工作报告》指出要发展社会工作。

从“社会协同、公众参与”到“推进社会工作人才队伍建设”，社会工作参与社会治理的地位逐渐明晰化。我国在“社会协同、公众参与”的大框架下，进一步在队伍建设中明确主责部门、推动政府购买社会服务、建立社会力量参与社会救助的机制和渠道、加强社会工作参与心理健康服务等，高度契合社会工作参与社会治理的时代要求。

（二）社会工作人才队伍发展逐渐专业化、职业化

1987年9月召开的马甸会议[①]标志着中国社会工作学科地位的确立，之后我国社会工作专业进入快速发展阶段。国家将社会工作发展纳入战略规划，相继成立了中国社会工作联合会、中国社会工作教育协会等组织，出台了各级社会工作师职业水平考试相关办法、条例，高校社会工作教育全面铺开。[②]

2006年，人事部和民政部联合发布了《社会工作者职业水平评价暂行规定》和《助理社会工作师、社会工作师职业水平考试实施办法》，规定了社会工作者在国家层面被纳入专业技术人员行列，为社会工作职业化发展指明了方向。同年10月，中共十六届六中全会提出了“建设宏大的社会工作人才队伍”的战略部署。

2008年，国务院学位委员会审议通过了《社会工作硕士专业学位设置方案》，增设社会工作专业硕士，北京大学、中国社会科学院研究生院等33所高校和科研院所成为首批教育试点单位。

2011年，中央组织部、中央政法委、民政部等18个部门和组织联合发布《关于加强社会工作专业人才队伍建设的意见》，这是中央层面第一个关于社会工作专业人才队伍建设的专门性文件，也是当时和今后一段时期全国社会工作专业人才队伍建设的指导性纲领，在我国社会工作事业发展史上具有里程碑意义。该文件明确提出，要逐步建立社会工作专业人才培养、选拔、使用、流动、评价、激励等方面的政策法规体系，为社会工作的专业化和职业化发展提供了更为具体的政策依据。

---

① 1987年9月，中国社会工作教育发展论证会（俗称“马甸会议”）在北京召开，目的在于探讨建设中国社会工作学院的必要性和可行性及社会工作的课程设置等议题。本次会议提出由北京大学社会学系为民政系统培养100名社会工作专业硕士研究生；北京大学、中国人民大学等高校试办社会工作与管理专业等内容。

② 萧子扬、马恩泽：《与社会学结缘的中国社会工作——一个学科史的考察》，《社会工作》2018年第5期。

2012 年，中共中央组织部、民政部、人力资源和社会保障部等 19 部门联合印发《社会工作专业人才队伍建设中长期规划(2011—2020 年)》，提出了建立健全社会工作专业人才法规、政策和制度体系，造就一支结构合理、素质优良的社会工作专业人才队伍，指出了我国社会工作专业人才队伍建设的指导思想、基本原则、战略目标、主要任务、体制机制、重大政策、重点工程和保障措施。

2016 年，民政部、中央综治办等 12 部门联合印发《关于加强社会工作专业岗位开发与人才激励保障的意见》，规定青少年服务机构等以社会工作服务为主的事业单位可以根据工作需要将社会工作专业岗位明确为主体专业技术岗位，进一步明确了社会工作职业化的发展路径。

2017 年，民政部、教育部、财政部、共青团中央、全国妇联联合印发了《关于在农村留守儿童关爱保护中发挥社会工作专业人才作用的指导意见》，提出了一系列政策措施支持引导社会工作专业人才参与农村留守儿童关爱保护工作。全国爱卫会办公室、共青团中央、中央文明办等部门联合发布了《关于在健康城市健康村镇建设中充分发挥青少年事务社会工作专业人才和青年志愿者作用的通知》，文件明确提出了“五个一”的要求：一是培育一批青少年事务社会工作机构；二是开发一批青少年事务社会工作专业岗位；三是培养一支青少年事务社会工作人才队伍；四是培育一支青年志愿者队伍；五是实施一批社会公益项目。

中国社会工作专业自确立学科地位以来获得了迅速发展。《2021 年民政事业发展统计公报》显示，截至 2021 年年底，我国持证社会工作者共计 73.7 万人。在国家的大力支持下，一系列推动社会工作发展的政策陆续颁布，为社会工作在学科规划、专业人才培养、职业人才建设和岗位设置等方面明确了方向，全面推动了社会工作人才队伍的专业化、职业化发展。

二、推动未成年人司法社会工作的相关政策基础的构建

随着国家治理体系和治理能力现代化的发展，未成年人司法社会工作作为未成年人犯罪预防和权益保护的重要力量，受到国家的高度重视。自 2010 年起，国家层面关于未成年人司法社会工作的政策文件相继出台，明确了司法社会工作者参与未成年人司法保护工作的专业身份，促进了司法社会工作者参与未成年人司法保护工作机制的形成与落实。

（一）社会工作作为专业社会力量参与未成年人司法保护

2010—2015年，最高人民检察院、最高人民法院、公安部、司法部等中央机关颁布的政策中，通常是将社会工作作为“专业社会力量”的一部分，为未成年人司法保护提供支持。

2010年，中央综治委预防青少年违法犯罪工作领导小组、最高人民法院、最高人民检察院等6部门联合出台了《关于进一步建立和完善办理未成年人刑事案件配套工作体系的若干意见》，除了规定司法机关在刑事诉讼各个阶段采取有效措施、维护涉案未成年人的合法权益外，还首次明确规定社会工作者可以担任“合适成年人”，并且对社会调查、法律援助等制度做出了明确规定。另外，该意见要求公安机关、人民检察院、人民法院、司法行政机关等在办理未成年人刑事案件和执行刑罚时，应当结合具体案情，采取符合未成年人身心特点的方法，开展有针对性的“教育、感化、挽救”工作；要求有关部门应当配合社区矫正工作部门、专门学校、未成年犯管教所等专业机构，做好相关未成年人群体的日常矫治、收容教养和安置帮教等工作，预防该类群体再次违法犯罪。同年，最高人民法院印发了《关于进一步加强少年法庭工作的意见》，规定必要时人民法院也可以委托有关社会组织开展社会调查，在未成年人案件审判阶段引入社会调查服务。

2012年，最高人民检察院印发《关于进一步加强未成年人刑事检察工作的决定》，提出有条件的地方要积极建议、促进建立健全社会工作制度、观护帮教制度等机制，引入社会力量参与对不批捕、不起诉的未成年人进行帮教，明确了社会工作作为专业社会力量参与未成年人刑事案件工作的具体途径。

2013年，最高人民法院、最高人民检察院、公安部、司法部共同印发《关于依法惩治性侵害未成年人犯罪的意见》，规定未成年人保护组织应共同配合其他机关和部门做好未成年人犯罪预防和未成年被害人的心理安抚、疏导工作，从有利于未成年人身心健康的角度出发，对其给予必要的帮助。这为未成年人司法社会工作开展性侵未成年人犯罪预防和被害人救助服务提供了政策支持。

2015年，最高人民检察院出台的《检察机关加强未成年人司法保护八项措施》规定，以政府购买服务等方式，将社会调查、合适成年人参与未成年人刑事诉讼、心理疏导、观护帮教、附条件不起诉监督考察等工作，交由专业社会力量承担，提高未成年人权益保护和犯罪预防的专业水平，逐步建立司法借助社会专业力量的长效机制。可以说，该文件明确了未成年人司法与未成年人司法社会工作之间的相互促进关系。由此，社会工作作为专业社会力量参与未成年人司法的覆盖面在逐步扩大，为未成年人司法借助或链接更多的社会资源提供了进一步保障。

（二）社会工作作为独立主体参与未成年人司法保护

2017年起，国家层面颁布的支持未成年人司法社会工作发展的政策明确提出了“社会工作”“社会工作服务”“专业社会工作者”“专业社会工作服务”等，直接支持社会工作作为独立主体参与未成年人司法保护。

2017年，中共中央、国务院印发了《中长期青年发展规划（2016—2025年）》（以下简称《发展规划》），其中十大发展领域中的第八项是“维护青少年合法权益”，第九项是“预防青少年违法犯罪”，十大重点项目中第十项是“青少年事务社会工作专业人才队伍建设工程”。《发展规划》将未成年人司法保护制度和服务项目列入国家发展规划，无疑为健全未成年人司法社会工作制度和服务提供了有力支持。同年，继社会工作专业被列入《发展规划》后，共青团中央、民政部、财政部联合印发《关于做好政府购买青少年社会工作服务的意见》，将“侵害青少年合法权益行为预防服务”“未成年人司法保护服务”“有不良或严重不良行为青少年、闲散青少年、流浪未成年人、服刑强戒人员未成年子女、农村留守儿童、困境儿童等重点群体的困难帮扶、心理疏导、行为矫治、监护干预等服务”列入购买清单。这一文件明确将未成年人司法社会工作服务纳入政府购买服务清单中，为未成年人司法社会工作服务提供了直接的政策保障。

2018年，最高人民检察院、共青团中央签署《关于构建未成年人检察工作社会支持体系合作框架协议》，表明要充分发挥各自优势，共同推动未成年人检察工作社会支持体系建设，为整个未成年人司法社会支持体系建设积累了经验。

2020年，最高人民检察院发布的《最高人民检察院关于加强新时代未成年人检察工作的意见》提出，将会同有关部门制定全国未成年人司法社会工作服务指引和评价标准。

2021年，最高人民法院发布的《最高人民法院关于加强新时代未成年人审判工作的意见》提出，通过政府购买服务，推动未成年被害人救助、未成年罪犯安置帮教、未成年人民事权益保护等措施有效落实。

2021年，国务院未成年人保护工作领导小组成立，作为国务院议事协调机构，统筹协调全国未成年人保护工作，研究审议未成年人保护重大事项。《国务院未成年人保护工作领导小组关于加强未成年人保护工作的意见》指出，对涉案未成年人实施必要的心理干预、经济救助、法律援助、转学安置等保护措施，积极引导专业社会工作者参与相关保护工作。该文件从中央层面再次强调了社会工作者参与未成年人保护工作的重要性。

2021 年，最高人民检察院、中华全国妇女联合会、中国关心下一代工作委员会联合印发的《在办理涉未成年人案件中全面开展家庭教育指导工作典型案例》强调，通过委托服务、项目合作等多种方式，鼓励社会工作机构深入研究、积极开展教育行为矫正、亲子关系改善、家庭跟踪指导等专业工作，培养一支稳定、专业、可靠的专家型家庭教育指导社会力量。这为未成年人司法社会工作参与家庭教育开展服务提供了明确的依据。

2021 年，教育部颁布的《未成年人学校保护规定》指出，学校应当建立学生心理健康教育管理制度，建立学生心理健康问题的早期发现和及时干预机制……通过购买专业社工服务等多种方式为学生提供专业化、个性化的指导和服务，教育行政部门可以通过政府购买服务的方式，组织具有相应资质的社会组织、专业机构及其他社会力量，为学校提供法律咨询、心理辅导、行为矫正等专业服务，为预防和处理学生权益受侵害的案件提供支持。由此，在学校社会工作领域内，我国明确了未成年人司法社会工作介入学生的心理健康、法律咨询和行为矫正等问题的专业服务内容。

2023 年，最高人民检察院、共青团中央等联合出台《未成年人司法社会工作服务规范》国家标准，从国家层面进一步规范了未成年人司法社会工作服务的开展。

三、政策述评与反思

（一）述评

1. 全面系统地推动社会工作专业的发展

从政策内容来看，2006 年以后，有关文件中出现频率较高的关键词是“社会工作人才队伍”，支持社会工作发展的政策主要转向支持社会工作专业人才队伍的建设。[①] 有关政策从总体人才队伍建设规划、专业领域人才队伍建设、

① 李迎生、李冰：《走向系统：近十年来中国社会工作政策发展的轨迹》，《社会科学》2016 年第 12 期。

人才队伍保障等多方面对“构建一支宏大的社会工作人才队伍”提出了具体要求。

从政策颁发部门来看，上述文件出现了多部门联合发文的情况，发布主体主要涉及民政部、人力资源和社会保障部、财政部、教育部、共青团中央等，不仅高度契合了社会工作的实践需求，而且能够更好地推动多部门合作，有效地促进社会工作专业服务的开展。

2. 充分体现了“国家亲权理念”[①]和“最有利于未成年人原则”

上述政策站在有利于未成年人健康成长的角度，为未成年人生存和发展谋福利。这在一定程度上表明，未成年人司法社会工作政策的制定与实施受到未成年人福利理念的影响。[②] 而在涉及未成年人犯罪预防的具体服务内容中，则更多地体现了“教育、感化、挽救”方针。在涉及未成年人监护权益保护等方面的规定中，上述政策强调了国家对未成年人司法保护的重要作用，体现了“国家亲权”理念。

这些政策体现的福利理念与未成年人司法社会工作服务传递社会福利的本质不谋而合，与未成年人司法社会工作的核心理念具有高度一致性。[③] 未成年人司法社会工作服务积极回应政策要求，坚持儿童福利、恢复性司法和“国家亲权”等基本理念，关注未成年人的教育和保护工作，向未成年人传递社会福利，提供专业服务，满足未成年人的需求，实现对未成年人的权益保护和违法犯罪预防。

3. 未成年人司法社会工作的定位更加明确

随着新时代社会治理体系的不断完善，中央及相关部门的政策文件中关于社会工作参与社会治理的表述更贴近时代特点，在不断明确“社会工作”称谓、职责和服务内容的过程中，对未成年人司法社会工作的定位也更加清晰、精准。

在中观层面，政策中关于社会工作服务领域的内容从宽泛强调社会工作参与社会治理、社会救助，到具体强调社会工作参与未成年人司法矫正，将广

---

① “国家亲权理念”是指当未成年人的父母没有适当履行其义务时，国家理所当然地介入其中，代替不称职或无计可施的父母，以未成年人监护人的身份行使“亲权”，这样国家也就拥有了与父母一样的权力来制约和维护孩子的行为。

② 席小华：《论少年司法社会工作的开展理念与政策基础》，《原道》2017 年第 1 期。

③ 席小华：《未成年人司法社会工作服务体系建设的基本理念》，《中国社会工作》2021 年第 10 期。

泛的社会救助聚焦到了具体的司法服务；在微观层面，政策中关于未成年人司法社会工作参与未成年人司法的具体内容从合适成年人、社会调查、附条件不起诉、监督考察等内容，到被害人救助、家事案件观护、家庭教育指导服务、学生犯罪预防和权益保护等，将原本局限于未成年人刑事司法领域的传统司法社会工作服务扩展到涉未民事司法和未成年人犯罪预防等领域。

4. 未成年人司法社会工作的保障体系建设逐步完善

关于未成年人司法社会工作的保障体系建设，政策规定从仅在宏观上强调促进社会工作发展，进一步细化到促进社会工作人才队伍建设、推动社会工作机构发展、落实政府购买服务等具体措施，政策内容逐渐拓展至未成年人司法社会工作服务所需的人力、资金等方面，充分体现了国家对全面发展未成年人司法社会工作服务的重视。

（二）反思

1. 缺少未成年人司法社会工作服务的专门性政策文件

现行的政策文件主要致力于推动社会工作发展，缺少直接面向未成年人司法社会工作服务的相关条款。而未成年人司法社会工作服务的相关政策规定，则散见于不同部门的文件中。由于不同文件的效力和作用范围不同，因而在具体落实过程中，一定程度上影响了服务推进的持续性、稳定性。笔者认为，专门的未成年人司法社会工作政策应当在建立健全服务购买机制、完善服务标准规范、构建服务协同机制等基础上，对未成年人司法社会工作的专业服务、人才队伍建设、教育培训、激励保障，以及服务机构发展进行具体规划，以保障未成年人司法社会工作的持续发展。

2. 政策文件之间缺乏有效的配套衔接

未成年人司法社会工作服务涉及未成年人健康成长的各个方面，目前的政策内容和实施之间的配套衔接存在一定的问题，主要体现在政策制定部门与其他部门的合作机制有待健全、社会工作服务经费标准问题尚待统一等，这直接影响了实际开展服务过程中未成年人案件承办机关与其他职能部门、群团组织之间的沟通与合作。此外，由于各地区针对中央文件的配套政策出台情况参差不齐，部分地区并未完全严格按照相关政策执行，导致未成年人司法社会工作服务难以在全国范围内广泛推行。

只有充分理解和掌握未成年人司法社会工作的相关政策和法律法规，才能有效开展未成年人司法社会工作服务。本章以政策和法律法规发布的年份为主线，梳理了推动社会工作发展、未成年人司法社会工作发展的政策和法律法规。综上可见，未成年人司法社会工作的法律地位逐步明确，服务范围逐步扩大，服务内容逐渐丰富。这些政策和法律法规对于促进未成年人司法社会工作的系统化发展，发挥着重要的作用。然而，我国的社会工作和未成年人司法社会工作立法仍处于初步探索阶段，还面临着一些挑战。推动和完善与社会工作、未成年人司法社会工作相关的政策和法律法规建设，对促进我国未成年人司法社会工作专业化、职业化发展意义重大。

本章要点

我国未成年人司法社会工作的法律基础主要是联合国有关未成年人司法社会工作的立法倡导，包括《儿童权利宣言》等在内的未成年人保护国际公约或准则；我国立法中关于未成年人司法社会工作服务的规定，包括涉及治安、刑事、民事等领域的相关法律规定。

我国未成年人司法社会工作的政策基础主要有：推动社会工作发展的相关政策基础，即社会工作参与社会治理、社会工作行业发展、人才队伍建设、职业道德建设等方面的相关政策；推动未成年人司法社会工作发展的相关政策基础，即未成年人司法社会工作在人才培养、职业发展、教育培训、服务规范、财政保障等方面的相关政策。

思考题

1. 参照已有未成年人司法社会工作的相关政策和法律法规，如何进一步促进社会工作、未成年人司法社会工作的立法？

2. 依据未成年人司法社会工作政策和法律法规，如何进一步建立各相关部门的配套衔接机制？

第四章

未成年人司法社会工作的理论基础

现代社会工作是一项高度专业化的活动，基本特征之一是其大部分实践过程和工作技巧都建立在系统的理论知识基础上，而非仅仅依赖社会工作者个人的经验与觉悟。[①] 对未成年人司法社会工作服务而言，多数服务对象生活经历较为复杂或社会支持较为薄弱，教育矫治的难度较大。因此，在服务过程中，我们更加需要以一定的理论知识作为支撑，保障服务的科学性和有效性。

西方学者根据社会工作的不同特征对相关理论进行了分类。未成年人司法社会工作主要包括以未成年人犯罪原因分析为主要内容的社会调查和以未成年人行为干预为主要内容的不良行为教育矫治等服务。这就意味着，未成年人司法社会工作理论不仅需要用于分析和解释未成年人的涉法行为，而且还需要指导干预和服务实践。基于此，本章借鉴已有研究，将未成年人司法社会工作理论分为三类：元理论、解释性理论和介入模式理论。

第一节 未成年人司法社会工作元理论

"元"的英文是"meta"，在希腊语中，"meta"有"元""基础""超越""在……之后"的意思。而元理论是指对对象理论进行研究和分析的理论。这一理论

---

① 王思斌：《社会工作概论》(第二版)，高等教育出版社，2006，第 57 页。

范畴涉及对人与社会的本质、人的行为与社会运行机制的综合性说明，其抽象程度较高。在未成年人司法社会工作服务中，元理论主要包括生态系统理论、个人发展理论、家庭发展理论和优势视角理论。它们是分析服务对象的基本视角和对服务对象开展干预服务的理论基础。

一、生态系统理论

生态系统理论最早由布朗芬布伦纳(Bronfenbrenner)提出，是社会工作的基础理论之一。该理论认为，个体处于一系列相互影响的环境中，并且最终影响个人的生活和发展。生态系统可以分为不同的层次，从微观到宏观可以分为微观系统、中间系统、外系统和宏系统。

（一）微观系统

微观系统是指个体生活所处的直接环境。在人的成长过程中，最先对其产生直接影响的是家庭。随着人年龄的增长、活动范围的扩大，学校、同伴群体逐渐成为直接影响个体的微观系统。而在微观系统中，个体只扮演单个角色，如在家庭中扮演孩子的角色，在学校中扮演学生的角色。

（二）中间系统

中间系统是指各微观系统之间的相互联系。生态系统理论认为，微观系统之间的积极联系能够对个体的发展起重要的促进作用。也就是说，个体在多个层次中扮演多个角色，获得多重成长，进而不断优化成长过程。随着个体的发展、活动范围的扩大、多个微层次的出现，不可避免会出现微系统的重叠，这导致了角色的重叠，由此产生了中间系统。例如，某老师既在学校里扮演教师的角色，又在家里扮演妈妈的角色。

（三）外系统

外系统是指对个体产生间接、单向影响的更大范围的规模系统。如教育局、政府、家长所在单位等，这些机构团体是间接通过学校、社团、家长等对个体产生影响，并且它们所产生的影响是单向的。笔者认为，外系统强调的是更高层次的微观系统对个体的间接影响，而中间系统强调的是同一层次微观系统之间的重叠。如学校、家庭、运动会、少先队是同一层次，而教育局是学校微观系统的更高层次，就是外系统。

（四）宏系统

宏系统是指存在于以上三个系统中的文化、亚文化和社会环境。宏系统不直接影响个体的生活。它包含了整个社会当前组成的共同现象,如经济、文化、科技、政治等多方面的内容,其将微系统、中系统、外系统全部整合到一起。

在未成年人司法社会工作服务中,生态系统理论提供了看待未成年人的基本视角。从生态系统理论出发,每一个未成年人都不是独立的个体,其生活与成长的过程实际上就是其与周围环境不断互动的过程。因此,生态系统中的诸要素会影响个体生命的成长,而个体的成长与发展也会对其所处的生态系统中的诸要素产生作用。具体来说:第一,社会工作者应当看到,每个未成年人的状态和行为选择都是其与环境互动的结果,在这个过程中,个人因素与环境因素都十分重要。第二,在影响未成年人状态和行为的诸多要素中,家庭、学校和朋辈群体无疑是最重要的要素。此外,社会文化、社会政策等要素会间接影响未成年人的行为选择。第三,在未成年人所处的生态系统中,每一个要素的变化都可能对整个系统产生影响,可以说,生态系统本身是"牵一发而动全身"的。因此,一方面,社会工作者应当注重未成年人所处生态系统中的不稳定因素,防范风险的发生;另一方面,社会工作者也要积极调动那些有改变动力的要素,以推动整个系统的良性运转。

二、个人发展理论

在未成年人成长的过程中,生物学因素和环境因素是如何交互作用的?未成年人的道德观念是如何发展的?这些问题都是指导未成年人司法社会工作者了解未成年人个体发展的重要依据,也是未成年人司法社会工作元理论的重要组成部分。其中,常用的理论包括埃里克森(Erickson)的人格发展阶段理论和科尔伯格(Kohlberg)的道德判断能力发展阶段理论。

(一)人格发展阶段理论

20世纪40—50年代,新精神分析学派兴起,代替并系统地修正了弗洛伊德(Freud)的学说,代表人物是美国著名的精神分析理论家埃里克森。

埃里克森的人格发展阶段理论也被称为人格发展八阶段理论。该理论认为,人的自我意识会在人的一生中不断发展,而其形成和发展的过程可以分为八个阶段,人类的遗传因素决定了这个八个阶段的顺序,生活环境决定了人们是不是能够顺利度过每一个阶段。在各阶段的个体与社会环境的互动中,可能会产生适应和满足、冲突和危机两种结果。每个人格发展阶段都有特定的目标、任务和冲突，后一阶段发展任务的完成依赖早期任务、冲突的解决。不同阶段要完成的具体任务和要解决的冲突如表 4－1 所示。

表 4－1　人格发展阶段理论

序号	阶　段	年 龄 段	主要任务/冲突
1	婴儿期	0～1.5 岁	基本信任 vs 不信任
2	儿童期	1.5～3 岁	自主与害羞 vs 怀疑
3	学龄初期	3～6 岁	主动 vs 内疚
4	学龄期	6～12 岁	勤奋 vs 自卑
5	青春期	12～18 岁	自我同一性 vs 角色混乱
6	成年早期	18～25 岁	亲密 vs 孤独
7	成年期	25～65 岁	生育 vs 自我专注
8	成熟期	65 岁以上	自我调整 vs 绝望

人格发展阶段理论为未成年人司法社会工作者理解服务对象的自我意识的发展情况提供了直接的支持，同时也要求社会工作者在服务过程中尊重未成年人的自我意识发展。未成年人司法社会工作的服务对象通常处于学龄期(6～12 岁)或青春期(12～18 岁)，在这两个时期，对未成年人自我意识发展产生重要影响的环境是学校和朋辈群体，其主要面临的风险是勤奋与自卑、自我同一性与角色混乱。因此，在服务过程中，社会工作者应当特别注意未成年人与学校和朋辈群体的互动情况，考察其生活的环境能不能支持其自我意识的健康发展，其能不能适应社会的要求，如果不能，这些都有可能成为其实施不法行为的原因。

(二) 道德判断能力发展阶段理论

科尔伯格在皮亚杰(Piaget)道德发展理论的基础上，提出了道德判断能力发展阶段论。通过“道德两难论法”，他发现人的道德判断是逐步发展的，具体来说，道德判断能力有三种水平六个阶段(如表 4－2 所示)。

表 4－2　道德判断能力发展水平和阶段

<table>
<tr><td colspan="2">水平一：前习俗水平(9 岁以下)
有一定的是非善恶的道德标准，但道德判断的做出往往以自我为中心，通过行为的直接后果和对自身的利害关系来判断行为的好坏与是非</td></tr>
<tr><td>阶段一：惩罚与服从</td><td>绝对服从规则和权威就是对的。道德判断的理由是根据是否违反规则或服从权威，而不考虑规则和权威是否符合道德标准，可以说是为了服从而服从</td></tr>
<tr><td>阶段二：相对功利</td><td>不再把规则看成绝对不变的，判断行为好坏的标准以是否能满足自己的利益和需要为主</td></tr>
<tr><td colspan="2">水平二：习俗水平(9～16 岁)
关心别人的需要，同时也考虑社会的期望与要求，遵守并执行社会规范</td></tr>
<tr><td>阶段三：寻求认可</td><td>考虑社会和他人对“好孩子”的要求。判断一个人的行为好坏，主要是看该行为是否对他人有帮助，是否使他人愉快、受到他人的赞许</td></tr>
<tr><td>阶段四：维护权威或秩序道德</td><td>以法治观念来判断是非，认为准则和法律是用来维护社会秩序的，人们应该遵守社会规范和公共秩序，尊重法律权威，使社会秩序得以维持</td></tr>
<tr><td colspan="2">水平三：后习俗水平(16 岁以上)
有自己内在的道德价值和道德准则，考虑的是人类的正义和个人的尊严，而不是世俗的法律和权威的标准</td></tr>
<tr><td>阶段五：社会契约</td><td>认为法律和社会习俗是一种大家商定的社会契约。法律的规定可以应大多数人的要求而灵活改变，不是绝对不变的。认识到个人有应尽的义务和责任，同时也享受法律所规定的权利</td></tr>
<tr><td>阶段六：原则</td><td>受人权平等、法律公正、人的尊严等人类普遍伦理原则的指导，在进行道德判断时，不受具体法律的约束，更多考虑的是道德本质</td></tr>
</table>

科尔伯格的道德判断能力发展阶段理论提醒未成年人司法社会工作者在面向具有不良行为甚至违法犯罪未成年人开展服务时，应当注重留意其道德发展水平对其行为选择的影响。也就是说，社会工作者应当意识到，未成年人的道德判断能力还处于发展过程中，不能简单地使用成年人的道德判断能力来评价未成年人的行为。与此同时，还应注意，受未成年人个体能力和周围环境情况的影响，许多未成年人虽然年龄处于 9 周岁至 16 周岁之间，但是其道德判断能力可能还停留在前习俗水平，因此社会工作者应结合其实际的道德判断能力水平来开展相应的专业服务。

三、家庭发展理论

家庭是未成年人成长过程中最重要的环境之一，也是对未成年人成长和发展影响最为持久的环境之一。因此，从家庭视角出发，了解未成年人的成长情况应是未成年人司法社会工作者的重要服务内容之一。在干预和服务过程中，社会工作者应重视家庭结构、家庭功能、家庭沟通情况等要素，站在家庭发展的历时性角度上，关注家庭发展的过程性要素。具体来说，社会工作者在服务过程中常用的理论包括家庭生命周期理论、家庭系统理论和家庭沟通理论。

（一）家庭生命周期理论

家庭生命周期理论描述了一个家庭从开始到结束的生命历程，揭示了其阶段性特征，是家庭研究领域的一个重要理论和分析工具。格里克(Gehrig)从核心家庭角度定义了家庭生命周期，即依照家庭发生的生命事件，将家庭生命周期划分为形成、扩展、稳定、收缩、空巢和解体六个阶段。除此以外，还有其他划分方法，如毕格罗(Bigelow)的七阶段模型、杜瓦尔(Duval)的八阶段"扇形"模型等。

我国家庭的生命周期大致分为五个阶段：新婚期、育儿期、教育期、向老期和孤老期。新婚期包括婚姻系统的整合、夫妻角色的分工、亲属关系的协调等；育儿期涵盖父母角色的认定、家庭分工与协作、工作与家庭的协调等；教育期关注亲子关系的调整、夫妻情感的发展等；向老期是指接受子女离家、夫妻关系的再调整等；孤老期则要面对自己和伴侣的衰老、死亡，以及安排晚年生活等。家庭在每个阶段都会面临不同的任务，在不同阶段的转换与过渡中，可能促进家庭成员的成长和发展，也可能带来家庭关系紧张和家庭成员的焦虑等状况。如在教育期，若夫妻情感的深化、亲子关系的互动方面存在问题，则可能会对子女产生一定程度的负面影响，甚至可能导致子女违法犯罪行为的产生。

此外，受国家生育政策、城镇化进程、养育文化等的影响，我国家庭的生命周期和阶段性任务有很多特殊之处。如城镇化进程带来的留守儿童和流动儿童群体，家长在这类儿童群体成长过程中的缺位，容易导致他们偏差行为的产生，由此给家庭教育带来一系列挑战。在未成年人司法社会工作服务中，家庭生命周期理论为社会工作者提供了一个了解家庭的新视角——从不同发展阶段和发展任务的角度来看待家庭。家庭生命周期不同阶段的转折和过渡容易导致家庭互动关系和行为模式的改变，这也是社会工作者在介入服务中需要关注的重点。

（二）家庭系统理论

美国学者鲍恩(Bowen)通过观察精神健康研究所中病人及其家庭成员的家庭关系，提出了家庭系统理论。他认为，所有人类行为背后的驱动力均来自家庭成员之间为了寻求彼此间亲密距离及和睦关系的平衡而产生的冲击效应。家庭是一个完整的单位、独立的系统，每个家庭成员都是该单位或系统中的独立分子，只有将每个家庭成员都放在家庭系统的背景下进行分析，才能对个体有充分的了解。鲍恩的家庭系统理论由"自我分化、三角关系、核心家庭情感系统、家庭映射过程、情感中断、代际传递过程、手足位置、社会情感过程"八大概念组成。以下两个基本假设支持了这一理论的发展。假设一是家庭成员间过度的情感联系对家庭功能失调有直接影响，因而为了实现家庭成员的自我成长，必须完成"自我分化"这一关键任务；假设二是多代传承，即将在这一代没有解决的问题倾向传递给下一代。

"自我分化"是鲍恩家庭系统理论的核心概念。"自我分化"关注个体应对压力下所维持的自治能力，包括"内心分化"和"关系分化"。"内心分化"是指个体将理性与感性进行区分的能力；"关系分化"则是指在人际交往中，人们对关系中的紧密性和独立性同时感知的能力。在具体生活中，"自我分化"水平较高的未成年人在对自我发展问题的探索上更加顺利，能够有效达成自我认同和自我接纳，进而在时间维度上体会自我发展的延续感，在空间维度上体会自我发展的整合感。"自我分化"水平低的未成年人通常自主性和能力发展不足，往往表现出社会适应不良的情况。家庭中的情感问题和焦虑情况越少，越有利于未成年人形成高水平的"自我分化"。

在未成年人司法社会工作服务中，家庭系统理论为社会工作者提供了深入家庭内部分析和探索提高未成年人及其家庭分化水平的路径。未成年人司法社会工作者的服务对象多来自低分化水平的家庭，其"自我分化"水平也较低。例如，涉嫌违法犯罪未成年人的父母若分化水平较低，夫妻的情感融合不足，往往会将这种状态通过多代传承效应传递给孩子，进而将孩子拉入不和谐的夫妻关系中，形成"情感三角"。这种做法转移了夫妻关系问题，但会导致分化水平较低的孩子产生情绪困扰。如长期处于"情感三角"状态中，孩子就会试图远离家庭，增加他们陷入其他高风险情境的可能。面对这种情况，社会工作者需要着力帮助未成年人及其父母从“情感三角”关系中解脱出来，增强其与家庭中其他成员的互动，提高“自我分化”水平，提升整个家庭处理情感关系的能力。

（三）家庭沟通理论

家庭沟通理论强调沟通的重要性，认为沟通是家庭成员间传递和分享信息的过程，会影响家庭成员的角色认同与角色实现。良好的沟通有利于家庭中的各成员化解家庭冲突和紧张氛围，促进家庭功能的正常运转。在家庭沟通理论中，社会工作者常用的是萨提亚（Satir）的家庭治疗模式。该模式以个人感受和成长为关注点，聚焦调整家庭成员间的沟通方式，期待通过家庭治疗将家庭成员间的沟通方式调整为表里一致型，以促进家庭和个人的和谐发展。萨提亚将常见的沟通形态分为讨好型、指责型、超理智型、打岔型和表里一致型五类。家庭成员间的沟通受自我、他人和情境三个方面因素的影响。如果在沟通中忽略其中任何一个因素，就会产生不一致的沟通形态。而一致型沟通形态重视自我、他人和情境，具有高自尊、内在和谐的特征。一致型沟通形态语言上可以有效表达自己的内心感受和思维，尊重自己和他人，也能顾及环境，可以有效应对外界压力，没有不良的心理和躯体反应。萨提亚认为，人的沟通形态是在原生家庭中学到的，表里不一致型的沟通会在自己和他人交往中产生障碍，无法达成有效沟通的目的。萨提亚提出，要通过原生家庭寻找个体问题的原因，用改变沟通形态、冰山隐喻、冥想、家庭雕塑、温度读取等方法帮助案主家庭获得表里一致的沟通方式，改善家庭成员之间的沟通模式，帮助个体活得更加有意义，最终目标是协助案主接纳自我，让案主达到身心和谐的状态，使家庭和谐与幸福。

萨提亚的家庭治疗模式内涵丰富，是未成年人司法社会工作中经常使用的理论之一。在具体服务中，一方面，社会工作者可以借助萨提亚的沟通形态理论，为未成年人分析其沟通形态，发现其沟通形态在处理问题中的优势与不足，协助其进行改进。另一方面，萨提亚家庭治疗模式中的家庭雕塑也有助于将未成年人的家庭沟通情况具象化，推动家庭成员有意识地调整家庭沟通的形态。

四、优势视角理论

自20世纪80年代开始，美国堪萨斯大学社会福利学院对传统的问题视角的社会工作服务提出了疑问,并且最早探索在社会工作服务中运用优势视角。优势视角认为,问题视角的运用会导致服务对象无法获得解决问题成功、有效的经验,强化了服务对象的挫败感。因此,优势视角不再注重考察服务对象的问题,而是把服务对象视为有能力改变自己命运的人,社会工作者的任务就是帮助服务对象发掘和运用自身所拥有的能力和资源,进而实现自己既定的目标。

优势视角整合了社会工作专业的核心人文价值,统一了多个中层理论建构,提供了一个独特的解决问题的框架。其中的一些价值观源自社会工作领域,另一些则源自哲学或心理学领域。但其始终关注案主所拥有的资源(如能力、技能)和案主系统(如资产、资源)。在优势视角的价值和结构中,特别突出的是抗逆力、希望、赋权、自决、案主参与和人在情境中。

(1) 抗逆力。抗逆力被定义为从压力环境中反弹或恢复的能力,是优势视角的一个重要组成部分。优势视角认为,在遭遇严重挫折时个体会反弹,具体表现为个体和社区有能力克服和超越严重的挫折(有时表现为负面事件)。这种在面临磨难时进行抗争的能力就是抗逆力,也称为复原力。

(2) 希望。希望是一种信念,认为好的事情而不是坏的事情将会发生,其可以成为跨越时间和情境的重要力量。希望有两个主要组成部分:一是相信自己有能力创造实现目标的途径;二是相信一旦创造了途径,就可以开始并持续朝着目标前进。

(3) 赋权。赋权被定义为一个人创造性地利用其资源获得或使用权力以实现目标、改善和控制生活环境并积极为自己的社区做贡献的手段。赋权主要关注和强调服务对象的优势,并且引导他们认识和使用优势。

(4) 自决。自决的定义多种多样,包括个人做出自己决定的权力、积极参与助人过程的权力、选择自己生活的权力。这些概念包含了一种信念,相信个人有能力和权力影响自己的生活进程。

(5) 案主参与。案主参与是指参与助人过程并为其做出贡献的程度。具体来说,是指要优先考虑案主的观点,并且让他们意识到参与服务过程各个方面的重要性。

(6) 人在情境中。优势视角指出人存在于环境中,并且受环境的影响,环境中蕴藏着丰富的资源。其目标往往是提高个体与其环境之间的契合度,假设各种系统既包括优势也包括问题。

优势视角理论是未成年人司法社会工作服务中应用最频繁、最广泛的元理论之一。未成年人司法社会工作服务的服务对象多表现出学习成绩差、不遵守纪律、行为习惯差等特点，社会大众普遍认为他们“满身都是缺点”，导致服务对象产生低效能感和低自我评价，进而改变动力不足。从问题视角到优势视角的转变有助于社会工作者发现这些所谓“坏孩子”身上的优势与能量，有助于鼓励他们以更加积极的状态面对社会生活。

此外，优势视角中提到的抗逆力概念也是未成年人司法社会工作服务过程中经常运用的基础概念。服务对象的生活环境中多数存在家庭功能发挥不良、朋辈群体具有不良行为、社会支持力量薄弱等风险性因素，也有部分服务对象在接受服务时正处于被不法侵害、家庭面临解体等风险情境中。在面对未成年人处于高风险情境时，社会工作者需要评估他们此刻的抗逆力水平，着力通过提高他们的抗逆力水平来协助其应对风险，顽强地生活下去。

第二节　未成年人司法社会工作的解释性理论

所谓解释性理论，是指对未成年人司法社会工作及其具体领域提供本体论解释的假设。在未成年人司法社会工作服务中，解释性理论为社会工作者分析、解释未成年人的状态和行为生成的原因提供了有力支持。从生物学、心理学和社会学视角来看，解释性理论运用较多的包括犯罪生物学理论、需要层次理论、挫折攻击理论、差异交往理论和标签理论。

一、生物学视角

犯罪生物学将犯罪原因聚焦于犯罪行为人，关注其身体对犯罪行为所起的作用。早期犯罪生物学家着重研究行为人身体的外部形状与犯罪之间的关系，从20世纪20年代开始，犯罪生物学家将视野拓展到更为广泛的犯罪素质，强调生物因素与环境因素的相互作用，认为生物因素通过环境因素影响人的犯罪。[①] 在未成年人司法社会工作服务中，大脑发育、饮食等因素均会对未成年人的行为产生影响，需要社会工作者加以关注。本部分主要集中探讨生物性因素对未成年人行为的影响机制。

---

① 曾赟、孔一、张崇脉：《犯罪原因分析》，华中科技大学出版社、清华大学出版社，2020，第59页。

（一）大脑发育与犯罪

脑前额叶皮质是大脑的“总裁”，其主要任务是事前思考后果，并且控制大脑其他区域发出的神经冲动，如有效控制冲动、正确判断面临的情境、有效解决问题和情感危机、计划和组织实施行为、负责语言功能、周全地考虑事情后果，以及为即将发生的事情确立动机和目标等。但未成年人的大脑发育尚未完全成熟，大脑所具有的冲动控制、因果推导、统筹计划、道德推理等机能相对成熟较晚；他们的神经系统发育也不完善，中枢神经系统的兴奋抑制过程发展不平衡，使得他们容易冲动，从而导致激情犯罪。①

大脑发育与犯罪之间关系的相关研究提醒未成年人司法社会工作者，要结合未成年人大脑发育的情况理解未成年人的行为选择并制订适当的服务方案。未成年人的违法犯罪行为一定程度上可以解释为大脑发育的不完整，随着未成年人大脑功能的进一步完善，他们的一些行为问题会得到更好的控制。因此，社会工作者在服务过程中需要学会接纳和等待，协助未成年人减少在等待大脑功能发育逐步完善过程中可能产生的行为风险。

（二）物质摄入与犯罪

人体内化学元素的缺乏将影响整个神经系统，可能直接或间接减弱未成年人以大众可接受方式行事的能力，缺少维生素、微量元素和矿物质或沉溺于某些食物也可能会导致未成年人攻击性或失控性行为的产生。

1. 糖与未成年人犯罪

日本心理学家的研究发现，过量摄取甜食会提高孩子的血糖水平，引起血糖水平大起大落，使孩子疲劳易怒，容易做出过激反应，甚至可能更容易出现暴力犯罪行为。美国的少年犯教育感化试验发现，对未成年人进行露卡素营养食疗（去掉甜食和精制淀粉，补充维生素和矿物质等）后，对其进行教育感化，成功率可高达80%以上。这一疗法的主要依据是，食用糖过量会导致嗜糖烦躁综合征，如多动不安、情绪波动、爱发脾气、打人毁物等。② 我国台湾学者发现导致孩子行为偏差的重要原因是其早餐中摄入了大量的糖，过多糖分的摄入导致孩子脑白质和脑灰质结构发生变化，最终对孩子的行为产生影响。③

---

① 徐建：《青少年犯罪学》，上海社会科学出版社，1986，第67页。

② 刘炯：《论饮食对青少年犯罪的潜在影响》，《青少年犯罪问题》2010年第2期。

③ 2009年我国台湾犯罪学学者林瑞钦教授在首都师范大学讲学中发布了此研究成果，并且展示了一系列实验光片。

2. 维生素、微量元素和矿物质与未成年人犯罪

舍恩赛勒(Schoenthaler)在美国加州进行了大量研究，探索未成年人体内维生素含量与其犯罪间的关系。他在研究中发现，补充了维生素的青年产生严重侵害行为的比例减少了38%。此外，他也在青少年群体中展开了与此相关的研究。1999年，他在美国亚利桑那州实施的一项针对6～12岁小学生的调查研究发现，连续四个月补充维生素片有效减少了孩子们的侵略性和破坏性行为，这些孩子变得更加尊敬老师，更愿意与同伴之间进行合作，更能够集中注意力。此外，美国南加州大学的研究也揭示了相似的情况：在儿童发展的前三年，如果缺乏铁、锌、维生素B和葡萄糖等，这些孩子在日后出现不良行为的概率就会有所提升。上述研究都佐证了，未成年人如果饮食结构不良，在饮食中缺少维生素、微量元素或矿物质，有攻击性和反社会性的可能更大。

3. Ω-3脂肪酸与未成年人犯罪

2001年，美国国家健康学院约瑟夫(Joseph)博士对“吃海鲜”和“谋杀行为”之间的关系进行了探究，研究表明，多吃主要富含在鱼肉中的Ω-3脂肪酸可能可以防止谋杀行为的发生。进一步分析发现，Ω-3脂肪酸能够促进灰质神经元的增长，这种神经元位于大脑前端皮层，具有控制冲动行为的功能，因此对Ω-3脂肪酸的足量摄入能够起到控制暴力冲动行为的作用。由此可见，Ω-3脂肪酸能够协助人们更好地控制情绪。相关研究表明，在服用Ω-3脂肪酸后，药物滥用者的“愤怒”情绪减少了50%；英国艾尔斯伯里(Aylesbury)监狱的研究表明，服用Ω-3脂肪酸及其他维生素、矿物质后，年轻犯人的越轨行为减少了37%。①

物质摄入对犯罪行为的影响研究为未成年人司法社会工作服务提供了新的视角。在这一视角下，社会工作者在服务中应关注未成年人的膳食结构。一是对那些对糖类有过度依赖的服务对象，社会工作者应着重留意其行为与糖类摄入之间的关系，并且尝试以减少糖类摄入作为辅助手段协助对违法犯罪行为的教育矫治。二是对膳食结构不完整、缺少蛋白质摄入和Ω-3脂肪酸摄入的服务对象应给予更多的关注，并且在与其家庭开展服务的过程中，社会工作者应教授家长相关的知识，注重膳食均衡，从而有效预防未成年人的偏差行为。

---

① 刘炯：《论饮食对青少年犯罪的潜在影响》，《青少年犯罪问题》2010年第2期。

二、心理学视角

不论是在未成年人犯罪预防还是在未成年人权益保护工作中，社会工作者都需要以心理学的相关理论为支撑，以协助其做好工作方案与服务。其中，需要层次理论、挫折—攻击理论、社会学习理论对分析与理解未成年人实施违法犯罪行为的原因，以及未成年被害人和家事案件中未成年人的需要至关重要。

（一）需要层次理论

需要是指人们对稳定性的需求，这种稳定性包括内在生理稳定性和外在环境稳定性两部分。需要反映出的是一种不平衡的状态，是驱动有机体满足生存和发展条件的不竭动力。1943 年，马斯洛（Maslow）在《人类动机理论》中阐述了需要层次理论，系统梳理了需要层次的基本结构和发展规律。

1. 需要层次的基本结构

马斯洛认为，人类的需要构成了一个层次体系。具体来说，这个层次体系从低到高依次为生理需要、安全需要、归属与爱的需要、尊重需要和自我实现的需要。

生理需要包括空气、水、食物、睡眠等。马斯洛认为，人的需要中最基本、最强烈、最明显的就是生理需要。生理需要的满足是生命有机体存在的前提和基础，也是驱动人行动的首要动力。只有这些基本的生存需要得到满足后，人才能进一步去追求更高级的需要。

安全需要包括人身安全、健康保障、财产安全、职业保障、家庭安全等。安全需要是指人避免危险、寻求生活保障，以及免受痛苦疾病威胁、获得安全感的需要。马斯洛认为，在安全需要得不到满足时，会对个体行为起支配作用，使行为的目标统统指向安全。

归属与爱的需要包括对友情、爱情、亲密关系的需要等。当人的生理需要和安全需要得到较好的满足后，人对归属与爱的需要就会变得强烈。当这种需要无法得到满足时，人会表现出疏离感、异化感、孤独感等，由此产生极其痛苦的体验。

尊重需要包括内部尊重和外部尊重。当生理、安全、归属与爱的需要获得满足后，人们就会产生尊重的需要，并且其开始支配人们的生活。每个人都希望获得成就、名誉、地位和赏识等，希望获得社会承认，希望感受积极、正向的个人认同和社会评价。马斯洛认为，只有尊重需要得到满足后，人才能够体会到个人的价值和意义。

自我实现的需要是指针对“真、善、美”至高人生境界的需要，主要表现为，个人想要实现自己的理想抱负，期待自己的能力和创造力得到发挥，期待自己成为自己想成为的样子。在马斯洛的需要层次理论中，自我实现的需要是最高层次的需要。

2. 各层次需要发展变化的基本规律

（1）需要层次之间的关系

马斯洛按需要的紧迫程度将人的需要分为低级需要和高级需要。低级需要，也称缺少性需要，当这些需要得不到满足时，个体的生存会受到直接威胁。高级需要也称发展性需要，这些需要不是人生存所必需的，是一种延续性满足的需要，此类型需要的满足能够使人们富有精力和创造力。在马斯洛的需要层次理论中，只有低一级的需要被满足后才能产生高一级的需要，而作为最高层次的自我实现的需要，只有在其他需要都满足之后才会出现。此外，马斯洛还指出，当需要产生了但未被满足时，其能够主导人们的行为；当其被满足后，其对于个体的重要性将逐渐减弱。

（2）需要的主导性

需要的主导性是指在人的生活中，由于当下所处的情况不同，虽然可能同时存在多重需要，但是往往有某种需要占据优势地位，这种需要就被称作主导性需要。主导性需要与个体当下的生活情况相关联。

马斯洛的需要层次理论提示社会工作者，要关注服务对象的主导性需要。对社会工作评估来说，发现服务对象的主导性需要能够促进社会工作者更好地分析和理解未成年人实施违法犯罪行为的原因。对社会工作干预工作来说，主导性需要的发现有助于社会工作者准确地确定服务目标，通过适当的服务促进其需要的满足。此外，社会工作者也可以通过充分调动服务对象满足需要的动机，发挥服务对象自身的力量，解决其面临的问题。

此外，依据马斯洛的需要层次理论，社会工作者强调对服务对象的需要进行动态评估。处于不同情境中的服务对象会有不同的需要，也就是说，随着服务的推进和服务对象自身及所处情境的变化，其本身的需要组成可能会相应地发生变化。因此，社会工作者在工作中要对服务对象的需要进行动态评估，以准确了解服务对象的具体情况。在未成年人司法社会工作服务中，社会工作者尤其需要留意在不同司法过程中服务对象需要的变化。

（二）挫折—攻击理论

美国心理学家罗森茨韦克（Rosenzweig）最先提出了挫折—攻击的观点，而后美国耶鲁大学人类关系研究所的心理学家多拉德（Dollard）及其团队进一步发展了这一理论。该理论的基本观点认为，挫折容易引起攻击欲望和攻击行为，从而导致大量犯罪特别是暴力型犯罪行为的发生。[①]

1. 经典挫折—攻击理论

1939 年，多拉德、米勒（Miller）等在罗森茨韦克的基础上，进一步发展了挫折—攻击理论，被称为经典挫折—攻击理论。该理论认为，个体在遭受挫折后会产生不同的反应，包括攻击行为和其他后果，如退缩等。当攻击行为被激发后，个体会采取不同指向的方式实施攻击行为，一种指向外部，即外向攻击，另一种指向内部，即内向攻击，如自杀等。该理论如图 4－1 所示。

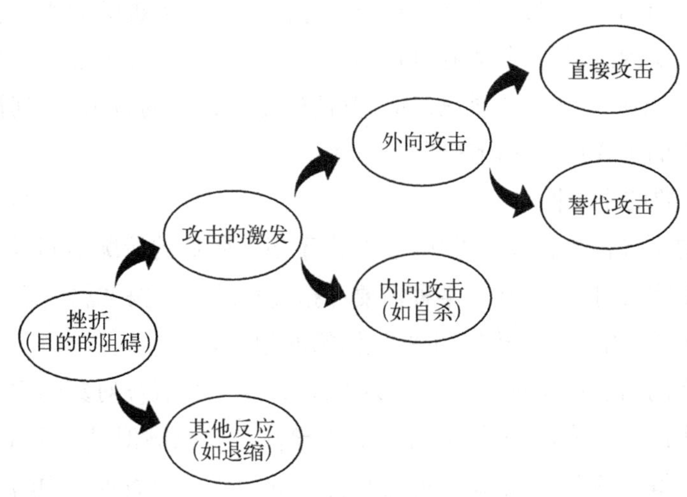

图 4－1　经典挫折—攻击理论示意图

在经典挫折—攻击理论中，多拉德团队认为挫折是否会引发攻击行为取决于以下几个因素：① 受挫折时产生的驱动力的强弱；② 挫折的强度，即受挫折时引起的驱动力的范围；③ 挫折的累计效应，即以前所遭受的挫折的频率；④ 随着攻击反应的产生而可能受到的惩罚的程度。根据多拉德团队的观

① 吴宗宪：《西方犯罪学》（第二版），法律出版社，2006，第 288 页。

点，攻击行为被激发后，个体会产生两种不同的反应形式，即内向攻击和外向攻击。其中外向攻击的行为方式有两种。一是直接攻击，即直接的身体或言语攻击，这也是最常见的攻击形式。二是替代性攻击，即当引起挫折的因素在体能方面或者社会影响方面过于强大，个体无法与之抗衡时，可能将攻击行为指向更加安全的目标；或者当诱发挫折的因素是情境而不是人，导致攻击行为无法直接指向挫折的起因时，个体会将攻击行为重新指向更加现实的目标。这时替代性攻击就出现了。

2. 修正后的挫折—攻击理论

伯科威茨(Berkowitz)认为，原有的挫折—攻击理论夸大了挫折与攻击之间的因果关系，因此他在 1967 年对挫折—攻击理论做出修正(如图 4－2 所示)，引入了消极的情绪、攻击线索等中介变量，指出挫折并不一定会引起攻击反应，而是创造了一种攻击的“情绪准备状态”[①]，主要是指愤怒情绪。

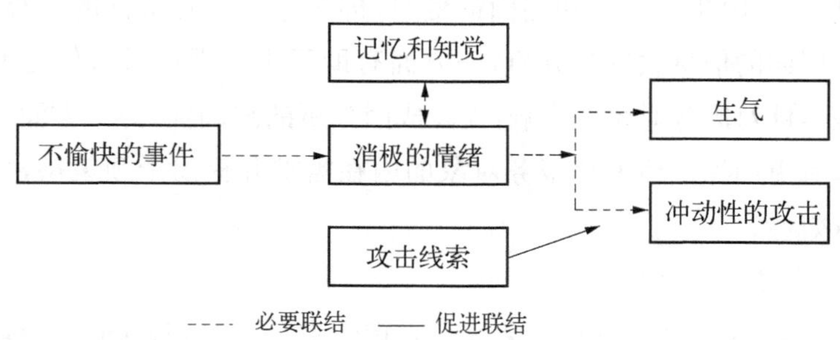

图 4－2　伯科威茨对挫折—攻击理论的修订示意图

在伯科威茨的挫折—攻击理论模型中，挫折被引申为不愉快的事件。伯科威茨认为，使个体遭受挫折的是不愉快的事件，因为不愉快的事件会产生消极的情绪体验，进而导致攻击行为的发生。需要注意的是，发生在个体身上的事件是不是愉快，主要取决于个体的主观认知，即个体的记忆和知觉会影响事件对个体本身所具有的意义。

挫折—攻击理论提示未成年人司法社会工作者在分析未成年人实施一般不良行为、严重不良行为或违法犯罪行为的原因时，应当注重从以下三个方面着手。

第一，应探究行为背后可能存在的挫折事件。虽然挫折并不是攻击行为

① 戴维·迈尔斯，《社会心理学》(第十一版)，侯玉波、乐国安等译，人民邮电出版社，2016，第 108 页。

产生的充分必要条件，但当社会工作者面对一个已经做出攻击行为的服务对象时，应当有意识地了解其是不是曾经遭遇过挫折。社会工作者应深入捕捉和了解服务对象在攻击行为产生前的经历，察觉其彼时的需求和目标，以及遭遇了何种阻碍，从而提高行为分析的准确性，并且在后期干预时提供更有针对性的服务。

第二，要关注替代性攻击。如通常当一个孩子出现虐猫行为时，人们往往会认为这个孩子不善良，对小动物没有爱心等，但这可能是其替代性攻击的反应。因此，社会工作者在开展服务时，应对服务对象出现的攻击行为保持敏锐，准确分析其出现的攻击行为是直接性攻击还是替代性攻击，了解实际对其造成影响的背后挫折事件，以保证评估和干预的深入性和有效性。

第三，关注挫折事件与攻击行为关系背后的个体认知。社会工作者在尝试了解服务对象可能遭遇的挫折事件，以及分析挫折事件与攻击行为之间的关联后，应注重收集个体认知层面的信息，即服务对象对事件的解释与感受。个体认知层面的信息收集与分析，一方面有助于避免因挫折事件看似不严重而忽略该事件对服务对象的影响，提高成因分析的准确性；另一方面也有助于社会工作者更加深入地了解服务对象的内在需求并提出干预策略，从而提升服务的有效性。

（三）社会学习理论

社会学习理论的代表人物是美国心理学家班杜拉（Bandura），他于1971年在《社会学习理论》一书中系统阐释了自己的学术思想。该理论强调，观察和模仿是学习的重要过程；人的行为不仅受直接经验的影响，同时也受间接经验的影响；认知和自我调节过程是重要的；人、行为与环境三者是交互作用的。

1. 观察学习论

班杜拉认为人的大多数行为是后天习得的，主要依靠两种不同的习得过程：一是通过直接经验获得反应的模式，二是通过观察他人接受的程度来进行学习的模式。在后一种学习模式中，人们通过观察别人形成有关新行为如何操作的观念，为指导日后自我行为的发生产生影响，将其称为无尝试的学习或观察学习。观察学习是人类学习的重要形式之一，内容包括外显行为、认知、观念等多个方面，是涉及环境影响、个人认知、他人反馈等环节的复杂学习过程。

2. 自我效能理论

自我效能理论认为，如果一些特定的情境、符号或信息有规律地反复出现，并且与另一结果相关联，那么人们就会根据自身经验形成对这些线索的期待，这些期待能够指导人们的行为。1977 年，班杜拉在效能期待的基础上提出自我效能的概念。自我效能是指对自己的一种判断、信念或感受，这种感受基于自己认为自己能否完成某一活动。自我效能能决定人们的行为选择过程和思维方式，同时自我效能水平的高低也会决定人们在困境中的情绪反应和努力程度。班杜拉认为，自我效能的影响因素主要有五个：操作成就（直接经验）、替代性经验（间接经验）、言语劝说、情绪和生理状态、情景条件。

3. 三元交互决定论

班杜拉基于对观察学习及影响因素的阐述认为，行为（behavior）、人的内在因素（person）、环境（environment）三者彼此相互联结、相互决定。这一过程涉及三个因素的交互作用而不是两个因素相结合或两个因素之间的单向作用。三元交互决定论如图 4－3 所示。

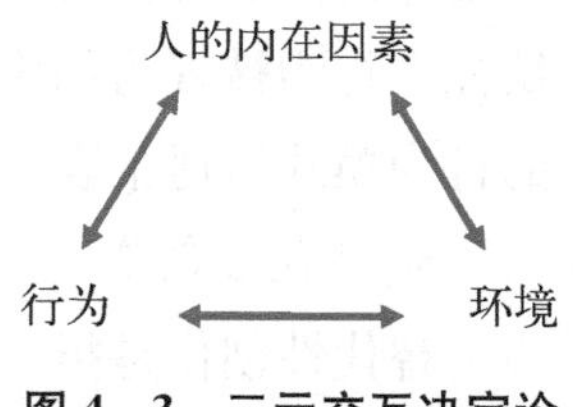

图 4－3　三元交互决定论示意图

社会学习理论提示社会工作者，可以从“习得”的角度来分析未成年人一般不良行为、严重不良行为或违法犯罪行为的发生。班杜拉提出了观察学习的概念，也就是说，未成年人可以通过观察他人实施的违法犯罪行为及其后果，模仿实施同样的违法犯罪行为。因此，社会工作者要注重分析未成年人在日常生活中是否存在这样的“示范”。此外，基于班杜拉三元交互决定论的研究，社会工作者在分析未成年人实施违法犯罪行为的原因时，应当同时对行为、人的内在因素和环境三个维度保持敏感，注重此三种元素的互动对未成年人行为的影响。

与此同时，在未成年人司法社会工作服务中，自我效能理论通常可以帮助社会工作者分析未成年人在日常生活中遭受挫折的原因。部分未成年人走上违法犯罪的道路，是因为他们在日常生活中经常受挫，而这种受挫可能导致其丧失对日常生活的效能感，进而转入不法圈子中寻找成就、归属与意义。因此，社会工作者可以沿着自我效能理论尝试分析部分未成年人远离常规社交群体的原因。

（四）创伤理论

创伤理论源自 19 世纪 70 年代学者对歇斯底里症的研究。目前，创伤研究涉及创伤、创伤后应激障碍、替代性创伤、创伤后成长等议题。

1. 创伤

创伤最初来源于医学领域，可以用于描述身体创伤，也可以用于描述心理创伤。身体创伤主要由直接的外部力量造成，而心理创伤则可能由某种强力的情绪刺激导致。这些造成创伤的外部力量通常被称作生活事件。心理创伤看似对身体没有影响，也不会直接威胁人们的生命，实际上心理创伤是一种慢性的负性情感积累，最终导致情感、行为、躯体、认知的慢性、部分或全面障碍性疾病，它可能在创伤数天、数月或数年后发生。

2. 创伤后应激障碍

创伤后应激障碍是指突发性、威胁性或灾难性的生活事件导致个体延迟出现或长期持续存在的精神障碍。创伤后应激障碍主要有四种症状：侵入性症状、回避性症状、负性认知和情绪改变症状、警觉性增高症状。根据创伤后应激障碍的心理社会模型，应激障碍会导致个体产生不良的行为反应。其中，反社会行为被视为创伤后的一种典型的消极行为模式（是一种无视他人利益的行为模式），通常表现为攻击、破坏规则和欺骗等。

3. 替代性创伤

替代性创伤是指一种特殊的助人者内在感受和经验的改变过程，在社会工作领域内出现得比较频繁。具体来说，替代性创伤是指社会工作者在与经历过创伤事件的服务对象互动的过程中，受到了服务对象生命经验的影响。此时，社会工作者虽然没有亲历创伤事件，但是间接感受到了在创伤事件发生时服务对象的创伤性体验，进而在自己身上出现了严重的心理和身体反应的情况。对社会工作者来说，替代性创伤会使他们的价值系统面临巨大挑战。主要表现为：觉得失去了公平感和信心，进而缺乏安全感；无法厘清自己的工作和生活，进而对自己的职业选择产生怀疑；对身边的人际关系感到怀疑，进而出现感情迟钝、社会性退缩等状况。

4. 创伤后成长

创伤后成长是指个体同主要的生活危机事件或重大创伤事件进行抗争后所体验到的一种积极心理变化。个体可能会感受到新的机遇，感受到个人的力量，感受到与他人关系中的资源和优势，对生命有更多的欣赏等。创伤后成长的出现，通常意味着个体在经历创伤后的心理社会功能比经历创伤之前有所提升，因此这是一种自我超越的表现。各类创伤人群，都有可能表现出创伤后成长这一积极结果。

创伤理论主要运用于未成年被害人保护救助服务。其服务对象多数是刑事案件中的未成年被害人，现阶段以性侵案件中未成年被害人为主。由于他们普遍具有被不法侵害的经历，因此社会工作者需要着重留意其创伤情况，并且据此进行有计划的特殊干预。此外，替代性创伤也值得未成年人司法社会工作者尤其是督导者和机构管理者留意。在服务过程中，社会工作者可能会受未成年被害人的被害经历的影响，产生替代性创伤，产生自我怀疑，对工作意义和价值产生质疑，甚至对社会产生不信任感等，这些情况在为性侵案件未成年被害人服务的社会工作者身上出现得更加频繁。督导者和机构管理者应当在定期督导和日常工作中留意社会工作者的自身状态，并且进行预防与及时干预。

三、社会学视角

未成年人的行为养成除了受个体生物和心理因素的作用外，还受其周围环境的影响，不仅包括与家庭、学校、朋辈群体的互动，而且也涉及与社会文化和社会政策的互动。社会学相关理论可以帮助我们从社会功能、社会互动或社会冲突的视角重新审视未成年人司法保护工作，为开展具体服务的工作人员带来新的分析和干预思路。社会学理论内容繁多，本部分仅挑选未成年人司法社会工作服务中常用的社会控制理论、差异交往理论、社会支持理论、标签理论和仪式理论进行说明。

（一）社会控制理论

美国犯罪学家赫希（Hirsch）认为，人性本来就是恶的，任何人都有犯罪的倾向，如果不进行控制，那么任何人都会犯罪，当个人与社会的联系薄弱或者破裂时，就会产生犯罪行为。社会控制的核心是社会联系或社会键（social bond）。

1. 社会联系四要素

社会联系是指个人与传统社会之间的联系，主要的表现形式是个人与家庭、学校、社区等社会机构之间的联系。其由依恋、奉献、参与和信念四要素组成。

（1）依恋，是指与他人，尤其是与家庭和学校的感情联系，依恋程度越高，产生违法犯罪行为的可能性就越低。赫希认为，依恋主要体现在未成年人对父母的依恋、对学校的依恋和对朋辈群体的依恋三个方面。

(2) 奉献,是将个人的时间和精力投入对传统目标的追求和对未来成功的期盼。如果人们为了顺应传统的生活方式花费时间和精力,致力于传统的生活、财产、教育、名誉等活动,就不大可能从事危及其传统目标和地位的活动。

(3) 参与,是指参加社会传统活动,参与程度的不同会直接影响未成年人的行为方式。他们较深入地参与传统活动,就会缺少从事越轨行为的时间和精力,也就是将个人从犯罪行为的潜在诱惑中隔离开来。

(4) 信念,是指对传统价值观念和道德法治观念的态度或者接受意愿。当个体在社会化过程中内化了健康的价值观和自我概念,就会有健全的"键",就可能强化个人的自我控制力,这时人们犯罪的原始本能就可能得到控制或有效缓解,就不会犯罪。

2. 社会联系四要素之间的关系

社会联系四要素之间看起来是相互独立的,实际上四要素相互联系、相互影响。在社会联系各要素之间,赫希认为有三种结合特别重要。

一是依恋与奉献的结合。依恋与奉献可以相互补充。具体来说,如果个体缺乏依恋,那么他可以通过奉献来补偿缺乏依恋而带来的控制力缺乏的情况,缺乏奉献或奉献意识不强的人可以通过补充依恋而弥补奉献的缺失。

二是奉献与参与的结合。赫希认为,必须努力减少控制理论的不确定性。在社会联系四要素中最明显的就是奉献与参与之间的关系,个人的奉献越多,参与传统活动的程度越高,发生犯罪行为的可能性就越小。

三是依恋与信念的结合。赫希借助皮亚杰"尊重是法律的来源"的观点,证实了依恋和信念之间的直接关系。例如,儿童之所以赞同、接受父母等成年人的行为准则(信念),是以其对父母的尊重(依恋)为前提的。如果这种尊重(依恋)被削弱,他就不会接受这种行为准则(信念),进而导致行为准则丧失强制性特征。①

在开展未成年人司法社会工作服务时,社会工作者可以运用社会联系四要素理论来分析未成年人违法犯罪行为背后的原因。例如,在依恋方面,社会工作者可以分析未成年人与其周围群体的依恋关系,以观测其违法犯罪行为的产生是否与其同他人的依恋程度较低有关。在奉献方面,社会工作者可以着重留意未成年人对传统观念的奉献程度,观察其为了顺应传统的生活方式

---

① 特拉维斯·赫希:《少年犯罪原因探讨》,吴宗宪等译,中国国际广播出版社,1997,第 23 页。

而花费时间和精力的情况，以此来分析其违法犯罪行为是不是和奉献程度较低有关。在参与方面，社会工作者可以聚焦未成年人参与的传统活动，尤其是工作、运动、娱乐和业余爱好等的情况，以识别其违法犯罪行为是不是和其参与传统活动程度较低有关。在信念方面，社会工作者可以了解未成年人对社会公平、正义、法治、友情等理念的认识，进而分析其违法犯罪行为是不是可能和信念的认同情况有关。社会工作者在开展干预服务时，同样可以依靠以上理论解释来指导自己的服务工作。

（二）差异交往理论

萨瑟兰（Sutherland）的差异交往理论源自芝加哥学派的犯罪理论，并且借鉴了米德（Mead）的符号互动论、塔尔德（Tarde）的模仿论和塞林（Selling）的文化冲突理论，其核心观点是犯罪行为是习得的。萨瑟兰认为，个体所有的行为都受周围环境的影响，行动是学习产生的，守法行为同样也是个体在社会生活中学会的。1939 年，在《犯罪学原理》一书中，萨瑟兰将原有的观点加以整合和系统化，正式提出了差异交往理论。1947 年，他对差异交往理论做了进一步的完善和澄清，将理论内容归纳为以下九个命题：① 犯罪行为是学习得来的，不是通过遗传获得的；② 犯罪行为是在与别人交往的过程中通过相互影响学会的；③ 犯罪行为的学习主要发生在与个体关系密切的群体中；④ 犯罪行为的学习不仅包括学习犯罪技巧，还包括学习动机、冲动、合理化和态度的特殊倾向等；⑤ 特定的动机和驱动力，是从对法律规范的赞同和不赞同的不同方式中习得的；⑥ 如果助长犯罪的解释压倒抵制犯罪的行为模式，个人就会犯罪，这是因为他们与犯罪的行为模式相接触，而与抑制犯罪的行为模式相隔绝；⑦ 不同接触的效果因频率、持续时间、先后顺序和强度的不同而有所差异；⑧ 学习犯罪行为的过程包括在任何一种学习过程中都起作用的全体机制，而不是简单的模仿过程；⑨ 不能用一般化的需要和价值来解释犯罪行为，因为非犯罪行为同样表现为对这种需要和价值的实现，即动机本身不能成为犯罪的原因，犯罪行为只有在行为人通过与有犯罪观念的人的交往过程中习得犯罪观念后才会发生。[①]

萨瑟兰的差异交往理论对个体犯罪行为的产生及其与亲密群体互动之间的关系进行了说明，提出了人的违法行为或合法行为是在与亲密群体的交往

---

① 董士昙：《犯罪学教程》，中国检察出版社，2013，第 188—189 页。

过程中习得的。因此，未成年人司法社会工作在对服务对象行为问题进行分析时，既要关注服务对象本身，又要关注其所处的环境与社交群体的影响，同时还要关注个体与环境之间的互动情况。

家庭对未成年人来说非常重要。在现实生活中，很多家长会忽略自己在孩子面前的榜样作用，做出一边教育孩子遵纪守法、一边漠视法律法规的行为，从而降低了孩子对法律法规的敬畏程度。另外，朋辈群体是未成年人人际交往的重要对象，随着交往的深入与频繁，未成年人很有可能受群体中不良观念或行为的影响，甚至习得群体中不良行为或违法犯罪行为。在分析亲密群体对个体行为的影响时，我们不仅要关注其对行为本身的习得，还要关注对行为背后认知观念的习得，对行为的看法和态度（如犯罪合理化的态度）能够对行为本身起到强化和巩固的作用，社会工作者在实践中应当尤其注意。

此外，在未成年人司法社会工作服务领域内，犯罪预防也是必须关注的问题之一。依据萨瑟兰的差异交往理论，犯罪行为习得因交往优先度不同而有不同效果，在孩童时期就形成的遵守法律的行为习惯会更稳固。因此，尽早帮助未成年人搭建守法的环境，使其能够加强与守法榜样的互动交往，对未成年人犯罪预防将起到积极的作用。具体来说，一方面要加强法治教育的宣传与推广；另一方面要普及亲职教育，提高家长遵纪守法的重视程度。

（三）社会支持理论

社会支持是指个体意识到的或虽未意识到但已存在的由家庭、朋辈群体、学校、社区及其他社会网络提供的资源。林南在研究中按照资源的不同类型，将社会支持分为工具性支持和表达性支持两类。所谓工具性支持，主要是指运用人际关系这一手段达到某种目标，如找工作、借钱、帮忙看家、喂养小孩等；表达性支持本身既是手段又是目标，涉及分享感受、发泄情绪、肯定自己和他人的价值与尊严等。[①] 巴勒内尔（Balenel）将社会支持分为物质的帮助、行为的帮助、亲密的交往行为、指导、反馈、积极的社会交往六种类型。笔者认为，综合考量，社会支持可分为三类：情感支持、实际支持和信息提供（如图 4－4 所示）。

① 文军：《社会工作模式：理论与应用》，高等教育出版社，2010，第 327—328 页。

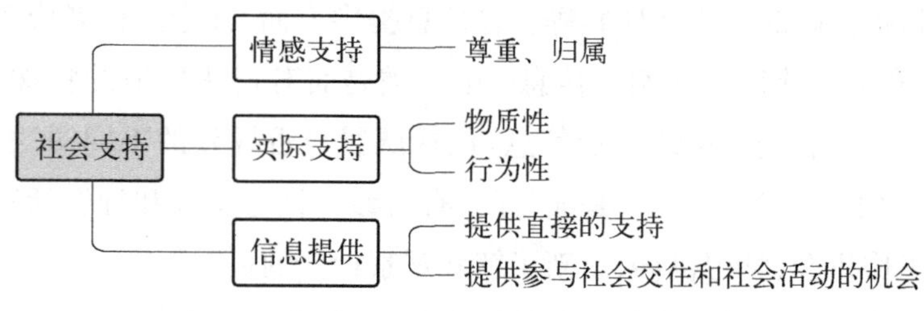

图 4-4　社会支持的类型

情感支持主要是指为个体提供的尊重、归属、认可、心理支持、情绪支持等精神类的服务与资源；实际支持是物质上的援助和实际服务，分别称为物质性支持和行为性支持，前者提供实物，后者以活动类服务为主；信息提供包括提供法律等信息和提供参与社会交往与社会活动的机会，特别是后者，对于因与社会断裂而面临各种问题的个体非常重要，这为他们提供了重新联结社会的重要契机。

最早将社会支持理论引入犯罪学领域的是学者卡伦(Caren)。对于社会支持与犯罪的关系，卡伦认为，从宏观上说，社会支持有助于减少犯罪；从微观上说，提供与获得社会支持都有助于减少犯罪；社会支持与社会控制有交互作用；社会支持有助于构建有效的司法体系；社会支持对受害者有所保护。因此，在犯罪预防的过程中，人们可以充分利用社会支持的功能，将其视作社会控制有效性的前置条件，培养人的利他观念或行为，改变一个人的行为方向，减少犯罪的可能性。此外，卡伦还专门研究了父母对未成年人犯罪的影响，并且提炼出“父母效能”的概念，认为父母控制和父母支持两个方面对未成年人犯罪有着重要影响。父母控制包括直接控制(监督、家规、期望等)和间接控制(情感亲密程度)，父母支持包括父母可靠度(出席子女活动等)和父母支持(鼓励子女的爱好、与子女共同开展生活活动等)。

在未成年人司法社会工作服务中，在考虑服务对象所处情境的特殊性、评估未成年人的社会支持的同时，要有有针对性地加以考量。在情感支持方面，由于涉法涉诉未成年人正在经历司法程序，并且可能承担一定的司法结果，他们容易表现出较为激烈的情绪变化。因此，社会工作者在评估其情感支持时，应格外关注服务对象周围的各系统是不是可以提供围绕危机事件的情感支持。在实际支持方面，社会工作者需要关注其是不是有途径或资源获得面对司法情境的特殊行为支持，如陪同参与司法流程、介入干预司法流程中爆发的家庭危机、提供临时的生活照料等。在信息提供方面，社会工作者应关注服务对象是否有渠道获得以下两类信息：第一类是面对司法情境的特殊信息，如司法流程、争取有利司法结果的信息，包括认罪与否导致的不同司法结果、道歉与和解的重要性等；第二类是充足的、有关参与社会交往和社会活动机会的信息，如工作机会、学习机会、重新了解和观察社会的机会等。

此外，社会工作者还需要对卡伦提出的“父母效能”保持高度关注，可以利用“父母效能”的概念考量支持和控制两个维度的作用，综合分析父母控制和父母支持的情况，以全面分析在未成年子女管理教育、违法犯罪行为预防方面的“父母效能”。

（四）标签理论

标签理论产生于 20 世纪 60 年代。该理论认为，越轨行为或者犯罪行为是一种社会定义的结果，社会通过控制机制把某些人“标签”为越轨者或犯罪者，当某个人开始相信社会标签是对的时，他就会因此加入越轨或犯罪的行列。[①]

1963 年，贝克尔(Becker)出版了《局外人》一书，书中系统地阐释了标签理论的主要内容。他认为：① 社会越轨是越轨行为的本质；② 标签是被有选择地赋予的，不同的人、事件、地点、情况都会影响标签的赋予；③ 越轨行为的养成是一种被侮辱的过程。这一过程包括三个步骤：权威人士或重要他人察觉某人的越轨行为；该个体被贴上越轨者的标签；该个体进入越轨者组成的群体，越轨亚文化为其提供越轨的社会化支持。

莱默特(Lement)在《社会病理学》中将越轨行为分为两类：一类是初级越轨(初级偏差)，即未被人指认或惩罚的行为，这种行为相当普遍；另一类是次级越轨(次级偏差)，是来自他人对初级越轨行为的反应。

综上所述，贝克尔和莱默特都认为，局外人发展成越轨者经历了三个阶段，即“初级越轨—次级越轨—习惯性越轨”。因此，在初级越轨和次级越轨的发展过程中，社会对初次越轨行为的反应及贴标签行为很有可能引发更加严重的次级越轨行为，这些社会现象反映的是严重少年犯罪的最重要原因。[②]

标签理论呈现了未成年人实施犯罪行为的过程，也暗示了未成年人再犯

---

① 江山河：《犯罪学理论》，格致出版社，2008，第 124—125 页。
② 吴宗宪：《西方犯罪学》，法律出版社，2006，第 397—399 页。

行为发生的过程。从未成年人司法社会工作服务来看，阻断“初级越轨—次级越轨—习惯性越轨”这一过程，是预防未成年人犯罪和再犯罪的重要途径。由于在这一过程中标签是关键环节，因此如何协助未成年人撕掉标签就是未成年人司法社会工作的关键内容。

标签理论除了可以用来分析未成年人违法犯罪行为发生及再犯行为发生发展的原因，还可以用来解释未成年被害人，尤其是性侵案件未成年被害人在被害后的情绪和行为反应。在一些性侵案件中，未成年被害人在案件发生后，容易产生羞耻、愧疚、自责等情绪反应，难以面对家人、邻居或同学，难以回到其原有的社会生活中，这一些反应可能是其受到社会对性侵被害人“污名化”标签的影响。因此，社会工作者可以从标签理论的视角出发，分析其情绪和行为反应发生的原因，有针对性地设计干预方案。

（五）仪式理论

仪式理论是人类学的传统议题，早期人类学仪式理论研究较多地关注宗教，审视神话和仪式之间的关系。随着仪式理论研究的深入，20 世纪的西方仪式研究学者开始转向世俗世界和现代工业社会，探索仪式在社会结构和组织中的功能。

涂尔干(Durkheim)通过对宗教仪式的研究发现，信任和意识对强化人际联系、强化集体情感和意识、维持社会存在有着重要意义。特纳(Turner)在《仪式过程：结构与反结构》一书中指出，仪式就是一个巨大的象征系统，仪式过程中的象征符号包括仪式语境中的物体、行动、关系、事件、体态和空间单位。后续的研究也认为，仪式象征具有两极性，一极反映了行动者所处的社会意识形态，另一极则通过提供感官刺激唤醒和激发行动者的情绪，最终引发行动。

由特定要素构成的仪式营造出的独特氛围会引起个体心理状态的变化，产生认同、约束、神圣等体验，从而达到个体行为改变、集体团结等目的。仪式通过激发和引导个体在“所知所感、所感所念”的意义网络中建构想象，实现对国家象征层面的合法性认同，以及对社会象征层面的价值认同。换言之，个体参与某一经过特别设计和安排的仪式，由此产生情感共鸣的仪式感，有助于个体更为准确地把握仪式活动或情境中的象征意义，更易于价值提取、精神内化。

对未成年人司法社会工作服务而言，仪式活动可以有效巩固和强化服务效果。仪式活动产生的仪式感可以制造出一种与既往体验不同的情感共鸣，通过对不同场域的意义再塑造和释放，打动情感和心灵，培养信仰和忠诚，宣传理念和意识形态，以及规训行动和思维。例如，在未成年人训诫服务结束后，通过训诫解除这一仪式，经由象征法律神圣的场景、程序化的司法仪式等，构建法律象征图景。同时，社会工作者进一步帮助未成年人挖掘对未来的期待，促进未成年人顺利实现身份转变。如在城市历奇活动结束后，社会工作者可以通过庆功会的仪式，和未成年人一起回顾整个服务过程，以及自己的收获和成长，鼓励他们邀请自己的重要他人到场，一起见证，引发未成年人形成深层想象和认同，想象自由散漫的个体可以与他人（包括社会工作者）一起凝聚成高度协作的团体，获得更多的成就体验，从而强化活动的服务效果。

第三节　未成年人司法社会工作介入模式理论

在解释性理论的支持下，社会工作者理解了未成年人行为产生的原因，下一步就是有针对性地设计干预方案，以矫治未成年人的不良行为，解决未成年人遭遇的生活困境，促进未成年人的健康发展。

介入模式理论为社会工作者制订具体的干预方案提供了重要的理论支持，是对社会工作实践本身的性质、目的、过程等进行一般的说明。在未成年人司法社会工作服务中，社会工作者常用的介入模式理论包括心理动力论、认知行为理论、人本主义理论、批判理论和后现代主义理论五种。

一、心理动力论

所谓心理动力，是指心理活动的内在驱力或内在力量。弗洛伊德认为，人类心理活动的动力源泉是生理上的“力比多”；荣格（Jung）认为，“原型”是人类心理活动的动力；阿德勒（Adler）认为，自卑与超越是人行为的原始决定力量；马斯洛认为，需要是心理活动的动力。心理动力学丰富的理论基础为未成年人司法社会工作提供了可供使用的介入模式，其中较为常用的是任务中心模式和危机干预模式。

（一）任务中心模式

任务中心模式是20世纪60年代后期，在美国形成并发展起来的一种个案工作方法。为了回应个案工作开展过程中服务效率低下的问题，美国芝加哥大学的里德（Read）和希恩（Shin）合作开展了一项促进个案工作服务效率的研究。1972年，里德和爱普斯坦（Epstein）出版了《任务中心个案工作》一书，提出了任务中心模式。

任务中心模式是指在一定时间限制内完成工作的个案工作方法。这种模式利用时限的结构与短期心理暨社会的个案工作技巧，协助案主完成其自身已经约定的任务，进而解决其问题及困扰。它是短期治疗模式的一种，主要特点是简要和有时限。

任务中心模式假设人有解决问题的能力。针对案主的心理社会问题，它着力探究可能的阻碍和可以催化改变的部分，并且协助案主界定当前想要和可以解决的问题，最终实现这些问题的解决，而非探究问题的历史根源，或是改变案主的特质、态度和行为。任务中心模式认为，改变的主要媒介是案主本人，其应负有找出并处理自身问题的责任。

任务中心模式在操作过程中的主要内容包括核心问题、行动任务和简要结构式服务计划。

（1）核心问题。在任务中心模式看来，社会工作需要解决的问题是人在与周围环境互动中产生的，既涉及人内心的困惑或不安，又涉及外部环境的压力和挑战。常见的核心问题主要有人际冲突、社会关系不满、与组织有关的问题、角色执行困难、决策问题、反应性情绪压力、资源不足及其他相关问题。[①]

（2）行动任务，是一种有计划地解决问题的行动要求。其工作重点不是在服务面谈内，而是在服务面谈外的服务对象的日常生活中，帮助服务对象在日常生活场景中习得问题解决的能力。[②] 在确定行动任务时，社会工作者应遵循以下要求：依循案主的动机；确认任务具有可行性；确认案主实施任务的意愿；单一的任务可以再转变为多个任务，以方便执行。

（3）简要结构式服务计划，既关注服务计划的结构性，又强调服务计划的灵活性。在任务中心模式看来，一项有效的服务计划除了需要包括明确的焦

---

① 宋丽玉等：《社会工作理论：处遇模式与案例分析》，洪叶文化事业有限公司，2002，第195—196页。

② 童敏：《社会工作理论：历史环境下社会服务实践者的声音和智慧》，社会科学文献出版社，2019，第119页。

点问题、服务目标、服务类型和时间,以及清晰可行的行动任务之外,还需要保证行动任务的针对性和有效性,能够帮助服务对象克服焦点问题,实现既定的目标。

受司法流程本身的时间限制,未成年人司法社会工作服务必须在相应的司法流程期限内完成,这对服务时限内完成任务提出了较高要求。与此同时,未成年人司法社会工作服务的服务对象多数是由公安司法机关委托的"非自愿个案",其个体改变的意愿较差,这为服务的推进增加了难度。任务中心模式为上述问题提供了解决方案,该模式中提及的界定核心问题、按照服务对象的动机设定行动任务、设计简要结构式的服务计划,对未成年人司法社会工作服务有着较强的指导意义。

(二) 危机干预模式

危机干预模式最早起源于 20 世纪 40 年代,强调迅速减轻个体的应激反应,使当事人各方面功能尽快、最大限度地恢复到危机事件前的水平,甚至高于危机事件前的水平。危机干预的目的,一是避免自伤或伤及他人,二是恢复心理平衡与动力。危机干预模式众多,在未成年人司法社会工作服务中,危机干预任务模式是最常用的危机干预模式。

危机干预模式以各种人类行为的理论为基础,包括弗洛伊德的精神分析学、心理学、社会学,埃里克森的认同理论等。[①] 危机干预模式有平衡模式、认知模式、心理社会转变模式、折中危机干预模式、悲伤辅导模式、社会资源工程模式等。本部分主要介绍实务过程中经常使用的"任务模式"。这一模式将危机干预的过程归纳为三个连续任务和四个焦点任务,并且任务的完成没有既定的顺序,是根据服务对象的实际需要来考量的。

1. 连续任务

其包括评估、保障安全和提供支持,这些在心理危机干预的过程中需要持续或者多次反复进行。

(1) 评估,包括认知、情感和行为反应三个方面的评估。评估不仅要针对服务对象,而且有时还需要面向服务对象的家庭成员。

(2) 保障安全,要保障服务对象不再被侵害者侵害,同时还要注意在多重危机事件发生时不要让服务对象独处。

---

① 宋丽玉等:《社会工作理论——处遇模式与案例分析》,洪叶文化事业有限公司,2002,第 155 页。

(3) 提供支持，提供支持是最初干预过程的首要目标，尤其是对那些反应激烈的服务对象来说。此外，不仅在危机发生时，在危机结束后，社会工作者也要注意为服务对象提供其需要的支持。

2. 焦点任务

焦点任务包括建立联系、重建控制、问题解决和后续追踪。焦点任务通常是在某个特定的阶段集中进行的。

(1) 建立联系，主要是与服务对象建立一种基础性的联系，让服务对象意识到社会工作者愿意站在他的立场上，愿意与他站在一起。

(2) 重建控制，社会工作者需要帮助服务对象调节其对危机的反应，包括重建对当下生活情境的控制，也包括促进其提升控制自己生活的能力。

(3) 问题解决，包括定义危机和制订计划两个部分。危机应是服务对象所了解和认可的危机，计划则是指有助于解决服务对象面临的危机的措施。应注意的是，制订的计划必须获得服务对象的认同，并且在服务对象认同后鼓励服务对象履行承诺。

(4) 后续追踪，可以以正式的方式进行，也可以以非正式的方式进行。后续追踪的主要任务是协助服务对象将注意力从危机事件转移到当下新的生活情境和变化中。

危机干预模式为未成年人司法社会工作者协助服务对象解决危机情境提供了具体、有效的工作方案。在未成年被害人服务中，社会工作者要根据不同的接案时间确定评估的不同侧重点。在被害人救助服务的实际工作中，社会工作者可能会在不同的司法流程阶段接触到被害人，如案发后由公安机关委托的被害人、案件到检察院后由检察官委托的被害人等，不同的司法流程阶段意味着社会工作者接触到服务对象的时间是不同的。

一是案发后社会工作者即刻与服务对象取得联系的情况。这时服务对象可能正处于突发危机事件发生后自我调整的时期。危机状态是动态变化的，服务对象面对危机事件，短时间内出现不平衡状态是很正常的，这种不平衡状态持续的时间，以及服务对象是否具备相应的能力去应对危机是我们评估危机是不是真实存在的重要标准之一。因此，以这个阶段的表现去判断服务对象是不是处在危机状态会存在一定的误差，建议社会工作者在此阶段重点评估服务对象的“复原力”，也就是服务对象应对危机的能力。

二是案发后两周或者更长的时间后和服务对象取得联系的情况。在这一时间点上，服务对象已经度过了自我调整时期，需要关注的是服务对象当下的状态及他在自我调整过程中的状态变化，是越来越好，还是长时间持续不太好，或是越来越差。在这一阶段评估服务对象的“复原力”依然重要，但更需要关注的是服务对象较长一段时间内的状态，评估服务对象是不是处于危机状态，以及是不是需要开展危机干预服务。

此外，在未成年被害人保护救助服务中，除了关注未成年被害人本身的危机外，社会工作者还需要聚焦间接被害人（如被害人家庭成员）的情况。一方面，双方都有开展危机干预工作的需要，任何一方的危机状态都有可能对另一方产生影响；另一方面，社会工作者接触的被害人多是未成年人，其在生理、情感等方面都需要重要他人的支持，关注间接被害人及其所处的社会关系也是为了更好地给被害人提供服务和支持。

二、认知行为理论

认知行为理论同时受行为主义和认知理论的影响。行为主义聚焦个体外显的行为表现，认为人的行为是对其所处的生活环境的反应。认知理论认为，人的行为来自社会方面的动力，是由个体整个生活形态塑造的，因此人要重视理性和认知的作用，承认认知在情绪和行为中起的中介和协调作用。此外，认知行为理论也借用了班杜拉的社会学习理论中的要素来分析情绪、行动和认知的关系。在介入模式部分，认知行为理论中最常用的介入模式是理性情绪治疗模式。

艾里斯（Iris）等结合大量临床经验，提出了理性情绪治疗模型“ABCDE”。其目的是促进服务对象用合情理的信念和思维方式代替原有不合情理的信念和思维方式，进而减少原有不合情理的信念和思维方式带来的负面情绪，减少其对生活的影响，最终使人达成正向的改变。不合理信念是理性情绪治疗的核心概念之一，工作人员在干预过程中主要协助服务对象调整的不合理信念包括绝对化的要求、过分概括化和糟糕至极。

目前，治疗过程主要有四个步骤：一是建立专业关系，明确服务对象的需求；二是检查服务对象不合情理的信念；三是以合情理的信念取代不合情理的信念，帮助服务对象学会合乎情理的生活方式；四是巩固服务效果，社会工作者可通过一些具体的练习帮助服务对象把学到的理性生活方式运用到自己的实际生活中。

在开展理性情绪治疗时，社会工作者可以协助服务对象通过如表 4－3 所示的内容，对“ABCDE”模型中的相关内容进行澄清或记录。

表 4－3　理性情绪治疗（以下简称 REBT）自助表格

<table>
<tr><td colspan="2">A（诱发事件或逆境）</td><td colspan="4">C（结果）</td></tr>
<tr><td colspan="2"></td><td colspan="4">主要的不健康的负面情绪
主要的自我挫败行为</td></tr>
<tr><td colspan="2" rowspan="3">简要概括让你心烦意乱的情况（一台相机能看到什么）：
A 可能是内在的或外界的，真实的或想象的
A 可以是过去、现在或未来事件</td><td colspan="4">不健康的负面情绪包括</td></tr>
<tr><td>焦虑</td><td>抑郁</td><td>暴怒</td><td>意志品质低下</td></tr>
<tr><td>害羞/羞愧</td><td>伤痛</td><td>嫉妒</td><td>负罪感</td></tr>
<tr><td>B（不合情理信念）</td><td>D（与不合情理信念的辩论）</td><td colspan="2">E（有效的新观点）</td><td colspan="2">E（有效的情绪和行为）</td></tr>
<tr><td></td><td></td><td colspan="2"></td><td colspan="2">新的、健康的负面情绪，新的建设性行为</td></tr>
<tr><td>识别不合情理信念，找出：
刻板的要求（必须、应该、一定要）
恐怖化（一塌糊涂，太可怕了）
意志品质低下（我无法忍受）
自我/他人评价（我/他真差，一文不值）</td><td>与你自己辩论：
从什么时候或者什么事件开始出现这种信念？这是有帮助的还是自我挫败的？
支持我不合情理信念的证据在哪里？
真的那么痛苦吗？（已经到了最糟糕的地步了吗？）
我真的承受不了吗？</td><td colspan="2">更加理性的思考与尝试：
不刻板的喜好（希望、需要、愿望）
评价不好的情况（这不好、不幸）
意志品质提高（我不喜欢，但是我可以忍受）
不要对自己或他人一票否决（我和他人都非圣贤）</td><td colspan="2">健康的负面情绪包括：
失望
担心
恼怒
悲伤
后悔
挫败</td></tr>
</table>

理性情绪治疗模式对违法未成年人的教育矫治服务、被害人救助服务和涉未民事案件社会观护服务都有重要的启示。

在违法未成年人的教育矫治服务中，社会工作者可以借此框架和服务对象进行讨论，识别出不合情理的信念并进行辩驳，让服务对象在未来更有能力去面对与此类似的困境。需要注意的是：第一，社会工作者不是强迫服务对象认识和改变不合情理的情绪和信念，而是与服务对象共同发现，鼓励其思考和尝试运用更好的、更恰当的处理方式；第二，社会工作者应关注当下服务对象存在哪些不合情理的情绪和信念并进行调整和修正，而不是挖掘服务对象过去对类似事件的认知和看法；第三，在协助服务对象分析不合情理的情绪和信念时，社会工作者可借助治疗工具——REBT 自助量表协助服务对象进行分析。对一些自我分析意识与能力较强的服务对象，社会工作者可以考虑将 REBT 自助量表的使用方法直接教给服务对象，并且鼓励和带领其在日常生活中进行自我治疗或自我辅导，从而更好地促进助人自助目标的实现。

在未成年被害人保护救助服务中，社会工作者要注重协助其识别不合情理的信念，以消除影响。对刑事案件中的未成年被害人（尤其是性侵案件中的被害人）来说，他们可能会对性侵事件的发生进行内归因，即认为是自己的原因导致的性侵事件，也容易产生“世界对我太不公平了”等糟糕至极的不合理信念。同时，还有一些服务对象会苛责自己，认为“都是因为我不好才会被伤害”，这些想法和信念导致服务对象没有积极的态度和能量去应对现状。社会工作者可以运用理性情绪治疗模式协助服务对象发现和减少这些不合情理信念的消极影响，使他们更有能力面对糟糕的状况，更顺利地回归正常生活。

在涉及未成年人的民事案件社会观护服务中，社会工作者可以借此协助未成年人的父母分析自己在纠纷处理中的不合理信念。在此类服务中，社会工作者的服务对象一般是案件当事人，即未成年人、未成年人的父母和与未成年人关系密切的亲属等，并且涉未民事案件多为因父母离婚而造成的未成年人抚养权、探望权、抚养费给付等纠纷，这些不易调解的纠纷很容易激发当事人过分概括化的不合情理的信念，如“他总是给孩子灌输不好的思想”“他做什么从来都不是真正为孩子考虑”等，这些信念不仅不能解决纠纷和矛盾，而且会对未成年人产生负面影响。社会工作者可以以分析当事人的不合情理的情绪和信念为切入点，协助他们分析和处理这些情绪和信念，为他们调解纠纷寻找合适的解决方法，降低由此对未成年人产生的负面影响，为未成年人营造良好的家庭氛围，争取更大的权益，做好社会观护服务。

三、人本主义理论

人本主义理论认为，每个人都生活在意义世界中，而且每个人的意义世界都是通过自己对这个世界的理解或解释建立起来的。当人们的理解或解释过程发生困难（如现在与过去的理解不一致，自己与他人的理解不一致）时，问题便出现了。社会工作者的任务就是要努力理解这些人（服务对象）的意义世界及其内在矛盾，帮助他们重构自己的意义世界。[①] 在人本主义理论中，社会工作者比较常用的介入模式是动机式访谈法。

动机式访谈法由美国心理学、精神医学教授米勒和英国心理学家罗尔尼克(Rollnick)在 1983 年创立，是一种以来访者为中心，旨在通过探索和了解来访者矛盾心态以增强其行为改变内在动机的引导性心理治疗方法。[②] 笔者认为，要了解动机式访谈，需从三个重要精神、四个核心访谈技能、四个过程和六个访谈技巧出发。

1. 三个重要精神：合作关系、个案自主性、诱发

合作关系是指在工作过程中，社会工作者与服务对象的关系更像伙伴关系，而非专家与普通人的关系。个案自主性是指相信改变的力量来自服务对象的内心，只有服务对象自己才能让其本身发生改变。诱发是指社会工作者的任务不是直接提供建议，而是要注重激发服务对象的内在动机。

2. 四个核心访谈技能：开放式问题、肯定、反映、摘要

开放式问题强调要在问题中给予服务对象足够的空间，而非通过限定范围获得简短的答案。肯定是指社会工作者要去发现、支持并认可服务对象的优势和成就。反映要求是指社会工作者以尊重、接纳、不评判的态度与服务对象进行沟通，并且及时反馈，表达对服务对象所处的生活情境的理解。摘要是指社会工作者在访谈中将服务对象提供的信息进行组合与提炼，以发现服务对象最关心和在意的事情。

3. 四个过程：导进、聚焦、唤出、计划

导进过程是促进社会工作者和服务使用者意识到工作状态的开始。聚焦过程是指要给访谈内容圈定一个具体的范围，指明一个具体的方向。唤出过程是指在导进和聚焦的基础上，让服务对象表达自己的观点和想法，鼓励服务对象掌握访谈的话语权。计划过程是指社会工作者与服务对象共同制订双方认可的服务和改变计划。

4. 六个访谈技巧

动机式访谈实践中有以下六个访谈技巧[③]。

---

① 王思斌：《社会工作概论》(第二版)，高等教育出版社，2006，第 66 页。

② William R. Miller、Stephen Rollnick：《动机式访谈法：帮助人们改变》，郭道寰、王韶宇、江嘉伟等译，华东理工大学出版社，2013，第 22 页。

③ 节选自美国马萨诸塞州立大学发布的“*Motivational Interviewing Definition Principles and Approach*”。

（1）引发性问题：多问开放性问题，此类问题需要来访者详细地解释和深层地思考，可以帮助来访者发现改变的原因和可能性。

（2）探讨关于改变的不同可能性：问问来访者，改变对他们有什么好处和坏处、保持不变又有什么好处和坏处。

（3）适当追问细节和例子：当有关改变的谈话发生时，尽量和来访者多聊一些细节。

（4）向后看：问问来访者，在（需要改变的）这个行为出现之前，他的情况有什么不同，是不是比现在好。

（5）向前看：问问来访者，如果保持现状，那么未来会是什么样子？

（6）探索目标和价值：和来访者讨论对他来说最重要的价值观是什么，他希望自己的人生是什么样的。然后再问来访者，当下这个行为是不是和他的价值观相符，继续这个行为对追求他理想的人生是否会有帮助。

未成年人司法社会工作服务的对象多数是非自愿个案，因此要调动服务对象个人的内在动机，使其积极参与服务过程，而不是简单应付服务时长，这是十分重要的工作内容之一。动机式访谈法为社会工作者解决这一问题提供了重要的理论支持。在动机式访谈法的使用过程中，社会工作者需要注意两方面的问题。第一，要根据服务对象的实际情况灵活调整服务进度。虽然动机式访谈法有明确的工作过程，但是由于服务对象本身具有特殊性，在开展服务的过程中，社会工作者不一定能够严格按照工作过程的顺序进行，而是需要根据服务对象的实际情况灵活调整工作过程。第二，要注意使用未成年人熟悉的语言进行沟通。动机式访谈法虽然提供了很多句式，但是在具体的实践过程中不能完全照搬，需要将其调整成服务对象熟悉的表达方式，尤其是对违法犯罪的未成年人来说，他们对书面化的、正式的语言表达方式是陌生甚至排斥的，因此社会工作者要调整表达方式，真正与服务对象实现良好沟通。

四、批判理论

受法兰克福学派的影响，20 世纪 60 年代末至 70 年代初，一些社会工作者开始从社会结构的角度重新思考社会工作的基本定位并形成了批判理论。这一理论从宏观社会进程审视服务对象的处境，警惕社会工作的社会控制功能，保持对社会不公平现象的批判，注重个人的解放和社会的改变。在未成年人司法社会工作服务中，运用最为广泛的批判理论是赋权理论。

早期赋权理论被引入中国时，国内学者将“权”和“能”分立，翻译为“增权”“充权”“赋能”“增能”。近几年来，国内采取新的译法，即把“权”和“能”组合到一起，翻译为“赋权增能”。赋权概念产生于20世纪60—70年代的民权运动。1976年，所罗门(Solomon)使用“赋权”一词来描述美国黑人群体的无力感，建议社会工作的干预应给黑人群体赋权增能，以增进案主个人的自我效能和社会改革的力量。20世纪80年代，赋权理论被广泛用于社区工作和妇女运动中，即弱势群体的反抗和斗争。

赋权是一个过程，在这一过程中，社会工作者与服务对象共同行动，以减少服务对象的无权状态，促进服务对象克服一系列障碍，解决其生活中面临的问题。赋权有三个层次：第一个层次是个体层面的赋权，使个体得以控制自身的生活，包括实际控制能力和心理控制能力；第二个层次是组织层面的赋权，包括共同领导、发展技巧的机会、扩展有效的社区影响；第三个层次是社区层面的赋权，推动公民获得参与社区决策的机会。

赋权理论认为，个人之所以无法实现自我，主要是由于缺乏权能导致的无力感，个人因而无法有效地与环境进行交流，导致其无法实现自我。因此，社会工作的实施应该引进赋权的观点，通过特定的干预方法与策略增加案主的权能，扩大其生活空间，增加其机会。①

赋权理论为未成年人司法社会工作提供了新的视角，即从环境限制的角度考察服务对象面临的问题与困境，有利于社会工作者协助未成年被害人突破压力，重回社会生活。赋权理论认为，既然问题是由环境的限制带来的，社会工作者在收集信息的过程中就要注重对人际模式、环境限制的表现形式、权力缺乏的感受等问题进行有意识的收集。此外，社会工作者要邀请服务对象一起参与评估。在干预过程中，社会工作者需要秉持赋权的核心目标，灵活运用不同的干预方法开展干预工作。

五、后现代主义理论

后现代性或后现代主义是对当前社会思潮的一种阐释，其在基本立场、服务关系和实务过程三个方面对社会工作产生了重要影响。现代主义取向的社

① 宋丽玉等：《社会工作理论——处遇模式与案例分析》，洪叶文化事业有限公司，2002，第418—420页。

会工作强调建构,强调权威性的关系结构和技术化的实务过程;后现代主义取向的社会工作则关注解构,强调去权威性的关系结构和去技术化的实务过程。在这一思潮的影响下,出现了很多介入模式。在未成年人司法社会工作服务领域中,比较常用的有焦点解决短期治疗、叙事治疗和表达性艺术治疗。

(一) 焦点解决短期治疗

焦点解决短期治疗是后现代主义心理咨询和治疗模式的代表,是一种以会谈为主要方式,以寻找解决问题的方法为核心的咨询和治疗模式。其重点是从来访者现在的问题出发,从来访者自身寻找改变的资源和解决方法,从而推动积极改变的发生。同时,受社会建构论心理学的影响,焦点解决短期治疗认为所谓问题并不是固定不变的,是可变化、可协商的,问题与问题的解决是社会建构和协商的结果[①];在治疗过程中,坚持正向意义建构的导向对来访者的积极作用;基于阴阳系统平衡观"个体心理的消极面(阴/黑)与积极面(阳/白)"的假设,通过寻找问题不发生时的例外,关注来访者的微小的意义变化带动的更大变化。焦点解决短期治疗的咨询和治疗过程贯彻了社会建构论心理学的"关系的建构作用"这一观点,重视来访者与周围其他人之间关系的建构性、来访者与咨询者之间合作互动的关系,认为只有在这样的关系中,问题才能迎刃而解。

焦点解决短期治疗的操作流程基本分为以下三个阶段六个步骤。

1. 构建解决对话阶段

(1) 正向开场又称准备阶段。在这一阶段,社会工作者会引导服务对象进入正向的、积极的准备解决问题方向的会谈中,同时简单说明会谈的架构流程,让服务对象知晓咨询的内容。

(2) 问题简述。社会工作者在这一阶段通常要让服务对象陈述问题,焦点解决模式与其他模式的不同之处在于其关注服务对象对解决问题尝试过的行动,并且肯定这些行动所带来的影响,提升服务对象解决问题的信心。

(3) 确立良好的目标。社会工作者在这一阶段会和服务对象制订具体可行的目标,这个目标必须符合服务对象的实际需要,并且是服务对象可以采取行动的具体目标。

---

① 茵素·金·柏格、特蕾西·史丹纳:《儿童与青少年焦点解决短期心理咨询》,黄汉耀译,四川大学出版社,2005,第4页。

(4) 探讨例外也称探寻解决方案阶段。针对当事人的目标，社会工作者应积极探讨当事人过去相关的成功经验、各种资源及优势力量以达成目标。同时，协助服务对象运用各种例外与优势力量，让其意识到自己有解决问题的能力，并且已经做出一定的尝试。

2. 休息阶段

休息阶段又称回馈阶段。在社会工作者与服务对象的会谈进行 40 分钟完成前述阶段后，会暂停 10 分钟。暂停后，社会工作者应回顾整个会谈过程，对会谈内容加以整理，给予服务对象一定的回应，如给予赞美、建议等反馈信息。

3. 后续会谈

社会工作者在给予服务对象相应的反馈后，主要讨论如何巩固干预效果，积极讨论维持干预效果的方法。之后，再询问服务对象改变后前进的"一小步"方向，继而循环前述步骤。若服务对象没有再改变的意愿，则以重新检视的目标与方法为主。

从未成年人司法社会工作服务的具体实践来看，焦点解决短期治疗能够促进社会工作者有效挖掘服务对象的能力和优势，发现服务对象的需求，并且开展有针对性的服务。具体来说，焦点解决短期治疗强调对未来的期待会影响现在的动力，而未成年人司法社会工作服务的服务对象通常改变意愿较低。因此，沿着这一观点的指引，社会工作者结合"奇迹问句"等工作手法，能够调动服务对象对未来的期待，进而引导服务对象发生改变。如其中强调的"一小步"概念，有助于社会工作者带领服务对象将大目标进行拆分，这对于自我效能感普遍较低的服务对象来说尤其重要。此外，鼓励、赞美、澄清等技巧的结合，也有助于社会工作者在为未成年被害人提供服务的过程中避免二次伤害的发生。与动机式访谈法类似，社会工作者在使用焦点解决短期治疗时应注意不要墨守成规，要根据服务对象的实际情况调整服务过程，运用适当的服务技巧。

(二) 叙事治疗

叙事疗法这一概念于 1990 年由澳大利亚心理学家怀特(White)与新西兰心理治疗师艾普斯顿(Epston)提出。叙事疗法认为，叙事描述对我们的身份认同和生活选择有着决定性的影响，因此这些叙事和描述应该成为处置干预的场域。

叙事治疗的操作过程虽然有很多变化，但一般都包含问题外化、解构问题、重写生命故事、叙事文件等环节。

（1）问题外化，是指社会工作者在了解服务对象的情况后，就服务对象与问题的关系进行讨论。在此过程中，社会工作者将服务对象与问题分开，明确服务对象本身不是问题，而问题以及服务对象与问题的关系才是真正的问题所在。

（2）解构问题，是指在干预过程中，社会工作者与服务对象一起探索问题的发展历史。对问题形成的故事的讲述，促进服务对象理解自己是被文化和制度所建构的。

（3）重写生命故事，是指社会工作者与服务对象一起，通过谈话挖掘那些被忽略的故事的细节，并且将这一故事重新编写。新故事可能是另类的，但却是服务对象新的生命故事。

（4）叙事文件，包括录音录像、照片、信件等。这些都有助于新的生命故事的强化或持续。

根据服务对象实际情况的不同，叙事治疗的具体过程也会有所调整，但总体来看，叙事治疗包括“解构”和“重构”两个重要部分。在未成年人司法社会工作服务中，“解构”能够促进社会工作者与未成年人平等沟通，突破未成年人的自我保护屏障，促使未成年人重新审视自我。“重构”的过程能够促进未成年人更好地理解自己的生命历程，接纳自己的现状，使其对日后的继续发展充满信心和希望。

此外，在未成年被害人服务中，叙事治疗模式也得到了广泛应用。通过叙事治疗模式的“解构”与“重构”过程，未成年被害人得以重新审视被害经历，以幸存者的目光重新看待这一过程。更重要的是，通过重新建构的过程，被害人，尤其是性侵案件未成年被害人能够撕掉外界所贴的标签，重新鼓起勇气面对现实生活。

（三）表达性艺术治疗

美国艺术治疗协会认为，表达性艺术治疗是一个综合性的心理健康和人类服务行业。不论是对已经出现心理问题的人群还是暂时没有明确心理困扰的人群，表达性艺术治疗都能够对其起到较好的疗愈作用，能够改善服务对象的情绪状态，协助服务对象激发内在能量，提升生活品质。表达性艺术治疗整合了多种不同的艺术形式并将其用于治疗过程。现在比较常用的艺术形式包括绘画、舞蹈音乐、手工制作、书写、戏剧摄影等。

(1) 绘画。绘画能够让服务对象自由地描绘自己的感受和思想，多种绘画形式都可以在表达性艺术治疗中予以应用，包括撕纸拼贴、曼陀罗绘画等。

(2) 舞蹈音乐。舞蹈和音乐是其中最主要的方式。通过舞蹈，服务对象能够实现自我情绪、认知、心理状态的整合；通过音乐，服务对象可以更好地感受和表达自我。

(3) 手工制作。各种玩具和木偶制作、雕塑、沙盘都可以归入手工制作的范畴。通过制作和雕塑，服务对象可以释放压力和焦虑，社会工作者也可以用服务对象制作的玩具和木偶与其进行对话，就其内心的感受、恐惧、创伤等进行讨论。沙盘能够起到很好的投射作用，促进社会工作者更好地发现服务对象的资源和困扰，社会工作者也可以利用沙盘互动协助服务对象实现疗愈。

(4) 书写。日记、各类文学写作都可以作为表达性艺术治疗的手段和方法。通过书写，服务对象可以表达自己的情绪，回忆、感受、规划自己的生活。生命地图书写可以鼓励来访者以过去的经验为基础，对自己的未来进行规划，促进服务对象完成人生理想。

(5) 戏剧摄影。其主要工作方式是心理剧和摄影。在心理剧表演中，服务对象可以在一个与日常生活不同的、安全的环境中表演或者扮演曾经经历过的挣扎与痛苦，并且借此处理过往经历中积累的创伤。摄影能够鼓励服务对象更好地观察自己的生活环境，协助其跳出对自我的禁锢。

表达性艺术治疗不论是对违法未成年人还是对未成年被害人而言，都有很好的工作效果。未成年人司法社会工作者使用表达性艺术治疗，主要应用的是其投射的属性，不论是通过绘画、舞蹈还是摄影，服务对象都能将自己的内心世界通过具体的方式展现出来，这样社会工作者就有了与服务对象进行深入沟通的机会。部分违法犯罪未成年人不擅长表达，对自己的感受不敏感，同时对访谈等传统方式比较抗拒，在这种情况下，社会工作者可以借助表达性艺术治疗的多种媒介让未成年人将自己的内心世界投射出来，进而与其进行沟通。而对未成年被害人来说，那些过往的经历可能是他们不愿意表达的，通过表达性艺术治疗的媒介，他们得以将自己过往的经历加以呈现。

本章梳理和总结了在未成年人司法社会工作中运用较广的元理论、解释性理论和介入模式理论，并且分析了这些知识对未成年人司法社会工作的启示。然而，未成年人违法犯罪行为背后的原因错综复杂，单一理论很难充分解释和指导实践。在未成年人司法社会工作实践中，通常是综合多种理论流派来进行分析，指导专业服务的开展。未成年人司法社会工作者往往兼具研究者和实践者的双重身份，这意味着其不仅需要借鉴有关理论开展实务工作，还需要结合时代特征，在实务工作中对理论进行验证、提炼和总结，并且形成具有中国特色的未成年人司法社会工作知识体系。

本章要点

元理论是对人与社会的本质、人的行为与社会运行机制的综合性说明。在未成年人司法社会工作服务中，运用较广的是生态系统理论、人格发展阶段理论、道德判断能力发展阶段理论、家庭生命周期理论、家庭系统理论、家庭沟通理论和优势视角理论。

解释性理论是指对未成年人司法社会工作及其具体领域提供本体论解释的假设。未成年人司法社会工作服务主要从生物学、心理学和社会学三个视角出发对未成年人的生活状态、行为方式等进行解释，运用较多的理论包括犯罪生物学理论、需要层次理论、挫折—攻击理论、社会学习理论、差异交往理论和标签理论。

介入模式理论是指对社会工作实践本身的性质、目的、过程等进行的一般说明。未成年人司法社会工作者常用的介入模式理论包括心理动力论、认知行为理论、人本主义理论、批判理论和后现代主义理论。

思考题

1. 怎样理解社会工作元理论、解释性理论和介入模式理论？各种理论在未成年人司法社会工作服务中分别发挥着怎样的作用？

2. 社会工作元理论如何指导未成年人司法社会工作服务？请寻找一个你熟悉的理论视角进行阐述。

3. 除了文中列出的理论外，你觉得还有哪些理论适合应用在未成年人司法社会工作服务中？它属于哪一理论类别？

4. 请根据元理论、解释性理论和介入模式理论的框架，以本书中指出的理论为基础，构建属于你自己的未成年人司法社会工作服务理论库。

第五章

预防类未成年人司法社会工作服务

2021年6月1日起，新修订的《预防未成年人犯罪法》实施，将“预防犯罪的教育、对不良行为的干预、对严重不良行为的矫治”作为预防未成年人违法犯罪工作的重要内容，并且明确指出了社会工作者在此项工作中的地位与作用。为了回应预防未成年人违法犯罪工作的现实需求和法律规定，未成年人司法社会工作服务体系中应当设置专门的服务类型，即预防类未成年人司法社会工作服务。

预防类未成年人司法社会工作服务是指社会工作者使用专业的方法对具有法律规定的不良、严重不良行为的未成年人及其支持系统或所处的场域开展工作，对一些潜在的、阻碍未成年人健康发展的问题予以发现和控制，从而有效预防未成年人罪错行为的发生。

本章将从《预防未成年人犯罪法》规定的未成年人不良行为干预和严重不良行为矫治两个方面出发，结合各地社会工作者开展的未成年人不良干预、严重不良行为矫治服务的实践经验，梳理和提炼预防类服务的内容、过程和方法。

第一节　未成年人不良行为干预服务

一、未成年人不良行为干预服务的界定

《预防未成年人犯罪法》明确指出，不良行为是指未成年人实施的不利于

其健康成长的以下几类行为：

(1) 吸烟、饮酒；

(2) 多次旷课、逃学；

(3) 无故夜不归宿、离家出走；

(4) 沉迷网络；

(5) 与社会上具有不良习性的人交往，组织或者参加实施不良行为的团伙；

(6) 进入法律法规规定未成年人不宜进入的场所；

(7) 参与赌博、变相赌博或者参加封建迷信及邪教等活动；

(8) 阅览、观看或者收听宣扬淫秽、色情、暴力、恐怖等内容的读物、音像制品或者网络信息等；

(9) 其他不利于未成年人身心健康成长的不良行为。

据此，未成年人不良行为干预服务是指社会工作者在社区、学校等场域中，对具有不良行为的未成年人开展的心理素质培养、行为规范养成、青春期教育、关系调适、认知能力提升等专业服务，目的是协助未成年人加强与家庭、朋辈、学校、社区的联结，促进个体与环境的良性互动，实现未成年人的正向改变。

二、未成年人不良行为干预服务的内容

对未成年人不良行为的干预，一方面要关注对其个体认知和行为的干预，另一方面也要注重对其所处环境的干预。具体来说，一方面要考虑未成年人的生理及心理特点和发展需要，另一方面也要考虑其活动空间的主要特点。据此，未成年人不良行为干预服务主要包括以下十一项内容。

(一) 思想引导

思想引导应贯穿未成年人不良行为干预的始终。社会工作者为具有不良行为的未成年人提供服务时，首先要关注其思想意识，即他们如何思考问题，思考问题的方法从何而来，是不是具有辨别是非的能力等。在此基础上，社会工作者协助学校和家庭，加强对具有不良行为的未成年人的思想教育、道德教育、健康教育、生命教育等，引导其树立和践行社会主义核心价值观，避免因思想偏差出现行为风险。

（二）法治教育

法治教育主要是为了提升不良行为未成年人知法、守法的行动能力，培养其规则意识。因具有不良行为的未成年人大多具有较高的实施违法犯罪行为的风险，在服务过程中，社会工作者要注重对其开展法治教育。教育部、司法部、全国普法办 2016 年 6 月 28 日联合印发的《青少年法治教育大纲》指出，对初中生来说，法治教育的目的是使其初步了解公民的基本权利与义务，了解法治理念与原则，了解个人成长和参与社会生活必需的法律常识；对高中生来说，法治教育的目的是使其初步具备参与法治实践、正确维护自身权利的能力。结合政策文件要求和不良行为未成年人的自身特点，对其开展法治教育应以犯罪预防、毒品预防、网络安全等为主要内容，主要目标应落实在强化他们对法律的认识上，协助其认识到自身行为潜在的危害性，降低其实施违法犯罪行为、遭受违法侵害的风险。

（三）行为规范的养成

良好行为规范的养成对矫正未成年人的不良行为具有重要意义。具有不良行为的未成年人通常规则意识较差，是导致其实施不良行为的重要原因，更有可能诱发其实施严重不良行为甚至违法犯罪行为。因此，社会工作者应着重对其开展以行为规范养成为主要内容的专业服务。具体来说，要协助具有不良行为的未成年人养成较好的规则意识，培养其约束自身行为的习惯，提升其约束自身行为的能力。此外，需要注意的是，亲社会行为的养成能够促进不良行为未成年人顺利融入社会，并且在积极参与社会活动中提升效能感和社会责任感，进而对其行为规范的养成产生正向的引导作用。

（四）自我防护

未成年人自我防护意识较差。从年龄特点来看，与成年人相比，未成年人通常具有较低的自我保护意识和能力。而具有不良行为的未成年人通常存在夜不归宿，经常出入酒吧、网吧等禁止未成年人进入的场所等行为，身处更加复杂的环境，更有可能遭受欺凌、诈骗、性骚扰等不法侵害。因此，社会工作者要为其提供提升自我防护意识与能力的服务，要加强对具有不良行为的未成年人开展以反欺凌、反暴力、反恐怖、防拐卖、防诈骗、防性侵等内容为主题的青春期自护和安全防范教育等系列服务，增强其自我保护意识。

（五）青春期教育

从已有的服务来看，具有不良行为的未成年人大多处于青春期。在这一时期，未成年人的情绪波动更大，更渴望追求独立和自我实现，但受自身能力的限制，其追求独立和自我实现的要求往往得不到满足，加之通常具有不良行为的未成年人社会支持较为薄弱，更容易产生愤怒、焦虑、不安等情绪，体现在行为上则是更容易发生人际冲突，进而诱发不良行为的产生。因此，在开展服务的过程中，社会工作者应当有针对性地在生理、心理、人际关系等方面进行干预，协助具有不良行为的未成年人学会应对的方法与技巧，构建良好的人际关系，降低其因青春期影响而再次发生不良行为的风险。

（六）训导惩戒

《预防未成年人犯罪法》第三十一条明确规定，学校对有不良行为的未成年学生，应当加强管理教育，不得歧视；对拒不改正或者情节严重的，学校可以根据情况予以处分或者要求其接受社会工作者或其他专业人员的心理辅导和行为干预。在实际操作过程中，由于具有不良行为的未成年人通常与学校和老师的关系比较薄弱，甚至相对紧张，因而传统的说教、警告、处分难以对其产生影响。因此，学校也需要来自其他方面的力量支持，协助其做好训导工作。社会工作者的第三方身份容易缓解具有不良行为的未成年人的排斥心理，其服务时运用的倾听、共情等专业技巧也让未成年人更容易接纳社会工作者的观点，因此，社会工作者适合配合学校完成未成年人的训导、惩戒工作。具体来说，社会工作者需要在具有不良行为的未成年人接受教育后开展具体的干预工作，一方面协助其理解训导的意义和目的，另一方面协助其更好地分析和解决面临的问题，明确自身行为的风险性。

（七）教师能力支持

对具有不良行为的未成年人来说，教师是其重要的支持力量之一，提升教师的能力能够对具有不良行为未成年人的成长起到重要的支持作用。强化学校的系统教育，积极开展针对不同年龄阶段、性格特征、行为表现、身心特征的未成年人的法律知识普及及法治信息宣讲等活动，强化其规范意识，培养其法律意识，及时纠正其行为偏差，可以阻滞其不良行为、严重不良行为的进一步发展。具体来说，一方面，社会工作者可以在开展服务的过程中结合教师的需要，协助教师树立科学的教育理念、丰富学生工作方法、提升抗逆力；另一方面，社会工作者还可以直接协助教师与未成年人沟通，共同做好对未成年人的思想引导、行为规范养成等工作。

（八）亲职教育支持

家庭支持对未成年人发展的重要性毋庸置疑。绝大多数涉罪触法未成年人的家庭功能不健全，文化程度较低，精神性支持与陪伴性支持系统较弱，具有不良行为未成年人的家长通常没有很好地发挥其家庭的教育、抚养、情感支持等功能。因此，提升其家长的亲职教育能力、修复家庭支持，有助于社会工作者对具有不良行为的未成年人开展干预工作。具体来说，社会工作者在对具有不良行为的未成年人开展工作的同时，也需要为其监护人或其他照料人提供亲职教育和辅导服务，引导其监护人或其他照料人树立正向的教育观念，帮助其获得亲职教育的知识和技能，提升教育能力。

（九）“家、校、社”联结

家庭教育、教养功能与学校规则培养和文化传承功能，以及社会工作者的专业手段等联结在未成年人不良行为干预中举足轻重。具有不良行为的未成年人行为问题产生的原因通常比较复杂，仅仅依靠家庭、学校或者社会一方的力量难以解决。因此，在服务过程中，社会工作者需要注重资源整合，促进“家、校、社”的力量共同发挥作用。

社会工作者可以通过联席会议、线上沟通群等方式与各方沟通反馈未成年人的情况、需要和问题。同时，也可以邀请家长、社区人员、学校教师等共同参与为未成年人开展的个案服务、小组活动、社区活动等，使各方相互了解，促进“家、校、社”三者的协同作用，更好地修复具有不良行为未成年人的支持网络。

（十）友好环境建设

除了家庭、学校等中观系统外，居民委员会、村民委员会等在支持未成年人的健康发展中也发挥着重要作用。尤其是对不能稳定就学的具有不良行为的未成年人来说，健康的社会环境能够有效地对其提供支持。具体来说，社会工作者在开展专业服务的同时也要协助居民委员会、村民委员会了解本辖区内不良行为未成年人就学、就业等情况，通过资源整合、环境改善、政策倡导等方式为不良行为未成年人营造有利于其健康成长的社会环境。

（十一）发展性服务

社会工作者除了要干预具有不良行为的未成年人的认知和行为问题外，也要关注其发展的需要。具有不良行为的未成年人自身有着强大的发展性生命力量，这些生命力量能够成为推动未成年人积极调整自身不良行为的重要动力。具体来说，社会工作者需要对具有不良行为的未成年人开展自我探索、压力缓解、情绪调节、自我管理、团队协作、职业规划等主题服务，协助其提升认知能力、合作能力、创新能力和实践能力，促进其全面发展。

三、未成年人不良行为干预服务的流程

未成年人不良行为干预包括服务对象的发现、服务关系的建立、服务的开展、服务的结束与评估等环节，同时还涉及与居(村)民委员会、学校等系统的沟通与联络。明确和完善这一流程，对快速发现具有不良行为的未成年人并提供专业、有效的服务具有重要的意义。具体来说，这一服务主要包括委托、接案、分案、需求评估、提供服务、结案或转介、跟进等阶段。

(一) 委托

居(村)民委员会、学校等单位及未成年人法定监护人都可能在工作过程中发现具有不良行为未成年人，并且需要将其委托给社会工作机构。社会工作机构接到相关方的委托后，应要求委托方出具正式的委托书，正式委托社会工作机构开展未成年人不良行为干预服务。

委托方应明确委托流程，安排专门的对接部门或人员，初步了解不良行为未成年人的基本情况，并且与合作的社会工作机构联系。委托方出具的委托书中应当含有不良行为未成年人的基本信息，包括姓名、性别、身份证号、不良行为表现等。社会工作者应当注意提示委托方出具相关材料，并且确认委托信息的完整性，避免遗漏，以便社会工作机构后续整理接案登记。

此外，若社会工作者在开展外展或其他服务时发现了具有不良行为的未成年人，可以向其所属的居(村)民委员会、学校等组织和单位反馈，并且接受相关组织或单位的委托。

(二) 接案

接到委托后，社会工作机构首先应建立服务档案，实行一人一档，以便记录后续工作的开展情况。其次，社会工作机构应及时了解被委托未成年人的基本信息(人口学信息、联系方式、不良行为的具体表现、学业情况、监护情况、心理健康情况等)，了解该未成年人被委托前是不是接受过其他社会工作机构、社区、心理服务机构等提供的服务，结合了解到的信息初步评估被委托人的问题、资源和需要。

（三）分案

社会工作机构的分案人员应当按照被委托未成年人的特点和需求，为其分配合适的社会工作者。分案阶段，一方面要考虑社会工作者自身的性格和能力，另一方面要考虑性别因素带来的影响。由于具有不良行为未成年人一般处于青春期或即将进入青春期，他们通常伴随着性成熟带来的生理发育和心理变化，因此为了促进沟通，应选择至少两名同性的社会工作者为其提供服务，但要灵活处理。例如，有些女性服务对象可能本身与母亲有较深的矛盾，对女性群体存在一定的排斥，此时，可能需要考虑分配男性社会工作者为其开展服务，并且在后续跟进中视情况的变化进行调整，但不建议为此种情况的女性服务对象开展服务活动时社会工作者全部为男性。此外，为了提高社会工作者与未成年人的匹配度，社会工作机构应当配备专门的社会工作者负责此项工作。

（四）需求评估

社会工作者应以不良行为未成年人的需求为指引来提供干预服务。在这一阶段，社会工作者应当在广泛收集信息的基础上，评估服务对象的需求。具体来说，访谈的对象范围可包括被委托未成年人、家长、学校德育人员、居（村）民委员会相关负责人等。资料收集的内容可包含：未成年人的个体特点（如人口学信息、心理状态、个人特质等），未成年人在不同系统中的行为表现，与各个系统的互动关系等，以此分析未成年人的个人能力及其家庭、朋辈、学校等层面的支持与互动情况，分析其不良行为的成因，评估其风险性因素和保护性因素，为后续开展服务提供重要依据。

（五）提供服务

提供服务是未成年人不良行为干预的关键环节。在此阶段，社会工作者应当在对具有不良行为未成年人的问题、需求和资源进行充分评估的基础上，设计有针对性的服务方案并开展服务。在服务提供的过程中，社会工作者应注意以下三点。

1. 与服务对象共同讨论服务目标和服务计划

社会工作者制订服务目标和计划时，应当确保未成年人的参与，考虑未成年人的意愿和能力并制订未成年人有意愿执行的、符合未成年人特质和能力的、具有可操作性的服务目标和计划。为了保证沟通效果，建议社会工作者与未成年人通过面谈来制订服务目标和计划。此外，社会工作者也应与未成年人的监护人、服务委托方分别进行访谈，了解和整合各方需求，共同商讨确定服务目标和计划。

需要注意的是，服务目标和计划并不是一成不变的，未成年人的状态和需求可能在服务过程中发生变化，因此服务目标和计划也需要做出相应的调整。若出现需要调整服务目标和计划的情形，社会工作者应和未成年人及其监护人等再次进行沟通和协商，在多方沟通达成一致的情况下对服务计划进行修改。

2. 与服务委托方及时进行沟通

在服务过程中，社会工作者应将被委托未成年人的表现、服务进度、服务后续计划等与委托方及时进行沟通；若服务过程中遇到困难或被委托未成年人有需求而社会工作者无法独立解决时，也可以与委托方沟通协商解决。

3. 及时完成相关服务文书的整理工作

社会工作者在提供服务时需要及时完成相关服务文书的梳理工作，主要包括小组服务记录、个案服务记录、结案报告等。服务文书提交的时间可以根据本机构的规定和服务委托方的要求综合考虑来确定。一般来说，服务计划书建议在访谈 1～3 次内完成；小组服务记录、个案服务记录、中止服务说明、结案报告文案建议在结束服务后 3～7 天内完成。

（六）结案或转介

社会工作者提供的服务进入结案阶段的原因主要有三种：第一种是服务目标已达成，社会工作者、未成年人及其监护人共同决定结案，以及服务目标虽未达成，但未成年人认为自己对问题有了清楚的认识，具备解决问题的能力，故决定提前结案。第二种是由于社会工作者与未成年人未能建立良好的专业关系，双方或一方希望结案。在这种情况下，社会工作者需要结案或根据情况开展转介工作。第三种是由于其他特殊情况导致服务中止或终止的。社会工作者应出具情况说明书，向委托方说明未能继续开展服务的原因。当服务对象确有其他需求时，应及时转介至其他社会服务机构，社会工作者应当出具相关的转介说明。

无论何种情况下，社会工作者都需要与服务对象、委托方讨论服务的过程与效果。在服务期满或各方协商一致、确定服务目标达成的情况下，社会工作者可以结案。

（七）跟进

社会工作者应在服务结束后定期跟进不良行为未成年人的情况，了解其后续的服务需求，并且为其提供相应的支持。跟进时间建议维持在六个月左右，社会工作者可在跟进过程中进一步巩固服务成效，同时也可对此前的服务效果进行评估。社会工作者通过跟进，可以了解未成年人在服务期之后的生活状态，评估未成年人是不是能够保持在服务期内的状态和效果。需要特别说明的是，跟进应符合司法社会工作伦理，如果未成年人已经完全疗愈且已经重新融入社会，那么应重点评估和跟进是不是产生负面影响。

四、未成年人不良行为干预服务的常用方法

（一）非正式服务

从性质上说，非正式服务是个案工作的一种特殊方式。在具体服务中，社会工作者会发现，在服务初期，由于专业关系建立得不够充分或是服务对象本身对自己的需求和问题不够明确，难以开展系统性的个案工作。此时，社会工作者可以借助非正式服务的方式与服务对象建立关系，挖掘其潜在的服务需求。

简单来说，非正式服务是指社会工作者利用未成年人的闲暇时间，通过线上或线下的途径建立关系、收集资料、挖掘其服务需求，对出现的危机情境进行及时干预的一种服务方式。由于非正式服务的开展需要利用服务对象的零散时间，因此这一服务的开展与服务所处场域的情况和个人生活节奏密切相关。这就要求社会工作者应充分了解服务所在场域和未成年人自身的时间与活动计划，并且有针对性地进行工作安排。例如，在学校场域中，社会工作者可以利用课间开展服务。此时，社会工作者需要走出办公室与服务对象进行互动，走访服务对象所在的班级了解情况，参与学校各种课间活动，以创造与服务对象接触的机会。若在开展非正式服务的过程中社会工作者发现了潜在问题或评估出未成年人新的服务需求，可视情况通过系统化的个案工作、小组工作等正式服务进一步跟进解决。

（二）菜单式服务

菜单式服务是一种特殊的小组服务形式。在传统的小组工作中，小组目标和工作方案的确定以特定服务对象和服务场域的特点为依托，可以说采取的方案是量身定制的。但在具体实践中，社会工作者发现，部分服务对象在某些场域很难提出自己需要的服务内容，在服务内容确定阶段会花费较多时间。因此，社会工作者开创了菜单式服务工作法。

所谓菜单式服务，就是社会工作者以前期对服务对象和服务场域的了解为依托，将可能开展的服务制作成清单，请服务对象从中挑选自己想要接受的

服务，而后结合服务对象的意愿开展服务。该工作方法在运用过程中需要注意以下三点。

一是菜单的设计要符合服务所在场域和服务对象的特点。为了保证菜单与服务场域的特点、服务对象的需求基本匹配，其设计应与场域特点和服务对象的需求保持契合，也就是说，菜单本身应当是针对某一服务场域或服务人群定制的。

二是菜单的挑选需要社会工作者与服务对象沟通和讨论。为了减轻服务对象的阅读压力，菜单的设计通常尽可能精简，这可能会导致服务对象并不完全了解某一服务背后的目的和内涵。因此，在挑选菜单的过程中，社会工作者应与服务对象保持密切的沟通，协助服务对象挑选符合其需要的菜单。

三是选定菜品(指相应的服务)后，社会工作者需要对其进行个性化处理。菜单确定的是服务的目标和基本形式，在服务开展过程中，社会工作者还需要根据服务开展的具体条件和服务对象的情况对菜品进行个性化定制，以保障服务对象接受更适合其个人发展的服务。

具体小组菜单如表 5-1 所示。

表 5-1　小组菜单表

小组名称	适用阶段	小组活动时长及场地	小组活动目标	基本形式
团队建设小组	新建班级或需要增强凝聚力的班级	每次 1 小时左右，共 6～8 次小组或单次活动，在活动室或班级中开展	增强班级凝聚力，促进班级归属感的建立，培养集体合作意识	通过带领小组成员共同完成一些任务并穿插讨论环节的形式来完成小组目标
规则意识小组	规则意识薄弱或需要树立规则意识的班级	每次 1 小时左右，共 6～8 次小组活动，在活动室或班级中开展	培养学生的规范意识，促进学生体会规则是一种约束也是一种保护	以躲避球或桌游开展活动，带领学生不断补充和更新游戏规则，在此过程中促进小组目标的完成
沟通技巧小组	需要提升学生正向沟通和表达能力的班级	每次 1 小时左右，共 6～8 次小组活动，在活动室或班级中开展	培养学生的人际交往能力，促进学生使用积极正向的、符合社会规范的方式与他人沟通	基于非暴力沟通理论，通过活动中的体验沟通及一些正面的沟通训练形式完成小组目标

续　表

小组名称	适用阶段	小组活动时长及场地	小组活动目标	基本形式
压力调解小组	初三年级或者需要释放压力、调节情绪的班级	每次1小时左右，共6～8次小组或单次活动，在活动室或班级中开展	协助学生认识负面情绪，学会用正向的方法发泄和调节负面情绪	基于理性情绪理论，通过认识情绪、情绪的产生等分享，以及与情绪有关的活动体验，完成小组目标
未来规划小组	毕业班或新建班	每次1小时左右，共6～8次小组活动，在活动室或班级中开展	协助学生了解自己适合的职业	通过一些主题讨论完成小组目标，如生活中可能出现的职业、我适合哪些职业等
性教育小组	有需要的班级	每次1小时左右，共6～8次小组活动，在活动室或班级中开展	协助学生获得科学、健康的性知识和安全知识，引导学生形成正向的性别观念	基于赋权型性教育理念，通过和学生一起观看视频、图片，以及一起讨论等形式，达到小组目标
社会责任感提升小组	高中年级	每次1小时左右，单次活动可在志愿服务机构中或户外进行	增强学生与社会的联结，促进学生社会责任感和归属感的提升	基于社会键理论，通过组织学生外出做公益志愿服务的形式完成小组目标，如奉粥服务、城市历奇等
自我效能感提升小组	班级外出活动的一部分	一天的训练营活动	提升学生的自我效能感，提供大量真实的成功体验，促进其自信心的提升	通过一天的挑战任务，在体验中不断成长，以达到小组目标
班级单次主题活动	节日或其他需要社会工作者支持的活动	校内、校外均可	由班主任提出，社会工作者进行整合	根据班主任提出的需求策划相应的活动形式
主题夏令营	有需要的群体均可	1～3天，宜在专门的夏令营场地开展	由班主任或学校提出，社会工作者进行整合	通过夏令营的主题活动安排来完成服务目标

（三）资源链接

在未成年人司法社会工作实践中，社会工作者经常发现，资源是限制未成年人发展，甚至是影响其实施不良行为的重要因素。这里的资源不仅包括物质资源，也包括各种关系和信息资源。具有不良行为未成年人的资源困境形成原因主要有三种：第一，在服务对象所处的社会环境中没有其所需要的资源；第二，在服务对象所处的社会环境中虽然有其所需要的资源，但服务对象并不了解，更没有加以使用；第三，在服务对象所处的社会环境中有其所需要的资源，但由于某些原因服务对象无法获得这种资源。[①] 针对第一种情况，社会工作者主要通过资源链接来缓解服务对象生活中的资源困境。针对后两种情况，社会工作者主要秉持助人自助的原则，协助未成年人及其家庭了解资源和掌握调动资源的方式。

在资源链接的过程中，社会工作者需要考虑的最关键因素是资源与服务对象之间的适配度。换言之，社会工作者应以服务对象的需求为核心，为其链接所需的资源。从实践情况来看，除了常见的经济支持和信息支持外，具有不良行为的未成年人通常还需要自我实现和自我认可的平台、养成亲社会行为的契机、与社会建立正向联结的可能等。因此，社会工作者在链接资源的过程中需要着重探索艺术类、公益服务类资源，如即兴戏剧表演、街舞、现代舞、体育运动、志愿服务、动画制作、新媒体技术等。此外，社会工作者在为服务对象链接资源的过程中，需要和双方进行深入的沟通与交流，明确各方的能力和期待，减少因沟通不畅带来的误解。

第二节　未成年人严重不良行为矫治服务

一、未成年人严重不良行为矫治服务的相关概念

（一）未成年人严重不良行为的定义

2020 年修订的《预防未成年人犯罪法》明确指出，严重不良行为是指对未成年人实施的有刑法规定、因不满法定刑事责任年龄不予刑事处罚的行为，以及严重危害社会的行为。包括：

---

① 王思斌：《社会工作导论》(第二版)，高等教育出版社，2013，第 172 页。

（1）结伙斗殴，追逐、拦截他人，强拿硬要或者任意损毁、占用公私财物等寻衅滋事行为；

（2）非法携带枪支、弹药或者弩、匕首等国家规定的管制器具；

（3）殴打、辱骂、恐吓，或者故意伤害他人身体；

（4）盗窃、哄抢、抢夺或者故意损毁公私财物；

（5）传播淫秽的读物、音像制品或者信息等；

（6）卖淫、嫖娼，或者进行淫秽表演；

（7）吸食、注射毒品，或者向他人提供毒品；

（8）参与赌博赌资较大；

（9）其他严重危害社会的行为。

（二）未成年人严重不良行为矫治服务的定义

《预防未成年人犯罪法》明确了社会工作者是对未成年人严重不良行为开展矫治工作的重要主体之一。基于法律规定，未成年人严重不良行为矫治服务是指社会工作者运用社会工作的专业理论和方法，对具有严重不良行为的未成年人开展教育引导、行为矫治等工作，使未成年人调整错误认知、修正不良行为模式、适应社会规范，避免再次发生严重不良行为或违法犯罪行为的专业服务。

《预防未成年人犯罪法》将未成年人严重不良行为的矫治分为矫治教育、专门教育、专门矫治教育三类。

（1）矫治教育，是指公安机关接到举报或者发现未成年人有严重不良行为，在调查处理时根据具体情况，采取相应措施对有严重不良行为的未成年人进行教育。

（2）专门教育，是指教育行政部门经评估后，会同公安机关，将有严重不良行为，并且监护人、所在学校无力管教或管教无效的未成年人转送专门学校进行教育。

（3）专门矫治教育，是指教育行政部门会同公安机关，针对实施《中华人民共和国刑法》（以下简称《刑法》）规定的行为、因不满法定刑事责任年龄不予刑事处罚的未成年人开展的矫治教育。专门矫治教育应在专门学校内设置的专门场所进行。

社会工作者在配合相关工作主体开展矫治教育、专门教育、专门矫治教育时，根据开展矫治服务的场域、对象特点的不同，矫治服务大致可以分为专门学校内的矫治教育服务和公安司法机关训诫教育服务两大类型。

二、专门学校内的矫治教育服务

专门学校内的矫治教育服务是社会工作者接受专门学校委托，对送入专门学校进行专门教育和专门矫治教育的未成年人开展的以转入转出评估、转送适应、社会系统评估、矫治教育、家庭服务为内容的社会工作服务。专门学校内的矫治教育服务是未成年人严重不良行为矫治服务的重要组成部分。

社会工作者在专门学校内开展矫治教育服务时，应与专门学校积极配合，发挥专门学校的教育功能，同时应突出法律教育、认知调整、行为矫治等方面的服务。

（一）专门学校内矫治教育服务的内容

根据专门学校内未成年人及专门学校场域的特点和需求，专门学校内矫治教育服务主要包含以下十一项内容。

1. 转入转出评估

具有严重不良行为的未成年人转入专门学校、转回普通学校就读，需经专门教育指导委员评估同意后方可执行。转入转出评估是指为配合专门教育指导委员会对被申请转入的专门学校，以及适合转出的专门学校的具有严重不良行为的未成年人而开展的一项评估工作。转入转出评估的目的是为具有严重不良行为的未成年人转入转出专门学校提供专业的意见支持。

社会工作机构接到教育行政部门、专门教育指导委员会的委托后，协助专门教育指导委员会对被申请送入专门学校、具有严重不良行为的未成年人的转送必要性开展评估，分析服务问题和需求，提出适当的矫治教育建议。

对于符合条件申请转回普通学校的未成年人，社会工作机构应当接受教育行政部门、专门教育指导委员会的委托，协助专门教育指导委员会对具有严重不良行为的未成年人开展转入转出评估工作。

社会工作者开展转入转出评估的主要方式是调查访谈，评估的内容应包括具有严重不良行为的未成年人个体及其家庭需求、社会系统支持情况、问题表现及其成因、在校转化效果、转入转出专门学校的风险性因素和保护性因素等。

2. 转送适应服务

转送适应服务是为协助转送至专门学校的严重不良行为的未成年人顺

利、快速地度过入学适应期而开展的专项服务。

对转入专门学校的未成年人，社会工作者应在其刚刚入校的阶段，围绕学校适应、班级融入、归属感建立等主题内容策划并开展相关活动和个案辅导，促进有严重不良行为的未成年人尽快适应和融入新环境，实现在专门学校内的稳定就学。

转送适应服务不仅适用于未成年人转入专门学校，同样适用于其转回普通学校。因此，社会工作者在严重不良行为的未成年人转入专门学校、转回普通学校一个月内，应对其开展专项服务。

3. 社会系统评估

社会系统评估是指对进入专门学校的严重不良行为的未成年人现状、问题与需求进行系统评估。在具有严重不良行为的未成年人入校后，社会工作者应围绕个体、家庭、朋辈、原就读学校情况、目前在校适应情况、个体发展的保护性因素和风险性因素等维度，与有严重不良行为的未成年人开展访谈，根据访谈内容完成系统评估报告。

社会工作者应在具有严重不良行为的未成年人进入专门学校后尽快开展社会系统评估，为教师提供矫治教育建议，也为社会工作者的后续服务提供专业支持。

4. 矫治教育

矫治教育是社会工作者根据进入专门学校的具有严重不良行为的未成年人需要改善的问题，有针对性地开展服务。专门学校内的具有严重不良行为的未成年人在行为问题和风险程度方面有别于其他具有严重不良行为的未成年人和违法犯罪未成年人，社会工作者提供服务时应根据其特点开展矫治教育服务。

社会工作者应注重通过发掘、调动有严重不良行为的未成年人及其朋辈群体的力量，引导和协助其进行自我探索、增强法律意识、提升抗逆力、提高情绪管理能力和沟通表达能力等，并且改善其在个体情绪、认知、行为等方面存在的问题。

5. 家庭服务

家庭服务主要是指对具有严重不良行为未成年人的家庭开展干预和支持工作，包括帮助家长调整教育理念、态度，改变沟通方式，促进亲子沟通与理解，鼓励家长承担教养责任，调整对立的亲子关系，提升家庭对未成年人的教育支持功能等。

与违法犯罪未成年人相比，具有严重不良行为的未成年人行为问题严重程度相对较轻，社会工作者开展家庭服务时，可以尝试调动家庭内的资源，激发家长的主动性，预防家庭教育问题的出现，改善家庭教育问题的现状。

社会工作者开展家庭服务时，可以采用个案、小组等多种方式，开展亲子小组、家长讲座等亲职教育活动，协助有严重不良行为的未成年人及其家庭进行良性沟通，恢复家庭功能。

6. 正向交往服务

良好的朋辈群体互动及良性的人际关系网络对未成年人来说尤为重要。正向交往服务是社会工作者在了解具有严重不良行为未成年人校内外的朋辈群体状况后，针对其朋辈群体开展的专业服务。社会工作者可以在对具有严重不良行为的未成年人开展服务的基础上，评估其朋辈群体存在的不良行为、偏差认知等，使用个案、小组等工作方式，协助他们改掉不良行为，改善偏差认知，最终达到协助具有严重不良行为的未成年人搭建积极、良性的人际关系网络的目的。

7. 班级干预服务

班级是具有严重不良行为的未成年人在专门学校内学习和生活的重要场所。相较于大多数未成年人，具有严重不良行为的未成年人在规则意识、人际关系等方面的问题更加明显，在融入班集体和同学相处中更易产生问题。班级干预服务的目的是促进班级良好环境的形成，提升班级内的支持性力量。

社会工作者在开展此类服务时，应了解学校在班级管理方面的要求，结合班级特点，开展包括法律学习、班级团建、规则意识提升等内容的服务。

8. 教师支持服务

教师是专门学校内对具有严重不良行为未成年人开展矫治教育工作的重要主体之一，也是开展矫治教育服务的社会工作者主要的合作对象。教师在开展矫治教育工作时也会遇到困境和阻碍，导致负面情绪或压力的产生，需要获得社会工作者的支持。因此，社会工作者应根据教师的需求，对教师开展情绪疏导、技能培训等支持教师个人生命成长及能力提升的专业服务，以提升教师的教育理念、教育方法和抗逆力，间接促进具有严重不良行为的未成年人的成长。

9. 校园环境建设

个体的变化受环境的影响，包容、有序、健康的环境能够让未成年人更好地感受归属与支持。社会工作者对具有严重不良行为的未成年人开展服务时，需要关注其所在学校的环境特点及对其产生的影响。

社会工作者可以结合学校德育、教学、工会等各部门的工作需要，利用专业技能并整合资源，以改善校园的人文环境，促使学校更好地成为未成年人的社会支持力量。

10. 社会适应服务

具有严重不良行为的未成年人在参与社会生活的过程中，可能会因社会适应不良而引发问题。例如，周末和朋友参与高风险的娱乐活动。社会工作者需要关注具有严重不良行为的未成年人社会化的情况和社会适应状态，引导他们进行积极的社会实践，协助他们适应社会规范，培养亲社会行为。

社会工作者可以开发校外活动，如引导具有严重不良行为的未成年人在节假日开展健康的娱乐活动，不进入法律规定的未成年人不宜进入的娱乐场所，适应社会规范，避免发生违法犯罪行为。

此外，社会工作者应积极链接资源，鼓励具有严重不良行为的未成年人参与社会活动，提升他们的社会参与感，增强他们的社会认同感，以巩固在校教育的成效，促使其更好地适应社会生活。

11. 校外拓展服务

校外拓展服务是指社会工作者对专门学校辐射的普通学校、社区等场域的具有不良和严重不良行为的未成年人开展服务，以增强他们的法律意识、安全意识，促使其成长与发展。

校外拓展服务的内容包括：针对专门学校辐射的普通学校、社区等场域内具有不良，以及严重不良行为的未成年人特殊的身心状况、意识、能力、行为等问题开展的个案工作；在普通学校和社区内开展普法、禁毒、防艾、自护等主题宣传活动；在普通学校和社区内开展情绪控制能力提升、自我探索等发展性主题的小组活动等。

（二）专门学校内矫治教育服务的流程

1. 学校委托

具有严重不良行为的未成年人进入专门学校后，专门学校相关负责人应及时委托社会工作者开展服务。委托时专门学校应出具委托书,及时交予社会工作机构。委托书中应包含未成年人的基本信息、严重不良行为表现等内容,便于社会工作机构后续接案登记。

2. 接案分案

社会工作机构接案时应向委托方了解具有严重不良行为的未成年人的基本信息并进行登记,包括人口学信息、联系方式、严重不良行为的具体表现、学业情况、监护情况、心理健康情况等。信息登记后,社会工作机构应根据未成年人的特点和需要,将其分派给合适的社会工作者接案。例如,存在家庭关系问题的未成年人适合分配给擅长开展家庭工作的社会工作者;涉及与性行为有关问题的未成年人适合分配给同性别的社会工作者。

3. 入学建档

具有严重不良行为的未成年人转入专门学校后,社会工作者应及时建立矫治教育档案,并且在服务过程中全面收集资料,完善其矫治教育档案。

具有严重不良行为的未成年人矫治教育档案包括:转入评估表,社会系统评估报告,专门学校及教师教育建议资料,社会工作者服务过程性资料(服务记录、结案报告、中止说明等),其他专业服务过程性资料等。

4. 制订计划

在开展服务前,社会工作者应根据评估情况,及时与具有严重不良行为的未成年人、家长、班主任及学校德育负责人等进行沟通,了解各方情况,整合需求,确定服务目标,制订服务计划。

5. 提供服务

社会工作者应根据服务目标和计划开展服务。若服务计划需要调整,应与具有严重不良行为的未成年人及相关方及时沟通,确定调整后的服务计划。

同时,在服务过程中,社会工作者应定期向专门学校相关负责人反馈未成年人的表现、服务进度、服务后续计划等情况。若服务过程中遇到困难或具有严重不良行为的未成年人的服务需求社会工作者无法满足等情况,社会工作者也可以与专门学校沟通,共同解决。

6. 结案

在服务目标已经完成或者未成年人转出专门学校时,社会工作者应与具有严重不良行为的未成年人、专门学校相关负责人讨论服务的过程与效果,在各方协商一致、确定服务目标完成的情况下,做出结案的决定并在结案后整理相关文案材料。

在结案过程中，社会工作者可以带领具有严重不良行为的未成年人回顾服务过程，从所获经验中肯定他们应对问题的能力和已获得的成长，增强他们结案后面对问题的信心，并且与他们沟通后续跟进计划，巩固服务效果。此外，社会工作者还需要关注具有严重不良行为的未成年人在结案过程中出现的别离情绪并帮助其进行妥当处理。

7. 跟进

社会工作者在服务结束后应定期跟进具有严重不良行为的未成年人的情况，以他们能够接受的频率和方式进行跟进，跟进时间建议为期六个月。

社会工作者通过跟进了解具有严重不良行为的未成年人的生活状态，来评估他们是不是能够保持服务期内的状态和效果。若跟进期间具有严重不良行为的未成年人出现短暂的波动情况，如因转入新的学校、更换新的工作单位等面临适应问题和人际关系问题，社会工作者可以及时为其提供支持；若需要长期开展服务，社会工作者可帮助其转介至其他机构继续开展服务。

三、公安司法机关训诫教育服务

训诫教育服务是指社会工作者受公安机关、人民检察院等的委托，在公安机关、人民检察院办理未成年人案件时，配合相关单位对具有严重不良行为的未成年人开展参与训诫、访谈评估、观护帮教等服务。

训诫教育服务是具有严重不良行为的未成年人矫治服务的重要组成部分。《预防未成年人犯罪法》中规定，公安机关在办理未成年人案件时，可以根据具体情况，对具有严重不良行为的未成年人采取相应的矫治教育措施，其中第一条就是对未成年人予以训诫。其他矫治教育措施包括责令他们接受心理辅导、行为矫治，责令他们参加社会服务活动，责令他们接受社会观护等。社会工作者开展的训诫教育服务是公安司法机关落实《预防未成年人犯罪法》规定，对具有严重不良行为的未成年人开展矫治教育工作的重要内容之一。

（一）训诫教育服务的内容

1. 参与训诫

训诫是指公安机关、人民检察院依据相关法律，结合具有严重不良行为的未成年人的案件情况、行为后果等因素，对其进行口头和书面形式的警示教育，并且制作训诫笔录的法律程序。通常情况下，训诫在公安司法机关的办案场所内进行，以确保良好的警示教育效果。训诫主要由公安司法机关的办案人员开展，社会工作者到场配合办案人员进行教育引导工作。

训诫前，社会工作者到场并向具有严重不良行为的未成年人及其法定代理人进行自我介绍、说明身份与职责、建立专业关系。训诫时，办案人员依据具有严重不良行为的未成年人的行为、处罚结果进行警示教育，告知其后续开展观护帮教的安排与要求。社会工作者参与训诫时，应与办案人员积极沟通、配合；根据具有严重不良行为的未成年人的案件及个体情况，指明其认知、行为问题，提出改善建议，有针对性地进行教育引导工作。

2. 评估

评估是社会工作者开展有针对性介入服务的基础。训诫后，社会工作者与未成年人、家长及相关人员进行访谈，收集未成年人的有关信息与资料，开展访谈评估。社会工作者在开展访谈评估时，应关注未成年人发生此次严重不良行为的成因，分析、评估未成年人的矫治教育需求，为后续开展服务提供依据。

评估的维度大致包括个体因素、家庭因素、朋辈群体因素、学校或工作单位因素、违法行为情况等。在评估中，社会工作者根据未成年人的情况与需求，确定服务目标，提出帮教建议。

3. 观护帮教

观护帮教是指社会工作者根据具有严重不良行为的未成年人的问题成因和成长需求，采用多元灵活、有针对性的方式开展专业服务。在训诫教育服务中开展观护帮教服务，社会工作者应注重以下五个方面的问题。

(1) 服务内容。社会工作者在开展观护帮教时，可以针对有严重不良行为的未成年人的需求与问题，开展法治教育、情绪疏导、认知调整、行为矫正、关系调适、安置救助、社会融入等活动。

(2) 服务频次。社会工作者应遵循服务频次与风险程度相匹配的原则，高风险采用高频次，低风险采用低频次。

(3) 建立关系。社会工作者对未成年人开展观护帮教服务应重视关系的建立，根据具有严重不良行为的未成年人的特点，运用专业技巧迅速与未成年人建立良好的信任关系，促成未成年人参与观护帮教服务的意愿由非自愿向自愿转变。

(4) 服务维度。除关注未成年人个体外，社会工作者还应关注未成年人的家庭、朋辈群体、学校等环境系统。

(5) 沟通反馈。社会工作者应积极与公安司法机关联系，及时反馈具有严重不良行为的未成年人的观护帮教服务的开展情况，注意收集和留存观护帮教服务活动资料，如服务记录、工作照片等。

(二) 训诫教育服务的流程

1. 委托

通常情况下，公安机关、人民检察院有需求时，会委托社会工作机构对具有严重不良行为的未成年人开展训诫教育服务。根据《预防未成年人犯罪法》《治安管理处罚法》的相关规定，在实践中对具有严重不良行为的未成年人的处罚以行政拘留(不执行)为主。宣告处罚结果也意味着案件办理结束，所以在案件办理过程中，公安机关、人民检察院应第一时间联系社会工作机构，为具有严重不良行为的未成年人开展相关的服务。

公安司法机关在委托社会工作机构时应及时出具委托书，作为开展相关服务的依据。

2. 接案

社会工作机构接受委托后，应及时与办案人员联系，了解未成年人的人口信息和案件基本情况，并且将相关信息进行登记。

社会工作机构应向委托方了解具有严重不良行为的未成年人的基本信息，包括姓名、性别、年龄、所涉案由、户籍情况、职业情况、家庭成员、联系方式等。由于公安机关、检察机关委托开展训诫教育的未成年人的年龄主要集中在 14～17 周岁，所以在了解未成年人信息时，对未成年人是不是在校学生、所在学校这些信息也应要留意收集，以便开展后续服务。

3. 分案

社会工作机构应考虑未成年人性别和所涉案件的特点，委派适合的社会工作者。例如，涉及卖淫、猥亵等与性行为有关的案件，适合安排给与未成年人同性别的社会工作者负责。

4. 到场参与

公安司法机关在办案场所对具有严重不良行为的未成年人进行训诫时，社会工作者应与公安机关、人民检察院沟通与合作，到场参与训诫过程，以达到刚柔并济的效果。

训诫时，公安机关、人民检察院主要就未成年人的严重不良行为进行警示教育，并且告知其后续开展训诫教育的安排与要求。

社会工作者在参与训诫时，应根据未成年人的特点、严重不良行为的情况，有针对性地进行关怀支持和教育引导。训诫时，如未成年人的家长在场一同参与，社会工作者应与家长进行沟通，给予支持和建议。

5. 签署协议

训诫后，社会工作者与办案人员、未成年人及其法定代理人共同签署训诫教育服务协议。

在签署训诫教育服务协议时，办案人员会告知具有严重不良行为的未成年人参与社会工作服务的相关要求。社会工作者应向未成年人及其法定代理人介绍服务期限、内容、形式、要求等。在征得未成年人及其法定代理人同意后，办案人员、社会工作者、未成年人及其法定代理人签署三方服务协议。协议内容包括服务期限、各方权利与义务、服务内容和要求等。

6. 需求评估

需求评估是指社会工作者通过资料收集，分析具有严重不良行为的未成年人的行为成因，评估其服务需求和问题，为后续服务提供依据。

社会工作者应对具有严重不良行为的未成年人及其所处环境进行调查，收集有关信息与资料，开展需求评估。社会工作者在收集资料的过程中，应关注具有严重不良行为的未成年人个体、家庭、朋辈、学校、单位等维度。在开展资料收集和分析评估时，社会工作者应该遵循客观、科学、及时、个别化等原则。为保证需求评估工作的及时性，社会工作者应在接受委托后十日内开展相关工作，撰写评估报告并提交给公安司法机关。

7. 帮教服务

在开展需求评估后，社会工作者应依照服务协议，结合具有严重不良行为的未成年人的特点和需求，与未成年人及其家长、公安司法机关沟通，制订服务计划，围绕未成年人及其家庭、社会群体等维度开展服务。在开展服务的过程中，社会工作者应及时向服务委托方反馈服务开展的情况。

为确保有充分的时间开展训诫教育服务活动并观察评估服务的效果，社会工作者开展服务的时间通常为三个月。如遇特殊情况，社会工作者应结合公安司法机关的建议和未成年人的情况，中止服务或延长服务期限。

8. 服务解除、结案

在服务期满前，由公安司法机关组织，社会工作者会同开展“训诫教育解除宣告会”，对服务过程和具有严重不良行为的未成年人服务期间的表现、变化进行总结，巩固教育服务的效果。

在服务期满或服务目标达成后，社会工作者应结案，撰写训诫教育服务报告并提交给公安司法机关。

四、未成年人严重不良行为矫治服务的方法

社会工作者在开展未成年人严重不良行为矫治服务时，除了个案、小组等一般社会工作方法外，对应严重不良行为未成年人的个性、环境等特点，还有一些符合该群体特点的常用服务方法。

（一）历奇辅导

具有严重不良行为的未成年人，其问题的表现和成因与涉罪未成年人具有相似性，如自我效能感偏低、缺少正向的归属、改变的主观意愿较低等。历奇辅导旨在通过新奇的任务和挑战，引导未成年人走出心理舒适区，完成任务和挑战，以获得成功经验，进而在历奇体验中构建对自我、价值的认识，提升自信心和归属感。

与涉罪未成年人相比，社会工作者难以运用法律的效力要求具有严重不良行为的未成年人进行矫治服务，他们所处的年龄阶段意味着他们更喜欢历奇、追求挑战。历奇辅导的优势在于内容和形式新颖、具有趣味性，同时带有挑战性，契合未成年人的特性，实践证明这是未成年人司法社会工作服务的一项重要方法。社会工作者在运用历奇辅导开展服务时，需要注意以下四个方面的内容。

一是在设定目标时，社会工作者应充分考虑未成年人的个体能力，设置符合他们情况的挑战目标。一般来说，挑战目标以略高于未成年人的能力、需要未成年人付出努力才能完成为宜。

二是在设计方案时，社会工作者应考虑未成年人不能稳定持续参与的情况，可采用半开放式、半结构式小组的方式开展服务，避免因人员流动造成历奇辅导活动无法开展和推进。

三是在历奇辅导的设计和实施过程中，社会工作者应重视未成年人的参与度，听取他们的意见，体现他们的需要，赋予他们角色与权力，以促进服务目标的完成。

四是针对具有严重不良行为的未成年人开展历奇辅导时，应特别重视规

则或规范的订立、说明与执行，避免因规则或规范不清晰、说明不具体、执行不统一给服务活动带来阻碍和风险。

（二）家庭教育指导

家庭是未成年人成长的重要环境，未成年人的行为问题往往与家庭息息相关。部分具有严重不良行为的未成年人的行为问题，与家庭错误的教育理念、方法有关。《预防未成年人犯罪法》规定，公安机关如果发现父母对具有严重不良行为的未成年人不依法履行监护职责的，应当对父母进行训诫，并且可以责令父母接受家庭教育指导。2022 年 1 月 1 日起施行的《家庭教育促进法》中，对运用家庭教育指导的手段，以及促进父母家庭教育能力的提升做出了相应规定。

实践中，社会工作者在开展家庭教育指导时，应先进行家庭教育能力方面的评估，了解家庭中成员的互动状态，评估家庭教育对未成年人的影响，发现家庭教育存在的不足和需求。遇到有家庭教育需求的未成年人家庭，社会工作者可以根据其家庭教育的具体情况，运用个案、小组等方法，采用线上线下咨询、组织家庭教育学习讲座、组织家庭圆桌会议等方式，帮助家长学习、调整教育理念和态度，改变他们的教育沟通方式和亲子关系，提升家庭对具有严重不良行为的未成年人的教育支持功能。

综上所述，依托《预防未成年人犯罪法》，预防类未成年人司法社会工作服务主要包括未成年人不良行为干预服务和未成年人严重不良行为矫治服务。其中，后者根据开展矫治服务的场域、对象特点的不同，可分为专门学校内的矫治教育服务和公安司法机关训诫教育服务两大类型。可以说，预防类未成年人司法社会工作服务的探索和实践，不仅是对国家法律的切实回应，而且也高度契合减少违法犯罪行为、维护社会稳定的现实需求。展望未来，预防类未成年人司法社会工作服务需要进一步提炼、总结、复制成熟的实践经验，从而完善我国未成年人司法社会工作服务体系的建设，优化有利于未成年人健康成长的社会环境。

本章要点

1. 预防类未成年人司法社会工作服务主要包括未成年人不良行为干预服务和未成年人严重不良行为矫治服务。

2. 未成年人不良行为干预服务是指社会工作者在社区、学校等场域中，对具有不良行为的未成年人开展的心理素质培养、行为规范养成、青春期教育、关系调适、认知能力提升等专业服务。其目的是协助具有不良行为的未成年人加强与家庭、朋辈、学校、社区的联结，促进个体与环境的良性互动，实现服务对象的改变。

3. 未成年人严重不良行为矫治服务是指社会工作者运用社会工作的专业理论和方法，对具有严重不良行为的未成年人开展教育引导、行为纠正等工作，使未成年人调整错误认知、修正行为模式、适应社会规范，避免严重不良行为或违法犯罪行为产生的专业服务。根据开展矫治服务的场域、对象特点的不同，矫治服务大致分为专门学校内的矫治教育服务和训诫教育服务两大类型。

思考题

1. 不良行为未成年人与严重不良行为未成年人有何区别？请结合你了解的情况在需求、干预方法等方面进行阐释。

2. 结合你的理解，试述开展预防类未成年人司法社会工作服务的重要性。

第六章

维权类未成年人司法社会工作服务

权益保护是未成年人司法社会工作服务的主要内容之一。社会工作介入未成年人司法工作，提供权益保护类服务，重点关注的是处于司法程序中的未成年人的权益保障情况，通过对可能发生的权益侵害情形进行预防、对既有权益侵害情形进行干预、协助构建权益保护网络等，能有效保护涉案未成年人的合法权益，提升未成年人司法保护的有效性，促进社会公平正义的实现。

目前，维权类未成年人司法社会工作服务主要包括三项内容：合适成年人服务、未成年被害人保护救助服务和涉未家事案件观护服务。其中，合适成年人服务关注的是刑事司法领域中的未成年人权益保护，包括未成年犯罪嫌疑人、未成年被害人、未成年证人等；未成年被害人保护救助服务关注的是行政司法领域、刑事司法领域的未成年被害人的权益保护；涉未家事案件观护服务关注的是民事司法领域的未成年人的权益保护。也就是说，维权类未成年人司法社会工作服务已实现了社会工作在未成年人司法工作中的全面覆盖。本章将梳理、提炼维权类未成年人司法社会工作服务在实践过程中的内容、方法和流程，以帮助相关研究者和实践者进一步理解和掌握这类专业服务。

第一节　合适成年人服务

一、合适成年人服务的概念

合适成年人服务是依托合适成年人制度开展的一项专业服务。在未成年人司法社会工作服务中，合适成年人服务是指社会工作者在公安机关、人民检察院、人民法院对未成年嫌疑人、被告人、被害人、证人的询问或讯问等诉讼活动中，在法定情形下担任合适成年人，开展监督、沟通、抚慰、教育、见证等社会服务活动，保障未成年人的合法权益，帮助涉案未成年人顺利回归社会。

合适成年人制度源起于英国，目前已在欧美等国和地区积累了较为丰富的实践经验。按照合适成年人服务参与刑事诉讼的不同阶段，我国学者姚建龙将其划分为狭义和广义两类。狭义的合适成年人制度是指在侦查阶段讯问未成年人的程序中，有合适成年人到场的制度；广义的合适成年人制度是指在侦查、批捕、起诉、庭审阶段讯问未成年人的程序中，有合适成年人到场的制度。[①]

2012 年《刑事诉讼法》修订时对合适成年人制度做出了明确规定。《刑事诉讼法》(2018 年修订版)第二百八十一条规定，对于未成年人刑事案件，在讯问和审判的时候，应当通知未成年犯罪嫌疑人、被告人的法定代理人到场。无法通知、法定代理人不能到场或者法定代理人是共犯的，也可以通知未成年犯罪嫌疑人、被告人的其他成年亲属，所在学校、单位、居住地基层组织或者未成年人保护组织的代表到场，并将有关情况记录在案。到场的法定代理人可以代为行使未成年犯罪嫌疑人、被告人的诉讼权利。

合适成年人制度的广泛实施需要一支为未成年人提供服务的专业队伍，而未成年人司法社会工作者拥有专业化的服务理念和服务方法，对司法流程、未成年人的特征和需求、未成年人司法保护和社会保护等问题均较为熟悉，在实践中是开展合适成年人服务的重要专业力量之一。

二、合适成年人服务的内容

(一) 合适成年人服务的特征

根据服务对象的特点，结合刑事诉讼活动的特殊性，合适成年人服务具有合适性、独立性和积极性三大特征。

合适性是指担任合适成年人的人员在身份和专业素质上的合适，主要包括其是不是具有儿童保护的意识和能力，是不是有助于在诉讼活动中保护和实现未成年人的最大利益等。一般而言，不具备儿童保护理念的人、与案件有

---

① 姚建龙：《权利的细微关怀》，北京大学出版社，2010，第 38 页。

利害关系的人、司法人员或司法机关聘用人员、未成年人明确拒绝到场的人员等不宜到场者，被认为不具有合适性。

独立性是指合适成年人身份归属的独立性。具体来说，合适成年人应作为独立的第三方介入未成年人刑事诉讼程序，既不从属于司法机关，又不受聘于涉案未成年人一方。

积极性主要是指合适成年人参与询问或讯问过程时，其态度和行动的积极程度。到场的合适成年人应作为一个“积极的关怀者”，而非“消极的旁观者”来参与询问或讯问过程，应积极履行合适成年人的义务，充分发挥监督、沟通、抚慰、教育、见证等职能，促进最有利于未成年人原则的实现。

（二）合适成年人服务的具体内容

合适成年人服务旨在维护涉案未成年人的身心健康和诉讼权利，其主要工作内容包括监督、沟通、抚慰、教育和见证五项。

1. 监督

监督是指合适成年人监督办案人员在询问或讯问过程中是不是存在直接或间接侵犯涉案未成年人权益的不当或违法行为。监督的主要目的是保障涉案未成年人在严肃的司法环境中合法、正常、有序地接受询问或讯问。值得一提的是，随着我国司法制度的不断完善，直接的非法或不规范的询问或讯问行为几乎不存在了，但这并不表示办案人员在询问或讯问过程中没有侵犯涉案未成年人权益的不当行为，这些不当行为可能会给未成年人带来伤害，因此社会工作者在作为合适成年人时仍需提高警惕。

2. 沟通

沟通是指合适成年人要协助涉案未成年人与办案人员及时沟通，促进涉案未成年人与办案人员之间的相互理解。如办案人员在询问或讯问时，可能会使用“回避”“延长拘留”“取保候审”等法律用语，“政治面貌”“人大代表”“政协委员”等专业词语，由于部分涉案未成年人的受教育程度有限，无法理解这些用语的含义，因此可能会出现不知如何作答或者答非所问的情况。

出现上述情况时，合适成年人需主动询问并了解涉案未成年人对办案人员所提用语和词汇的理解程度，若涉案未成年人无法理解或理解有误，合适成年人可以帮助涉案未成年人向办案人员提出疑问，请办案人员进行细致的解释或澄清，或直接用通俗易懂的语言进行解释说明，以保障涉案未成年人能够正确地理解和表达。

3. 抚慰

抚慰是指涉案未成年人在接受询问、讯问或庭审过程中产生低落、愤怒、抵触等不利于司法活动继续进行的负面情绪时，合适成年人需要对涉案未成年人进行安抚，以缓解其负面情绪，从而保障司法活动的顺利进行。

刑事案件发生后，无论是未成年犯罪嫌疑人还是未成年被害人，都可能承受着巨大的心理压力。特别是在严肃的询问或讯问过程中，涉案未成年人很可能会感到紧张或恐惧，甚至对办案人员产生强烈的抵触情绪。如果他们的负面情绪没有得到及时的疏导和抚慰，不仅会阻碍询问或讯问过程的顺利进行，还可能导致涉案未成年人产生严重的心理或社会适应问题。

社会工作者在合适成年人服务的过程中，需要敏锐地捕捉涉案未成年人的情绪，及时运用专业技巧为他们提供情感支持，协助其消除无助、焦虑、恐惧等负面情绪，以维持他们较为稳定的情绪状态。

4. 教育

教育是指合适成年人在有限的时间内，在办案人员在场的前提下，根据涉案未成年人的具体情况与表现，与之进行有针对性的沟通，及时进行心理危机的预防和干预，调整其认知结构，帮助涉案未成年人解决因案件本身或诉讼过程与结果等因素引发的问题。教育的主要目的是使涉案未成年人适应接下来的社会生活或监禁生活。此外，对有服务需求且具备帮扶教育条件的涉案未成年人，社会工作者可以运用个案、小组等工作方法开展后续服务，如情绪疏导、认知行为调整、资源链接等。

5. 见证

见证是指合适成年人对诉讼活动全过程的观察和参与。需要指出的是，服务中的见证有别于通常意义中见证人的作用。《刑事诉讼法》中，见证人的作用是接受公安机关、人民检察院、人民法院的委托，在某些诉讼活动中到场观察、监督诉讼行为。然而，合适成年人服务过程中，见证的作用是指合适成年人全程参与诉讼活动，对诉讼活动全过程进行观察，并且在需要还原询问或讯问过程的具体情况时，客观描述所见和所听，对询问或讯问过程进行见证。

三、合适成年人服务的流程

自 2012 年修正的《刑事诉讼法》纳入合适成年人到场制度后，全国各地开始探索合适成年人服务模式，形成了各具特色的实践经验。目前，我国已形成了一套相对完善、运转顺畅的合适成年人服务流程与合作衔接机制。具体而言,合适成年人服务的工作流程一般分为七个阶段,依次是:委托、接案、分案、到场、询问或讯问前准备、参与询问或讯问、核对签字。

(一) 委托

公安机关、人民检察院、人民法院在办理未成年人案件时,遇到无法通知、法定代理人不能到场或者法定代理人是共犯等情形时,应联系社会工作机构,出具《法定代理人到场通知书》《合适成年人到场通知书》等相关委托书,委托其代为开展合适成年人服务。社会工作机构需要设立合适成年人服务负责人或联络人,受理司法机关的委托,并且及时选派合适成年人到场。

需要注意的是,公安机关、人民检察院、人民法院无论是在询问未成年犯罪嫌疑人、被告人时,还是在讯问未成年被害人或证人时,若其法定代理人无法到场,均需要委托合适成年人在场代为维护未成年人的个人权益。

(二) 接案

在接案时,社会工作机构需要与委托方进行简单的沟通,了解涉案未成年人的姓名、性别、所涉案由、身份(如嫌疑人、被害人、证人)等基本信息,同时明确服务的时间、地点、联系人等。社会工作机构收集上述信息是为了便于后续分案委派合适的社会工作者到场,以更好地发挥合适成年人的作用。

(三) 分案

社会工作机构根据初步了解的信息,考虑服务对象的特点、到场时间等因素,指派合适的社会工作者到场。例如,《刑事诉讼法》(2018 年修订版)第二百八十一条规定,讯问女性未成年犯罪嫌疑人,应当有女工作人员在场。所以,社会工作机构在选派社会工作者时,应根据未成年人的性别进行选派。此外,针对强奸、猥亵等涉及性侵害的案件,社会工作机构需要从便于和涉案未成年人沟通、避免性别差异造成的尴尬等有利于服务开展的角度考虑选派社会工作者承担合适成年人服务。

(四) 到场

合适成年人接到指派后,应按照约定的时间到达服务地点,联络委托人办理相关手续。合适成年人服务场所通常以办案场所为主,这类场所往往管理严格。因此,合适成年人出发前应与服务委托方提前沟通,了解到场所需的身份证明文件,如携带身份证、社会工作者职业水平证书等能够证明身份的证件材料,到场开展服务。

（五）询问或讯问前准备

合适成年人到场后应与委托方的办案人员进行沟通，了解未成年人、案件的基本情况，以及法定代理人无法到场的原因。

在询问或讯问开始前，合适成年人需要向涉案未成年人进行自我介绍，表明自己的身份和职责，告知其法定代理人无法到场的原因，确认其已经了解了自己的权利和义务，并且告知其可以与合适成年人及时沟通、表达疑问，以便缓解未成年人因困惑带来的紧张和抵触情绪。此外，合适成年人应积极、主动地与办案人员沟通，争取更多的与涉案未成年人进行交流的时间，从而有利于与涉案未成年人建立良好的信任关系，观察和评估其身心状况和服务需求。

（六）参与询问或讯问

未成年人在接受询问或讯问的过程中，合适成年人应充分履行工作义务，即保障未成年人的合法权益、询问或讯问过程的正常进行。

合适成年人需要根据服务场所的情况，选择便于同时对涉案未成年人和办案人员进行观察和沟通的位置落座，确保能够听清他们之间的对话，以保证服务笔录内容的准确性。在询问或讯问过程中，合适成年人需要监督办案人员的言行，从而保障涉案未成年人的合法权益。除此之外，合适成年人还需要解决未成年人提出的问题，及时安抚和处理未成年人的负面情绪，促进涉案未成年人与办案人员之间的有效沟通。在询问或讯问结束前，合适成年人可以在办案人员在场的情况下，对涉案未成年人进行必要的教育引导，帮助涉案未成年人调整认知，正确理解法律规定及诉讼流程。

（七）核对签字

在询问或讯问过程结束后，合适成年人首先需要提示涉案未成年人认真阅读笔录或相关告知文件，正确理解笔录中记载的内容与相关告知文件中宣布的内容，了解笔录记录的内容与他们所理解的内容是不是一致，一致时方可签字。

涉案未成年人在笔录上签字后，合适成年人应仔细阅读笔录或相关告知文件，了解笔录记载与涉案未成年人供述内容是不是一致，一致时方可签字。

服务结束后，合适成年人需要根据服务情况填写服务记录。如发现有侵害未成年人合法权益的情形，合适成年人需要在服务记录中写明情况和意见。此外，合适成年人需要将《法定代理人到场通知书》和服务记录等材料妥善保存。

四、合适成年人服务的常用方法和技巧

合适成年人服务中主要运用的专业方法为个案工作。合适成年人通过与服务对象进行面对面的交流，充分运用个案工作的相关知识和技巧，帮助涉案未成年人解决在询问或讯问过程中遇到的问题，促进其进行自我反思、获得成长。

然而，相较于常规个案工作的服务情境来说，合适成年人服务具有一定的特殊性。第一，合适成年人服务并不是在社会工作者与涉案未成年人共同创造的氛围中单独进行的，而是在严肃的询问或讯问环境中开展的。第二，合适成年人服务中采用的会谈不是一对一的形式，而是在询问或讯问开始前、询问或讯问过程中出现问题时，以及询问或讯问结束后的短暂时间内展开的简短交谈，这直接导致沟通难以细致深入。因此，社会工作者需要采用有针对性的方法和技巧开展服务。

（一）合适成年人服务中建立专业关系的相关技巧

良好的专业关系是工作取得成效的前提和保证。从合适成年人服务的特点考虑，建立专业关系的技巧主要有三种：一是运用语言与非语言信息，营造温暖、轻松的氛围，消除服务对象的紧张、不安乃至恐惧的情绪；二是运用倾听技巧，表达真诚、尊重和关心，鼓励服务对象自由表达；三是运用同理心及有关技巧，站在服务对象的角度去感受他的想法，表达对服务对象的理解，增加服务对象对社会工作者的信任。

1. 运用语言与非语言信息

（1）语言信息的使用。合适成年人通过办案人员介绍或者根据涉案未成年人的直接表现会大致了解涉案未成年人的基本情况，然而涉案未成年人对合适成年人却是完全陌生的。涉案未成年人在面对合适成年人时，可能会想：他是谁？他为什么来这里？他在这里要做什么？他知道我的事情会怎么样？合适成年人需要通过自我介绍解答涉案未成年人的一系列疑惑。在简短的自我介绍后，合适成年人应通过自身的语言信息，向涉案未成年人表达接纳和关怀。语言信息包括合适成年人选用的词语、语调、语速等。一方面，合适成年人在与涉案未成年人沟通时，应考虑涉案未成年人的受教育程度，避免使用推测性的、复杂的词语或冗长的句子，多使用涉案未成年人常用的词语和表达形式，以便涉案未成年人的理解。另一方面，在语调和语速的选择上，合适成年

人应尽量采用相对和缓的语调和适中的语速，以消除涉案未成年人的不安，但有时也需要根据涉案未成年人的交流习惯调整自身的语调和语速。

（2）非语言信息的使用。非语言信息的使用在服务过程中也是必要的。合适成年人需要敏锐地意识到非语言信息所具有的丰富内涵，如站姿、坐姿、面部表情、眼神接触等所代表的意义。在询问或讯问过程中，很多涉案未成年人不敢直接表达自己的疑问，而采用沉默的方式代替，但是他们往往会通过非语言信息传递出困惑或不满。合适成年人需要仔细观察并了解其非语言信息背后的需求，及时予以帮助。

合适成年人在开展服务时保持语言信息与非语言信息的一致性也很重要。若不一致，极易引起涉案未成年人的误解或困惑。换言之，合适成年人的非语言信息也应传递出对涉案未成年人的接纳和关心。首先，合适成年人需要采取对涉案未成年人表示接纳的身体姿势，如身体适当前倾。其次，合适成年人需要采取适当的眼神接触和面部表情。最后，合适成年人需要保持适当的空间距离（此距离以涉案未成年人感到安全为标准）。合适成年人与涉案未成年人之间需要保持安全的社交距离且最好处于审讯人员与涉案未成年人之间，偏向涉案未成年人的位置。

对大多数涉案未成年人而言，其犯罪行为产生的原因与其成长经历、家庭背景等息息相关。例如，家庭结构不完整、家庭支持薄弱的未成年人会在社会生活中寻求家庭缺失的慰藉，此过程可能会导致其迷失自我。他们往往渴望有人能够走近他们，真正理解、接纳他们。合适成年人的倾听在一定程度上表达了对他们的尊重和关心。

2. 运用倾听技巧

倾听技巧不仅包括用耳朵“听”，还包括用心“听”和用眼“听”，合适成年人在开展服务时，需要接纳并理解涉案未成年人的表达，观察他们的手势和姿势背后传递的信息。

第一，合适成年人应将全部精力集中在涉案未成年人身上，避免过多关注自己的想法和感受，而忽略了涉案未成年人传达的信息。有效的倾听应是完全集中于涉案未成年人所说的每一句话和每一个动作，尤其是当他们所说的话漏洞百出、矛盾重重时，更要试着去了解其言行背后真正想表达的意思。

第二，合适成年人应充分尊重涉案未成年人作为一个独立的个体与生俱来的价值和尊严，接纳涉案未成年人在其价值观主导下做出的行为选择，避免因合适成年人与涉案未成年人价值观存在差异而出现评价、批评、比较等造成的选择性倾听。

第三，合适成年人需用眼睛去“倾听”，即留心观察涉罪未成年人的非语言信息反映出的精神状态和情绪，并且试图理解这些非语言信息背后隐含的意义。

3. 运用同理心及有关技巧

同理心是指合适成年人假设自己是涉案未成年人，进入并了解涉案未成年人的内心世界又不迷失自己的一种技术和能力。合适成年人需要了解涉案未成年人做出行为选择的原因，感同身受地体验涉案未成年人的感觉与想法，然后用自己的话语，将自己的体验传递给他们，使涉案未成年人感受来自合适成年人的尊重和理解。同理心及有关技巧包括初层次同理和高层次同理，合适成年人运用不同层次的同理心及有关技巧时，必须通过涉案未成年人的自身情况和关系建立的程度来决定。

初层次同理是指合适成年人回应涉案未成年人自我陈述或回答办案人员问题时提供的信息，并且让涉案未成年人知道“我了解你的感受、你的成长经历与此次行为（事件）之间的关系”。初层次同理心及有关技巧适用于关系建立初期。高层次同理不仅要回应涉案未成年人自我陈述或回答办案人员问题提供的信息，而且也要了解他所隐含的或没有表达出来的意思。合适成年人使用高层次同理心及有关技巧时，回应的内容是涉案未成年人叙述中隐含的感受与想法。高层次同理心及有关技巧适用于整个服务过程，尤其是社会工作者与涉案未成年人已建立良好的专业关系之后。合适成年人与涉案未成年人应建立良好的信任关系，否则合适成年人回应的内容易引发涉案未成年人的心理防卫机制。

（二）沟通的相关技巧

合适成年人与涉案未成年人沟通时所用的技巧可以分为三类。一是支持性技巧，是指合适成年人让涉案未成年人感到被尊重、被理解、被接纳，从而建立信心的一系列技巧。具体技巧主要包括引导式回应、开放式问题、封闭式问题、鼓励等。二是引领性技巧，是指合适成年人引导涉案未成年人具体且深入地探索自己的经验、处境、问题、观念等的技巧，能够增进合适成年人对涉案未成年人的认识和了解，协助涉案未成年人进行自我探索。具体技巧主要包括澄清、情感反应、内容反应、聚焦等。三是影响性技巧，是指对涉案未成年人的思想、行为、感受可能会产生有利影响的技巧。影响性技巧可能会对服务对象施加影响，促使其从新的视角去看待和理解问题。运用影响性技巧的前提是合适成年人与涉案未成年人已建立良好的关系，对涉案未成年人的问题较为了解。影响性技巧包括对质、自我披露、建议、教育、忠告、观点重构等。

此外，须注意的是，合适成年人的生活经历往往和涉案未成年人的人生经历有所不同，如合适成年人从来没有接触过毒品、没有入室盗窃经历等，所以合适成年人对涉案未成年人的生活容易充满好奇，想要了解是什么激发他们走向了犯罪之路。然而，合适成年人不能向涉案未成年人询问过多的与工作无关的问题，过多的问题只会让合适成年人更像旁观者、审讯者或研究者，而不是助人者。合适成年人应明确自己的工作职责，询问与助人服务有关的问题，避免询问不相关且有可能伤害涉案未成年人的问题。

第二节　未成年被害人保护救助服务

一、未成年被害人保护救助服务的概念

在未成年人刑事司法领域中，除了违法犯罪未成年人外，未成年被害人也是需要关注和保护的群体。未成年被害人，即人身、财产等合法权益受到侵害的未成年人。未成年被害人的身份往往在使其合法权益受到侵害的具体事件发生时得到确认。侵害事件经由公安司法机关介入并审定，可能涉及治安案件、刑事案件、家事案件等多种案件类型。

作为未成年人司法保护社会支持力量的重要组成部分之一，社会工作一直积极拓展未成年被害人保护救助服务。未成年被害人保护救助服务，是指社会工作者对未成年被害人及其家庭开展的危机干预、创伤疗愈、资源链接等方面的综合服务，目的是协助未成年被害人脱离危险情境，保障其基本权益，降低其再次受到侵害的风险，帮助未成年被害人尽早恢复社会功能。通过社会工作专业力量的参与和介入，未成年被害人群体能够更早得到支持和帮助，从而有效提升个体的能力，自己逐渐地恢复社会功能，走出创伤，重新回归社会生活。

随着未成年被害人保护理念和实践的发展，未成年被害人的权益保护问题越来越受到国家和社会的重视。2015 年，最高人民检察院发布《检察机关加

强未成年人司法保护八项措施》，将检察机关的司法保护对象从涉罪未成年人扩大到未成年被害人，明确提出要依法保障未成年被害人的各项诉讼权利，保护其名誉权、隐私权等合法权利，最大限度地帮助未成年被害人恢复正常的社会生活。2021 年 6 月 1 日起施行的《未成年人保护法》明确了未成年被害人的权利和各方在保护未成年人中的责任，将对未成年被害人采取的保护救助工作，从传统的经济救助拓展至以未成年被害人身心特点与成长需求为本的多学科、跨专业介入的综合保护救助。有关法律政策的出台，为社会工作介入未成年被害人权益保护工作、提供未成年被害人保护救助服务奠定了重要的制度基础。

二、未成年被害人保护救助服务的内容

（一）风险评估与控制

风险评估与控制是指社会工作者对未成年被害人所处情境中可能存在的风险进行评估，同时通过及时提供干预服务对风险加以控制，降低已有伤害对未成年被害人造成的负面影响，预防新的伤害的形成，保障未成年被害人的身心安全。

未成年被害人在遭遇侵害后，其生理、心理均可能受到伤害，被害事件引发的社会关系与生活规律的变化也可能对其造成二次伤害。未成年被害人遭遇的风险情境，不仅包括来自侵害人方面的持续侵害甚至报复行为，而且还包括来自取证过程、未成年人家庭支持系统、社会支持系统等方面的再次伤害。因此，社会工作者需要对其安全、生理、心理健康等方面进行风险评估，对可能存在的风险提出干预建议或直接进行干预并链接资源，为未成年被害人提供信息与资源的支持。

一般而言，风险评估与控制需要社会工作者在第一次开展服务时进行，但服务对象的身心状态和面临的生活境遇随时可能发生变化，因此社会工作者需要在后续服务中及时收集资料，以便进行持续、动态的评估与控制。

（二）情绪抚慰

未成年被害人遭遇侵害后，通常会出现恐惧、羞耻、内疚、自责等负面情绪。此外，取证过程及其他知情人员的反应也可能直接影响未成年被害人的情绪状态。以上情绪反应的出现，均有可能对未成年被害人造成心理创伤，需要社会工作者及时给予抚慰与回应。实践与研究表明，侵害事件对未成年被害

人造成的情绪影响是持久的，因此未成年被害人对情绪抚慰的需求长期存在。

优先关注与回应他们的情绪需求，是社会工作者开展服务的基础。情绪抚慰对社会工作者的专业能力有较高要求。每个未成年人因个体特点、成长经历与侵害事件的不同，可能存在不同的情绪反应与防御状态，因此开展服务的社会工作者需要具备较好的共情能力和干预技术。

（三）认知调整

未成年被害人对自己、侵害事件、案件在司法程序中的过程与结果等相关事实的认知，均会对其身心状态和行为选择造成直接影响。例如，未成年人可能存在“是我自己的失误”这类偏差认知，并且因此产生内疚、自责的情绪。同样，未成年被害人家长的身心状态也会受认知的影响，从而间接对未成年被害人造成一定的影响。例如，有些家长认为此次事件是一场“灾难”，由此导致其在日常与未成年人互动时的情绪和言行给孩子带来压力和负面影响。因此，社会工作者在开展服务时，需要有意识地关注并准确评估未成年被害人及其家长可能存在的偏差认知，协助服务对象了解自己的认知与真实情况之间的差别，缓解由认知带来的负面影响。

（四）安全自护教育

在被害事件发生后，社会工作者评估出未成年被害人及其家人有进行安全自护教育的需求时，如未成年被害人无法辨别可能遭遇侵害的情境，家人不知如何发现未成年被害人可能遭遇侵害的风险等。这些情况下，社会工作者需要对未成年被害人及其家属提供相关服务，以提升他们的风险防范能力，一定程度上可以避免被害情境或类似情境的再次发生。换言之，安全自护教育的服务对象不仅包括未成年被害人，还包括其监护人或家庭成员。

对未成年人及其家属开展安全自护教育，有利于提升恢复期的服务对象的安全感与控制感，促进未成年被害人及其家庭进行创伤恢复。需注意的是，安全自护教育开始的前提是服务对象有明确需求，若其自身没有觉察和求助的意愿，社会工作者需要在评估其处于稳定状态时进行询问，避免形成“被害人有过错”等负面暗示，进而对未成年被害人造成二次伤害。

（五）家庭支持

家庭支持是指社会工作者以未成年被害人家庭支持系统为工作对象而开展的专业服务，目的是提升家庭回应未成年被害人需求的能力，避免家庭支持功能失调，促进家庭功能的恢复与发展。在未成年被害人保护救助服务中，虽然社会工作者最重要的服务对象是未成年被害人，但因家庭成员对未成年被害人发挥着不可忽视的作用，社会工作者也应将家庭成员作为重要的服务对象之一，以达到协助未成年被害人走出侵害事件负面影响的目标。

在开展家庭支持服务时，社会工作者一方面需要处理家庭成员因侵害事件带来的负面情绪，降低可能存在的创伤风险，协助其更好地照顾与抚慰未成年被害人；另一方面也需要避免家庭成员因理念、认知、家庭关系等问题对未成年被害人造成的二次伤害。

（六）安置救助

当未成年被害人面临遭遇家庭成员或主要照顾人的侵害、原居住地存在安全风险、无人监护等情形时，社会工作者需要协助未成年被害人获得安全、隐蔽、有合适的成年人照顾的安置环境，并且通过资源统筹与个案辅导，缓解未成年被害人在适应环境过程中的压力，避免其再次陷入危险情境。

一般而言，安置救助比较常见于家庭内的侵害案件。对于家庭内有照料人的情形，社会工作者也需要有意识地评估家庭安全程度，辨别其中可能存在的风险，协助未成年被害人获得安全的生活照料，保证未成年被害人的身心安全与健康。在开展安置救助时，社会工作者需要首先评估未成年被害人的安置救助需求，询问其接受安置救助的意愿。当未成年被害人有明确的需求和意愿时，社会工作者应统筹资源，为未成年被害人提供安置救助。通常来说，安置救助资源包括未成年被害人本人提供的资源和未成年人保护相关部门提供的资源。如果未成年被害人自己能够提供可靠的安置资源，经评估该资源符合相关规定且没有风险，那么其本人提供的安置资源要优于未成年人保护相关部门提供的安置资源。无论未成年被害人选择何种资源进行安置，社会工作者都需要对安置环境与支持条件进行实地探访，评估环境的安全性及相关人员提供临时照顾的意愿、能力和风险。此外，在开展安置救助服务时，社会工作者应积极与办案单位、民政、团委等未成年人保护部门联络，协调、推动安置救助的落实。

（七）矛盾化解

矛盾化解是指在必要且安全和可控的情形下，社会工作者陪同未成年被害人及其监护人与加害方进行沟通，协助未成年被害人表达被害经历对自己造成的损害，获得加害方的道歉，促进谅解和赔偿的达成。

被害事件的发生有可能对未成年被害人及其家庭造成持久的困扰，如产生“这件事为什么发生在我身上”“加害人是不是得到了应有的惩罚”等困惑，若有机会得到加害人真诚的悔过与道歉、了解加害人向自己实施侵害的原因，则一定程度上可以帮助其缓解内心的痛苦。

社会工作者可以向办案人员、开展社会调查及帮教服务的社会工作者(加害人为未成年人)了解加害人一方的认罪和悔罪态度及道歉赔偿方面的情况。若加害人一方有意愿道歉、有能力赔偿，则社会工作者、办案人员需要分别与加害人一方、被害人一方进行访谈，就本次事件发生的事实、感受、需要等进行细致讨论，为双方沟通解决此事进行铺垫。在此过程中，办案人员、社会工作者需要充分沟通，评估双方的需求和限制，切忌在没有把握时协调双方会面，避免双方再次发生冲突或给被害人造成更多伤害。当分别沟通阶段顺利完成，办案人员、社会工作者评估加害人一方与被害人一方可以达成一致后，需要分别与双方就矛盾解决的内容、方式、流程进行讨论，而后设计形成合适的矛盾化解方案。

矛盾化解方案一般包括回溯事件、被害人阐述自己当时的感受、解释选择言行的原因、被害人阐述遭遇时的感受、加害人向被害人道歉等。在后续双方会面的过程中，办案人员、社会工作者需要提前说明本次会面的具体程序和会谈规则，如在每个环节设计各方的发言和回应部分，一人发言时其他人不可打断，需要按照发言顺序和程序发言，避免出现各种可能失控的情况。

需要注意的是，矛盾化解需要社会工作者对加害人和被害人做大量的准备工作，准备过程中其需要对双方进行可行性评估，尤其需要避免在准备不足的情况下盲目推进双方会谈。

(八) 社会功能修复

未成年被害人经历被害事件后，本人及其共同生活的家庭成员都会受到案件的影响，其原有的生活状态和规律、家庭互动模式、社会关系、社会情感均有可能发生改变。例如：未成年被害人及其家长可能因取证、治疗等的安排导致无法正常上学或上班；突发事件的心理创伤带来家庭成员之间的负面情绪影响与传导，进而引发家庭内部的冲突，给未成年被害人带来二次伤害等。尤其是对于无法回到原来的生活情境、更换家庭照顾人甚至暂时无法回归校园的未成年被害人而言，被害案件对其未来发展的影响更为深远。

为保护未成年被害人的基本权益，避免未成年人及其家庭受到被害事件的持久负面影响，社会工作者需要根据未成年被害人的需要，积极为其链接资源，协助其恢复社会功能，顺利度过危机。在开展社会功能修复服务时，社会工作者一方面需要在教育、物质经济、医疗健康等权益保障方面为未成年被害人提供资源支持，协助其获得稳定的、规律的及与案发前类似的生活情境，建立有利于社会功能恢复的社会支持系统；另一方面需要采取个案访谈、小组服务、家庭服务等方式，支持未成年被害人及其家庭成员获得创伤疗愈、安全自护能力提升、家庭功能恢复等方面的有效干预，修复其受损的社会功能。

三、未成年被害人保护救助服务的流程

（一）一般流程

1. 委托

公安机关、人民检察院、人民法院在办理被害人为未成年人的案件时，应出具委托书，委托社会工作机构开展被害人保护救助服务。在实践中，被害人救助服务一般在公安机关接警后第一时间启动。通常，为了保证社会工作者及时、尽早开展服务，委托方会先通过电话委托，后补发书面委托书。一般而言，委托书补发时间在七日之内。

2. 受理委托

社会工作机构在受理委托后，需要向委托单位明确服务时间、地点、被害人基本信息、案件情况、联系方式等信息，并且将相关信息录入案件管理系统，制作接案登记表。同时，接到书面委托书后，社会工作机构应在三日内向办案机关提供受理委托回执。

3. 分案

在分案环节，社会工作机构需要根据登记的未成年被害人信息，将案件分派给适合的社会工作者。每个未成年被害人应指派两名社会工作者为其开展服务，如为女性未成年被害人应至少有一名女性社会工作者为其提供服务。此外，社会工作机构应根据社会工作者的服务经验、专业特长对其进行分类，以提高社会工作者服务能力与未成年被害人服务需求的匹配度，并且将此因素纳入机构的分案规则。

尤其应说明的是，需要社会工作者第一时间到场提供被害人救助服务的，应当在 1 小时内完成分案；不需要立即派出社会工作者提供被害人救助服务的，应当在接案后 24 小时内进行分案，并且由接案社会工作者尽快联系办案人员确认工作安排。

4. 接案

社会工作者接到社会工作机构分派的未成年被害人救助案件后，应仔细阅览接案登记表，对未成年被害人可能存在的需求进行预估，并且于 24 小时内联络委托方明确案件承办人，了解案件承办人在办案过程中已经收集的未成年人及其监护情况的信息，如询问取证时未成年人及其监护人对案件的情绪、认知、态度等方面的信息，以丰富前期资料。

此后，社会工作者需要在三日内，联络未成年被害人的监护人，向其介绍自己的身份及被害人保护救助服务的目的、内容，询问未成年被害人现状、需求及接受保护救助服务的意愿，并且与其约定面谈时间、地点。首次会面时，社会工作者需要向未成年被害人及其监护人出具服务委托书、服务协议并对此做详细介绍，在征得未成年被害人及其监护人同意后，双方签署协议，正式开展服务。当确实无法联系到未成年被害人的监护人时，社会工作者需与服务委托方沟通确认后直接联系未成年被害人。

若未成年被害人及其监护人拒绝接受社会工作者提供的服务，则社会工作者需要向其询问案件承办人是不是在此前征求过被害人接受保护救助服务的意愿，其意愿改变的原因是什么。社会工作者可以根据现有信息来消除未成年被害人及其监护人的误解与顾虑，此后若其继续拒绝服务，社会工作者应尊重服务对象的决定，但需要提供联络方式，确保服务对象有意愿接受服务或有求助需求时能够与社会工作者取得联系。

5. 预估和计划

社会工作者需要与未成年被害人及其监护人开展访谈，除监护人外，与未成年被害人共同生活的家庭成员也是重要的访谈对象。在开展首次访谈时，社会工作者需要对未成年被害人所面临的创伤风险和需求进行评估。创伤风险评估包括案件影响、家庭支持系统的能力与态度、可能存在的环境风险等内容；需求评估包括了解未成年被害人及其家庭在消除负面影响、恢复社会功能方面的具体需要，以此确定服务计划。根据以上资料，社会工作者需要完成《被害人保护救助评估报告》，在约定时间内提交办案人员并附卷，为办案人员办理案件提供参考。

6. 提供服务

在这一阶段，社会工作者需要根据服务计划，按照未成年被害人的需求开展稳定、系统的保护救助服务。保护救助服务以降低负面影响、搭建支持系统、恢复社会功能为主要服务目标,可以根据服务对象需求的改变加以调整。一般而言,被害人保护救助服务的服务对象不仅包括未成年被害人自身,而且还包括未成年人的监护人和其他家庭成员。

在服务过程中,社会工作者需要完成服务记录。如果需要录音、录像,那么社会工作者应获得未成年被害人及其监护人的知情同意。被害人保护救助服务频次需基于未成年被害人的服务需求和需求的紧迫程度而定,通常在每周两次至每月一次的频次之间,并且随着服务的有序开展逐渐减少服务频次。

7. 沟通反馈

社会工作者在开展被害人保护救助服务的过程中,需要向委托方反馈服务进展和服务成效,同时也需要与委托方沟通未成年被害人的需求及可能出现的变化。这一方面有助于协助委托方了解更多中立、客观的过程性资料;另一方面有助于在未成年被害人对委托方有案件程序或其他政策资源的需求时,尽快获得有利于其社会功能恢复的资源。在救助服务开展过程中,社会工作者较容易了解被害人一方的需要,如对案件程序的疑问和诉求,对恢复生活有利的心理咨询、物质经济等。

8. 结案或转介

当服务目标达成、未成年被害人提出不再需要保护救助服务或满足其他符合结案标准的条件时,社会工作者可以与未成年被害人及其监护人、办案人员达成一致意见并结案。在结案阶段,社会工作者需要至少安排一次与未成年被害人的结案访谈,对未成年被害人的变化和未来规划、服务所取得的进展等内容进行讨论与澄清,之后正式结案。此后对服务过程资料、服务目标达成情况、服务效果与后续建议等内容进行整理,形成《被害人保护救助服务报告》或《结案服务说明》,并且在与委托方约定的时限内提交。

当未成年被害人确有其他需求而所在社会工作机构无法为其提供相关服务时,社会工作机构应及时将其转介至其他社会工作机构或专业服务机构。转介服务应由社会工作者根据未成年被害人的具体需要进行适当的设计,在与未成年被害人及其监护人达成一致意见后进行。

需注意的是,被害人保护救助服务的时限,应当以服务目标的完成为主要依据,而非案件时限。

9. 中止和恢复

当出现未成年被害人提出无法继续接受服务或暂时不需要服务、案件程序出现特殊调整等无法继续服务的情形时，服务即中止。服务中止的影响因素包括主观因素和客观因素。因客观因素导致的服务中止，社会工作者应当尤其留意并谨慎处理。所谓因客观因素导致的服务中止，是指未成年被害人及其监护人因创伤发展过程、生活巨变等突发情况而无法继续接受社会工作者提供服务的情况。此时，社会工作者应争取开展服务中止前最后一次访谈，与未成年被害人及其监护人讨论需要注意的事项或对其进行提醒，告知其在特定情境或危机情境中可选择的应对方式、社会工作者可提供的紧急支持等信息。此后，社会工作者需要整理已有的工作资料，出具中止服务说明，提交给服务委托方。

当未成年被害人要求继续开展服务时，社会工作者应当向原委托方进行汇报，并且对社会工作者的服务范围、服务能力与服务对象提出的需求进行评估，向原委托方进行建议，由委托方决定是不是重启服务及调整服务期限。

10. 跟进

一般而言，在未成年被害人及其监护人同意的情况下，社会工作者结案后可设置六个月的跟进期，跟进服务频次宜为每月一次，以掌握未成年被害人结束服务后社会功能恢复的情况并巩固服务效果，确保未成年被害人处于服务目标完成的生活轨道中。当未成年被害人及其监护人对跟进服务产生抵触、拒绝等行为时，社会工作者则不再继续提供跟进服务。

（二）“一站式”未成年被害人保护救助的流程

“一站式”未成年被害人保护救助是未成年被害人保护救助服务的特别流程，委托方为公安机关。“一站式”未成年被害人保护救助程序通过设置儿童友好的取证流程与环境，通过公安机关、人民检察院、团委、民政、社会工作机构等跨部门与跨专业的协作，及时回应未成年被害人的需求，缓解未成年被害人遭遇侵害后的创伤反应，最大限度减少未成年被害人在司法程序中可能面对的二次伤害，实现对未成年被害人权益的最大保护。

1. 委托

公安机关在接警后应第一时间启动“一站式”询问取证程序，及时通知包括社会工作者在内的相关成员到场，启动被害人保护救助服务。一般而言，“一站式”未成年被害人保护救助服务的委托以电话口头委托为约定，待社会工作者到场后由公安机关出具委托书，授权社会工作机构派出的社会工作者开展未成年被害人保护救助服务。

2. 受理委托

在受理委托时，社会工作机构需要向公安机关明确服务时间、地点、被害人基本信息、案件情况、联系方式等信息并进行登记，在1小时内分派给合适的社会工作者。接案的社会工作者应即刻赶往与服务委托方约定的“一站式”服务场所开展服务。每个未成年被害人应由两名社会工作者负责，其中为女性未成年被害人提供服务的社会工作者中应至少有一名女性。

3. 参与会商

“一站式”未成年被害人保护救助服务中，社会工作者在为未成年被害人提供直接服务前，应主动参与公安机关、人民检察院、团组织等各有关方面人员组织的会商。一方面充分收集资料，如服务对象已呈现的情绪状态与波动情况、个体能力特点、案发经过、公安机关已开展工作的情况等，为下一步提供直接服务作预案；另一方面根据现有资料提供社会工作的专业分析与建议，如初步评估服务对象是不是处于应激状态中，办案人员如何选取询问取证的方式与场所等，为办案人员开展询问取证工作提供参考，避免询问取证工作对未成年被害人造成二次伤害，降低未成年被害人因情绪抵触等因素影响案件办理的可能性。同时，社会工作者参与会商时还可以提前整合未成年被害人可能需要的保护与支持性资源，如临时安置、就医治疗等方面的需要，避免必要保护措施的重复或缺失。

4. 现场服务

现场服务是“一站式”未成年被害人保护救助服务的重要环节。社会工作者进入未成年被害人所在的取证场域后，需要向未成年被害人及其监护人介绍自己的身份与服务内容，结合会商资料与现场观察资料，为服务对象提供信息支持、情绪抚慰支持等，协助未成年被害人了解取证程序的设置目的，促进其顺利参与取证过程。同时，社会工作者应关注服务对象的情绪状态、应激反应等情况，及时提供干预服务，避免服务对象因持续处于高压状态而遭受伤害。

此外，社会工作者需要根据现场观察、访谈所取得的具体资料，对未成年被害人及其监护人的情绪状态、能力水平、心理特质等方面进行评估，向办案人员提供分析与建议，保障未成年被害人的身心状态平稳，以及询问取证工作的顺利进行。

5. 陪伴取证

陪伴取证是指社会工作者陪同未成年被害人参与取证的过程。在司法实践中，为减少未成年被害人可能受到的伤害，在办案人员进行询问或司法鉴定等取证过程中，社会工作者征求未成年被害人及其监护人同意后，会进行陪伴取证工作。

在开展陪伴取证工作时，社会工作者往往需要全程参与取证的过程，协助未成年被害人理解取证过程，并且高度关注未成年被害人及其监护人的情绪波动情况，及时向办案取证人员反馈。通过与办案取证人员的细致沟通，社会工作者可以协助未成年被害人获得符合其能力与特点的取证方式和取证环境。例如，低龄被害人取证的过程中，社会工作者应建议办案人员选取环境布置更加温馨的取证场所，代替普通的办案场所；建议或协助办案人员采取更温和的态度与语气，使用低龄被害人能够理解的语言进行取证，降低取证过程可能带来的风险和阻力。

四、未成年被害人保护救助服务的常用方法

（一）危机干预

危机干预是未成年人司法社会工作服务中常用的工作方法，在未成年被害人保护救助服务中更为常见。突发或重大的应激事件可能导致个人心理失衡，引发危机。危机的出现可能会导致未成年人产生自杀、伤人等行为，也可能给其带来其他严重的负面影响，阻碍其回归稳定、获得健康的家庭和社会生活的可能。聚焦未成年被害人群体，在被害事件发生、进入司法程序后，未成年被害人有可能出现对被害事件的应激反应、身体创伤、陷入社会关系矛盾与冲突、重大生活变化等危机情境。

面对上述情境，社会工作者需尽早陪伴在未成年被害人身边，评估未成年被害人的安全情况，包括其可能存在的应激反应、身体创伤、社会关系的矛盾与冲突等。在此基础上，社会工作者需要评估危机发生的原因、未成年人在危机情境中的需求，以及缓解或解除危机所需的支持，并且有针对性地予以回应（如提供及时的情绪抚慰、安全保护、医药支持等），从而减缓或中止负面影响的延续，避免情况持续恶化，协助服务对象恢复正常的生活秩序。

（二）家庭治疗

家庭是未成年人重要的支持性资源，对未成年被害人来说更是如此。在

被害事件发生后，家庭对被害事件、未成年被害人的态度和方式，都有可能对未成年被害人造成深远的影响。

在实践中，社会工作者通过对未成年被害人家庭资料的收集，通常会发现未成年被害人家庭功能失调的情况，如处于冲突、相互指责、压抑等负面的状态中，缺少应对困境、解决问题的动机等。对此，社会工作者需要在需求评估的基础上，运用个案辅导、家庭会议、亲子活动等方式，协助未成年被害人的家庭调整失衡状态，修复家庭关系，促进家庭成员间的正向沟通与协作，激发其应对困境、解决问题的动力；在家庭干预的基础上，为未成年被害人提供更加健康的家庭支持环境。

（三）资源链接

未成年被害人在创伤疗愈、成长与发展等过程中呈现的需求是多元的，仅凭单一资源无法予以充分回应和支持。因此，需要协调多部门的资源，形成合力，共同为未成年被害人解决在权益维护和健康发展等方面遇到的困境。在开展未成年被害人保护救助服务时，社会工作者应根据未成年被害人及其家庭的需求，积极协调司法机关、政府部门、企事业单位和专业社会组织等与未成年被害人权益保护相关的单位及组织，为服务对象提供政策咨询、经济救助、专业辅导、就学就业机会等方面的支持。

在资源链接时，社会工作者可以与服务委托方沟通，共同组织与未成年人及其家庭所需资源相关的部门召开联席会议，共同讨论未成年人及其家庭的需求，确定解决方案。

第三节　涉未家事案件观护服务

一、涉未家事案件观护服务的概念

涉未家事案件观护服务是指社会工作者接受人民法院的委托，在涉未家事案件的审理过程中，对未成年人的个体情况、家庭结构及功能、监护情况、其他家庭成员与未成年人的互动情况等内容进行调查与了解，参与案件调解、庭审等工作。在案件审结后，社会工作者需要跟踪和考察生效裁判文书的执行情况，必要时委托继续提供监护评估、监督、家庭教育辅导、未成年人支持等社会服务，以维护未成年人的合法权益，促进未成年人的健康成长。

未成年人司法社会工作服务在未成年人民事司法领域的探索，使得家事案件中未成年子女的法律权益得到有效保障，实现了未成年人司法保护工作广度和深度的拓展。

二、涉未家事案件观护服务的内容

（一）安抚情绪

在家事案件中，双方当事人及未成年人本人往往会因家庭矛盾、案件本身等因素而积累大量的负面情绪，如愤怒、怨怼、委屈等。这些情绪的产生和积累可能会阻碍双方当事人之间的沟通，激化矛盾，对未成年人造成伤害、影响，同时还会对社会工作者开展服务形成一定的阻碍。因此，在开展服务的过程中，社会工作者需要关注服务对象的情绪状态，帮助未成年人及双方当事人缓解可能出现的负面情绪。协助服务对象处理情绪，一方面可以进行下一步的资料收集，调查与了解有效的信息；另一方面可以避免双方当事人的矛盾激化，促进问题的顺利解决。

（二）观护调查

观护调查是涉未家事案件观护服务的服务内容之一，也是此项服务的重要基础，通常发生在法院开庭之前。观护调查的目的是通过对未成年人基本情况和权益保护情况等方面的了解，评估未成年人当前的风险和需求，为人民法院裁判案件提供参考。在观护调查过程中，社会工作者需要运用个案访谈、实地走访等工作方法，对未成年人及其主要社会关系的基本情况和权益保护现状进行调查，了解未成年人的成长环境、个人对案件的真实意愿，以及监护人的监护能力、人格品质、对案件的态度等内容，提交观护调查报告，为法院裁判提供参考。

观护调查的访谈对象既应包括未成年人，也应包括未成年人的父母、重要亲属等家庭成员，以及老师、邻居、社区工作人员等。调查的维度既包括未成年人的个体因素，又应包括其所在的社会群体因素，同时还应关注个体因素与社会群体因素之间的互动情况。其中，个体因素包括未成年人的成长经历、个体能力、个体情绪、个体认知、个体行为习惯等要素，社会群体因素包括未成年人的家庭情况、学校情况、社区情况等要素。与此同时，社会工作者应特别关注未成年人的权益保护情况、未成年人对案件的态度、监护人的监护能力、家庭氛围、家庭成员关系等内容。

在观护调查工作完成后，社会工作者需要通过以上信息评估双方当事人的抚养、监护能力，以及优势和风险因素等，并且将以上信息和评估结果整理成文，撰写提交《社会观护调查报告》，为人民法院裁判案件提供参考。

需注意的是，社会工作者在开展观护调查工作时，应尊重未成年人本人的意愿，注重对未成年人隐私信息的保护，对明确不了解未成年人案件信息的对象，或是未成年人明确表示不希望社会工作者走访调查的对象，社会工作者可与委托方沟通讨论，视情况对上述对象进行调查走访。

（三）参与调解

家事案件中涉及较多的情感因素，激烈的矛盾和情绪冲突会使纠纷更加复杂，而平和坦然的态度则有利于问题的解决。因此，家事案件在办理过程中鼓励以调解的方式解决纠纷，协调双方当事人的不同意见，推动双方当事人合作，重建和谐关系，以未成年子女的最大利益为考量，协商友善、可行的解决办法。

基于此，在观护调查工作的基础上，社会工作者可以在委托方（通常是法院）的主导下，参与对双方当事人的调解工作。在参与调解工作的过程中，社会工作者应根据了解的情况及发现的问题，确定矛盾根结，围绕未成年子女的需求与权益，协助涉未家事案件双方当事人进行有效沟通、以化解矛盾。

在参与调解工作时，社会工作者应制订明确的目标和工作计划，按照工作程序开展相应服务。通常来说，社会工作者参与调解工作的步骤和内容主要包括以下五种。

1. 以尊重双方当事人的意愿为前提，积极促成双方当事人进行调解

调解工作需要建立在双方当事人有调解意愿的前提下，但在实践过程中，有些当事人由于存在的矛盾比较激烈，或是长期积压的负面情绪未能得到缓解，因而调解意愿较低。面对这种情况，社会工作者可以在前期建立关系与观护调查的基础上，协助双方当事人缓解负面情绪，推动其尝试运用相对理性的方式解决问题，促成双方当事人进行调解。

2. 了解双方当事人及未成年人的需求

需求评估是社会工作服务的重要环节，社会工作者参与调解也是如此。社会工作者需要通过在观护调查工作中了解的信息，评估未成年人及双方当事人的需求，为后续调解工作的开展做好准备。

3. 根据需求，确定调解目标

在需求评估的基础上，社会工作者需要确定参与调解工作的具体目标，并制订调解计划。需要注意的是，调解目标和计划不是一成不变的。在服务过程中，如果遇到突发情况或伴随服务的开展，服务对象的情况有所变化，社会工作者应及时调整调解目标和计划，确保调解工作有效开展。

4. 开展调解工作

在确定调解目标和计划后，社会工作者可开展调解工作，促成双方当事人达成一致性意见。在调解工作开展的过程中，社会工作者应随时与委托方沟通与反馈，使委托方了解调解工作的进展。遇到任何问题，社会工作者都应及时与委托方沟通与讨论，共同决定下一步的工作计划，社会工作者不能脱离法院的主导，擅自开展调解工作。

5. 提交服务文书

在调解工作结束后，社会工作者应完成调解服务记录等相关服务文书的梳理和撰写工作，提交给委托方。需要注意的是，由于社会工作者的服务是在司法流程内开展的，因此服务文书应根据委托方的要求，在案件审结时限内及时提交。

（四）延伸观护

案件审结后，社会工作者可以对未成年人进行回访观护，了解生效裁判文书的履行情况，以及未成年人权益保护的情况等。社会工作者如果发现不能履行生效裁判文书，或者是侵犯未成年人合法权益、对未成年人造成伤害等情形，可以及时向法院报告反馈，并且进行适当的干预和保护。需注意的是，侵犯未成年人合法权益、对未成年人造成伤害等情形，无论处于哪个服务阶段，只要社会工作者发现了，都应及时向法院报告反馈。

社会工作者在开展延伸观护服务时，也应有明确的目标和工作计划，按照工作步骤开展相应服务。

1. 需求评估

社会工作者在开展延伸观护前，应与法官、未成年人、双方当事人沟通，结合在综合观护调查、参与调解等过程中了解的情况，以及与各方沟通的结果，确定各方需求。

2. 根据各方服务需求，制订服务目标

在确定各方服务需求后，社会工作者应根据需求的紧要程度、目前可利用的资源等，确定延伸观护的具体服务目标。

3. 根据服务目标，制订服务计划

确定服务目标后，社会工作者应据此制订详细的服务计划，包括服务时限、服务方式、服务内容等。需要注意的是，在制订服务计划时需要听取法官、未成年人、双方当事人的意见，提高各方的参与程度。此外，服务计划需根据实际情况进行动态调整。在服务开展的过程中，如果遇到突发情况或是伴随服务的开展，服务对象的情况有所变化，社会工作者应及时向法官反馈，并且与法官、服务对象沟通，对服务目标和计划进行调整。

4. 开展延伸观护服务

社会工作者依照服务计划开展延伸观护服务，巩固前期的服务成效，时限一般至少为六个月。

5. 结案

服务目标完成后，社会工作者应与法官、未成年人、双方当事人沟通结案，并且提交服务报告、服务记录等相关文书。

（五）法律教育

涉未家事案件观护服务中的法律教育，通常以法律信息支持的方式开展。有些当事人在案件办理过程中，可能对法律规定、诉讼流程等相关内容缺乏了解，并且由此产生偏差理解或疑惑。对此，社会工作者需要为当事人讲解相关的法律知识，解答他们的疑惑，协助当事人调整对法律存在的偏差性理解。如果遇到无法解答的问题，社会工作者可以协助双方当事人与法官进行沟通，由法官向双方当事人进行解答。

（六）亲职教育

涉未家事案件观护服务的重要目标在于保障未成年人的合法权益、促进未成年人的健康成长。家庭是未成年人的重要支持性资源，家庭教育是未成年人成长的基础。社会工作者在开展家事案件观护服务时，往往会遇到在教育理念、教养方式、亲子互动等方面存在偏差认知和行为的当事人，他们对未成年人的成长和发展造成负面影响，甚至直接对未成年人的权益造成侵害。

因此，对存在上述问题的双方当事人，社会工作者应对其开展亲职教育，帮助他们改变固有的理念、不当的教养方式等，为未成年人营造更积极的家庭支持环境。如遇到已经发生侵犯未成年人合法权益的情况，社会工作者就应及时向委托方和有关部门反馈、汇报。

社会工作者开展亲职教育的方式可以是向双方当事人推荐亲子教育的相关文章，与双方当事人讨论其在教育孩子的过程中遇到的困难和解决办法，推荐并鼓励双方当事人参加与亲职教育相关的讲座和亲子活动等。

三、涉未家事案件观护服务的流程

（一）委托

人民法院在办理涉未家事案件时，在征求双方当事人同意后可联系社会工作机构，出具委托书，委托其开展家事案件观护服务。委托书的内容一般包括委托单位名称、被委托单位名称、委托服务内容并加盖公章，委托书一式两份，正本交给接受委托的社会工作机构，副本由人民法院附入案卷中。

委托时间安排在受理案件的第一时间最为理想。尽早委托有利于社会工作者更为充分地开展服务，以维护未成年人的合法权益，促进未成年人的健康成长。

（二）受理委托

社会工作机构受理委托后，需要及时与办案人员联系，了解未成年人及双方当事人的姓名、性别、年龄、民族、户籍地、家庭住址、联系电话、学校或工作单位等基本信息，以及原告的诉讼请求，以便初步了解未成年人及双方当事人的需求和权益受保护的情况等。

在此基础上，社会工作机构应将未成年人及双方当事人的基本信息录入案件管理系统，并且将以上信息填入接案登记表，发送给选派的社会工作者。

（三）分案

分案时，社会工作机构应根据未成年人及双方当事人的需求和权益受保护的情况，综合考虑社会工作者的性别、特点、个人能力、擅长的服务类型与技巧、工作量等情况，选派合适的社会工作者开展家事案件观护服务。家事案件观护服务要求由两名社会工作者负责，女性未成年人的家事案件观护服务需要分派给女性社会工作者。

（四）接案

社会工作者接到案件后，需要及时查看接案登记表，了解未成年人及双方当事人的基本信息、原告的诉讼请求，并且于当日与办案人员联系，反馈接案情况，就其他可补充了解的信息进行沟通。

此后，社会工作者应分别联络原告和被告，向他们介绍家事案件观护服务，与其协商确定会面安排。除了与双方当事人会面，社会工作者还要与未成年人单独面谈，以便给未成年人创造安全、隐私的沟通环境，了解未成年人真实的想法和态度。因此，社会工作者在联络与未成年人共同生活的当事人时，需要提前沟通这一情况。

会面场所最好安排在当事人家中，这样社会工作者不仅可以实地观察当事人的家庭环境、与未成年人的互动状态、沟通相处方式等，而且还有机会接触当事人的其他家人，直接观察他们在家庭内的互动情况。会面时，社会工作者需要向未成年人及双方当事人介绍自己的身份、来意，以及家事案件观护服务的目的、内容和方式，申明相对保密原则，解答他们的困惑和问题，以协助其了解家事案件观护服务。此外，社会工作者还需要与未成年人及双方当事人达成服务意向，签署服务协议。若未成年人已满 16 周岁，为完全民事行为能力人，则可作为单独一方签署五方协议；若未成年人不满 16 周岁，为限制民事行为能力人或无民事行为能力人，则由其监护人作为代表，签署四方服务协议。

（五）庭前服务

在案件开庭审理前，社会工作者开展的家事案件观护服务以观护调查和矛盾化解为主。

在观护调查过程中，社会工作者需要对未成年人和双方当事人分别进行访谈，了解他们各自的情况，包括性格、爱好、生活方式、行为习惯、个人经历、工作情况、居住情况、婚姻及家庭情况、经济情况、与未成年人的关系和互动情况等，以及他们各自对本案的真实诉求、态度和对未来的具体规划。为实现以上目标，社会工作者至少应与双方当事人分别开展一次访谈，并且争取未成年人及其监护人的同意，与未成年人开展至少一次的单独访谈。如果双方当事人同意，社会工作者就可以与其家庭内的其他成员进行访谈，以补充和丰富资料。在完成访谈后，社会工作者需要按照与办案人员协商约定的时间提交社会观护调查报告、服务记录等文书。

此外，在了解双方当事人的真实诉求和态度的基础上，社会工作者可以对双方是不是有协商调解的意愿和空间做出初步评估，将评估结果反馈给办案人员，根据办案人员的意见，在办案人员主导下协助双方当事人进行沟通、化解矛盾。

（六）参与庭审

根据法庭需要，社会工作者可以出席参与庭审。参与庭审时，社会工作者需要在法庭的要求和主导下宣读《社会观护调查报告》，如实回应双方当事人对报告提出的问题和意见。

在庭前服务的基础上，社会工作者能够分析、评估未成年人面临的风险和需求。因此，社会工作者可以在法官的主导下，依据分析评估结果，以最有利于未成年人的原则为核心，对双方当事人提出建议，建议内容包括但不限于亲子教育理念、方法、家庭关系处理等。

此外，如果法庭需要对双方当事人进行情绪安抚、矛盾调解等工作，那么社会工作者需要遵照法庭的要求，配合、协助法庭开展相关工作。

（七）庭后服务

案件审结后，人民法院可以根据案件事实、未成年人及双方当事人的需求和意愿等因素，确定是不是开展延伸观护服务，如监督双方当事人履行生效裁判文书的情况，陪同未成年人接受探视等。社会工作者需要根据办案人员、双方当事人及未成年人的需求，与他们协商确定具体的服务方案，包括服务目标、服务计划、服务内容、服务要求等。为保障服务取得良好效果，延伸观护服务需要注意频次的安排，每个月至少开展一次服务。同时，社会工作者应在每次服务后及时与办案人员取得联系，充分汇报服务过程及内容，以便办案人员及时了解服务进展。当开展服务遇到阻碍时，社会工作者也应及时向办案人员反馈，寻求办案人员的意见与协助。

（八）完成服务文书

服务目标完成后，社会工作者可以结案。结案前，社会工作者需要与双方当事人、未成年人及办案人员分别联络，确认可以结案，并且与办案人员沟通确定提交服务文书的时间要求。社会工作者应当在办案人员要求的时限内完成服务文书（包括服务报告、服务记录等）的撰写工作，提交给人民法院。如果服务在达到目标之前因不可抗力因素或其他原因不能继续开展，如当事人死亡、遇到自然灾害、当事人被捕入狱等情况，社会工作者就可以向办案人员沟通与反馈，在取得当事人及办案人员同意后，出具《服务中止说明》，完成结案。

（九）沟通反馈

沟通反馈对未成年人司法社会工作服务来说尤为重要，在家事案件观护服务中也是如此。与委托方的沟通与协作，有助于社会工作者与办案人员互通有无、形成合力，共同为未成年人提供保护与支持，实现服务效果的最大化。

社会工作者在开展家事案件观护服务的过程中，应与办案人员充分沟通，积极向办案人员反馈服务进展与未成年人及双方当事人的情况，便于办案人员及时了解服务进展，为其办案提供参考。遇到困难或发现问题时，社会工作者应及时与办案人员沟通与讨论，商定解决策略，保障未成年人的权益，促进服务目标的有效完成。

需强调的是，社会工作者在服务过程中可能会发现未成年人权益遭受侵害的情形，如被家人暴力殴打、拘禁、强行停学等。如果发现此类情形，社会工作者就应履行强制报告义务，第一时间向办案人员反馈，根据办案人员的意见采取报警或其他保护未成年人权益的合法手段与措施。

四、涉未家事案件观护服务的常用方法和技巧

（一）面谈

面谈是涉未家事案件观护服务的主要方法，面谈的过程实质上是社会工作者与访谈对象交流互动的过程。在这一过程中，社会工作者可以向访谈对象介绍自己的身份和来意，解答访谈对象的疑问和困惑，与访谈对象建立专业的关系。在此基础上，社会工作者可以与未成年人、双方当事人，以及学校、社区负责人等充分交流和互动，以进行全面、详细的资料收集。

在涉未家事案件观护服务中，社会工作者采用的访谈方式以无结构式访谈为主。无结构式访谈又称深度访谈或自由访谈，只有一个访谈的主题或范围，社会工作者与访谈对象围绕这个主题或范围进行比较自由的交谈。无结构式访谈的主要作用在于通过深入细致的访谈获得丰富生动的资料信息。①

（二）实地走访

在开展涉未家事案件观护服务时，社会工作者在条件允许的情况下，通常要到未成年人及双方当事人的家庭居住地，以及未成年人的学校、社区等地进行走访，以更加直观、深入地了解未成年人所处的环境。与社会工作机构访谈室、法院访谈室等正式场所相比，在访谈对象较为熟悉的环境，如其家庭居住地开展访谈，更有助于访谈对象自如、清晰地表达自己的想法和态度。同时，社会工作者可以在这一环境中观察未成年子女与父母或其他家庭成员之间的

① 风笑天：《社会研究方法》（第五版），中国人民大学出版社，2018，第351页。

互动状态，进一步了解未成年人所处的关系状态与境遇。

需注意的是，在有些案件中，双方当事人会明确表示不欢迎社会工作者到其家庭居住地等进行实地走访。面对这一情况，社会工作者可以根据双方当事人拒绝的原因，尝试澄清疑问，解决双方当事人的困难，打消其顾虑，落实实地走访任务。如果依然不能实现实地走访，社会工作者就需及时与委托方沟通，商定具体的解决办法。

（三）表达性艺术治疗

对年龄较小或不能直接当面用语言表达个人观点、感受的未成年人，社会工作者宜运用各种艺术形式，如绘画、音乐、舞蹈、身体雕塑、游戏、角色扮演、即兴创作等，协助未成年人表达想法和感受。

借助表达性艺术特有的方法，社会工作者可以将艺术这一非语言的沟通表达方式作为沟通媒介，释放孩子的情感经验，以了解孩子的情绪与感受。

（四）理性情绪行为疗法

理性情绪行为疗法由美国心理学家艾利斯（Ellis）于 20 世纪 50 年代创立。他认为人的情绪和行为结果不是由某一激发事件直接引起的，而是由个体对事件产生的不合理的信念和解释所导致的。通过对不合理信念的讨论与调整，可以帮助服务对象重新思考和应对激发性事件，做出不同的情绪和行为结果。

在涉未家事案件中，双方当事人往往会因为婚姻存续期间积累的矛盾、案件办理过程中引发的冲突等产生较为强烈的负面情绪并做出不利于关系推进、问题解决的行为选择。究其原因，在于当事人内心的不合理信念。因此，理性情绪行为疗法在涉未家事案件观护服务中较为常用。

社会工作者在开展观护服务时，可以协助未成年人、双方当事人察觉自己的情绪，发现引发情绪的不合理信念，如不合理的要求、期待、解释等，尝试克服、改变不合理信念，从而缓解未成年人、双方当事人的负面情绪。

总体来说，维权类未成年人司法社会工作服务的探索，对社会工作参与未成年人权益保护工作，特别是未成年人司法保护工作，提供了重要的思路与实践路径。同时，随着未成年人司法保护工作越来越受重视，维权类未成年人司法社会工作服务的探索也为未成年人司法社会工作服务的发展、服务体系的搭建积累了实践经验。合适成年人服务对涉罪未成年人、未成年被害人在询问或讯问环节的权益维护，未成年被害人保护救助服务对刑事案件未成年被害人情绪、认知、环境、资源等层面的支持，涉未家事案件观护服务对民事司法领域未成年人的权益维护，使得未成年人司法保护更加全面、具体，切实回应了维护未成年人权益、促进未成年人健康成长与发展的目标和需求。因此，在未成年人司法社会工作服务体系的搭建过程中，对维权类未成年人司法社会工作服务的进一步梳理与总结，将成为今后社会工作参与未成年人司法保护工作的重要内容。

本章要点

1. 未成年人司法社会工作在未成年人权益保护方面主要包括三项服务，即合适成年人服务、未成年被害人保护救助服务、涉未家事案件观护服务。

2. 合适成年人服务是根据涉案未成年人的生理、心理特点，为涉案未成年人专门设计的一项权利保障服务。其主要工作是保护涉案未成年人的合法权益不受侵害，包括监督办案人员在询问或讯问过程中是不是有不当行为，协助涉案未成年人与办案人员及时沟通，及时处理涉案未成年人的负面情绪，对涉案未成年人进行初步帮教。

3. 未成年被害人保护救助服务，是社会工作者对未成年被害人及其家庭开展的危机干预、创伤疗愈、资源链接等方面的综合服务。其目的是协助未成年被害人脱离危险情境，保障基本权益，降低他们再次受到侵害的风险，帮助未成年被害人尽早恢复社会功能。

4. 涉未家事案件观护服务是未成年人司法社会工作服务在民事司法领域的探索。社会工作者介入涉未家事案件中，开展观护调查、参与调解、延伸观护、情绪安抚、法律教育、亲职教育等专业服务，以维护未成年人的合法权益，促进未成年人的健康成长。

思考题

1. 社会工作参与未成年人司法保护工作的意义是什么？

2. 为什么社会工作参与未成年人司法保护工作具有专业优势？体现在哪些方面？

3. 社会工作参与未成年人司法保护工作目前有哪些实践经验？

4. 维权类未成年人司法社会工作服务常用的方法有哪些？

第七章

矫正类未成年人司法社会工作服务

在我国未成年人司法保护体系的实践探索过程中，针对违法犯罪未成年人群体开展的司法实践一直广受社会关注和重视。例如，工读学校的建设、未成年人社区矫正与附条件不起诉等司法分流程序的设置，都是长期以来我国对该群体践行儿童保护理念、落实教育刑的有益探索，也是目前我国未成年人司法保护领域实践经验积累丰富、多学科研究更为深入的部分。

对违法犯罪未成年人群体的社会工作干预，是未成年人司法社会工作服务探索的开端。对该群体开展社会工作专业服务，既符合当前阶段未成年人司法办案部门的实际需求，又符合该群体自身的成长与权益保护需求，更是回应社会关切未成年人成长与发展的直接行动。社会工作介入违法犯罪未成年人群体开展矫正服务，为未成年人实现再次违法犯罪行为预防、顺利回归社会提供了重要支持，也推动了未成年人司法工作的科学性、准确性与专业性，落实了未成年人司法保护的法律要求。

目前，矫正类未成年人司法社会工作服务主要包括社会调查服务和观护帮教服务两项内容。其中，社会调查服务主要针对涉嫌犯罪的未成年人群体，对他们自身及其所处的社会环境进行调查和分析；观护帮教服务对涉嫌违法犯罪的未成年人提供法律教育、行为矫治等专业服务，帮助其顺利回归社会。本章将梳理与提炼这两项服务的具体内容、方法和流程，以帮助相关研究者和实践者进一步理解和掌握此类服务。

第一节　社会调查服务

一、社会调查服务的概念

社会调查服务是在全国适用较为广泛、服务模式探索较为成熟的一项专业未成年人司法服务，是指社会工作者接受公安机关、人民检察院、人民法院的委托，对违法犯罪未成年人的个体因素、社会群体因素，以及二者之间的互动状态进行调查了解、综合分析的社会服务活动。

一方面，社会调查服务可以通过对违法犯罪未成年人信息的收集，了解和分析其实施犯罪行为的原因，以及回归社会的风险性因素和保护性因素，对违法犯罪未成年人的再犯罪风险进行评估，为司法机关适用法律提供参考依据；另一方面，依据资料收集、分析和评估的结果，社会工作者可以提出具体有效的帮教建议，为后续的观护帮教服务奠定基础。

二、社会调查服务的内容

（一）建立关系

对违法犯罪未成年人开展社会调查的初衷是希望了解违法犯罪未成年人的真实情况，分析其实施违法犯罪行为的原因，评估其再犯风险，并且根据其优势与资源提出切实有效的帮教建议。因此，了解违法犯罪未成年人的真实情况尤为重要。若社会工作者为了开展调查而调查，违法犯罪未成年人及其家庭未必会将真实情况反馈出来，反而可能极力掩盖违法犯罪未成年人及其家庭可能存在的风险。

建立关系是社会工作服务的基础，也是个案工作的重要环节。在社会调查服务中，与调查对象建立接纳、信任的专业关系，是保障调查资料真实性的关键所在。根据个案工作的方法与技巧，社会工作者要秉持平等、尊重、接纳、非评判、价值中立等专业价值观，运用倾听、同感、澄清等专业方法与技巧，获得违法犯罪未成年人及其家庭的接纳和信任，以便建立良好的专业关系。

（二）收集资料

收集资料是社会调查服务的核心内容。社会工作者通过与调查对象的访谈，了解与违法犯罪未成年人相关的资料信息，为分析违法犯罪未成年人违法犯罪行为成因、评估违法犯罪未成年人再犯罪风险程度等提供基础依据。因此，在收集资料时，社会工作者应重点关注两个问题：社会调查的对象和社会调查的内容，即向谁调查和调查什么。

关于向谁调查的问题。社会调查服务的调查对象不仅包括违法犯罪未成年人本人及其监护人、家庭中的重要亲属，还包括违法犯罪未成年人的朋友、所在学校的同学和老师、所在单位的领导和同事、所在社区的重要人员等与违法犯罪未成年人有密切关系或对其产生重要影响的人。需要注意的是，在选取调查对象时，社会工作者必须以保护违法犯罪未成年人的合法权益为首要原则，对与其违法犯罪相关的信息予以保密。如果对方对违法犯罪未成年人涉嫌犯罪之事不知情，就不要将对方列为调查对象。

关于调查什么的问题。社会工作者具体需要调查与了解的内容包括违法犯罪未成年人的个体因素和社会群体因素。个体既是环境的产物，又是环境的缔造者，他们自身与环境共同建构起一个相互依赖、共同作用的网络。① 因此，社会调查服务不仅需要调查了解违法犯罪未成年人的个体因素，而且需要了解与违法犯罪未成年人相关的社会群体因素，以及二者之间的互动情况。

1. 个体因素

(1) 成长经历。在个体的发展过程中，早年经历对违法犯罪未成年人的人格、思想观念、思维方式、行为模式等可能产生重大影响。因此，社会工作者在开展社会调查服务时，需要了解违法犯罪未成年人的成长经历，包括上学与转学、工作、城市迁移等经历，以及一些重大的生活事件，如上学时遭受同学的欺凌排挤、求职时遭遇被骗、家庭出现重大变故等。

(2) 生理特征。包括生理健康状况、外貌形象等。很多时候，生理特征能够反映出违法犯罪未成年人的身体健康情况及其对个人性格特点、生活习惯等的影响，能够为社会工作者提供深入的调查方向。如果违法犯罪未成年人存在明显的生理缺陷，那么社会工作者需要关注其生理功能与社会功能受损的情况，关注其是不是自卑，了解其是不是遭受过欺凌等；如果违法犯罪未成年人曾被诊断为患有精神类疾病，那么社会工作者需要关注其病情、治疗情况和花费等方面的内容。此外，一些违法犯罪未成年人的发型、发色、文身图案

---

① 路琦、席小华：《未成年人刑事案件社会调查理论与实务》，中国人民公安大学出版社，2012，第217页。

等比较有特点，社会工作者可以通过这些特点了解他们的个性、喜好、认同的文化等。

(3) 心理特征。人的心理特征对行为选择有着重要的影响，因此，了解违法犯罪未成年人的心理特征对理解其行为选择、制订服务方案和开展更加有效的专业服务有着重要的意义。心理特征一般包括人格特征、心理健康特征和外显的行为能力特征等。社会调查服务中，针对未成年人心理特点的调查主要包括性格、爱好、能力、情绪状态等。其中，能力涉及生活自理能力、沟通能力、学习能力、思考能力、适应能力、自我控制能力、情绪调节能力、人际交往能力、职业能力等；情绪状态主要是指访谈过程中违法犯罪未成年人的情绪状态。

(4) 个体认知。个体认知包括违法犯罪未成年人对自己的认知、对他人的认知、对法律的认知及对一些事物的特别认知。未成年人心智尚不成熟，受外界的影响后，容易对事物产生偏差性认知，而这些认知往往是导致他们选择实施违法犯罪行为的重要因素。因此，在社会调查服务中，了解违法犯罪未成年人的认知情况是非常重要的。例如，很多未成年人对于“哥们义气”存在偏差性认知，认为所谓“哥们义气”就是在朋友有难的时候“两肋插刀”，甚至是帮朋友打架斗殴。此外，在个体认知中，对违法犯罪未成年人的法律法规认知水平的了解也十分重要，社会工作者可以以违法犯罪未成年人的法律法规认知水平为基础，协助他们增强法律意识，避免违法犯罪行为的再次发生。

(5) 个体的行为习惯。它包括生活习惯、娱乐习惯、消费习惯等。很多违法犯罪未成年人出现违法犯罪行为之前都存在一定程度的不良行为习惯，如夜不归宿，出入酒吧、歌厅等娱乐场所，吸烟、喝酒等，这些不良行为习惯会给违法犯罪未成年人带来不同程度的风险，甚至引发违法犯罪行为的发生。因此，对他们平素的生活作息安排、休闲娱乐方式、消费习惯等个体行为进行调查与了解非常必要。

(6) 个体态度。它主要包括违法犯罪未成年人对社会调查服务的态度、对法律规定及本次违法犯罪行为的态度、对案件当前处理结果的态度、对其他人的态度、对未来生活的态度等。

2. 社会群体因素

(1) 家庭系统。家庭是违法犯罪未成年人最重要的社会支持系统。实践证明，违法犯罪未成年人违法犯罪行为的产生与家庭监管、教养的不当和疏忽息息相关。因此，社会工作者在收集资料时，应关注违法犯罪未成年人的家庭系统，包括家庭结构、居住情况、家庭成员基本情况与工作情况、家庭经济状况、家庭文化与氛围、家庭成员间的感情状况与沟通互动情况，以及家庭教养理念、方式和效果等具体内容。

(2) 朋辈群体系统。违法犯罪未成年人的年龄大多处于 14～17 岁，其中以 16 岁、17 岁的未成年人为主，这个年龄段的未成年人普遍有较为强烈的社会交往需要。实践中也发现，朋辈群体的价值观念、行为方式等对违法犯罪未成年人具有重要的影响，甚至有些违法犯罪未成年人从朋辈群体系统获得的支持能够超越家庭系统提供的支持。因此，社会工作者在收集资料时，需要关注违法犯罪未成年人的朋辈群体系统，收集资料的内容主要包括朋辈群体的来源、数量、范围、价值观、行为习惯，以及违法犯罪未成年人与朋辈群体的感情关系状况、交往互动方式等。

(3) 学校或工作单位系统。在实践工作中，有些违法犯罪未成年人尚属学生身份，有些违法犯罪未成年人已经离开学校，在外工作。无论是学校还是工作单位，作为违法犯罪未成年人生活、活动的主要场所，其中的人员、环境氛围、监管机制等都可能对违法犯罪未成年人产生重要的影响。例如，有些未成年人多次遭受欺凌，曾尝试向老师或工作单位的管理者求助，若老师或工作单位的管理者置之不理、处理方式不得当，将导致其选择默默忍受或者依附其他霸凌者以求自我保护。因此，对学校或工作单位系统的资料进行收集，能够帮助我们更综合、全面地了解违法犯罪未成年人所处的境遇，从中观层面对其行为选择进行评估与分析。具体来说，收集的资料应包括学校或工作单位的名称、性质、规模、地理环境、人文环境、管理情况，以及违法犯罪未成年人在学校或工作单位的融入程度，学校或工作单位对违法犯罪未成年人的态度等。

(4) 社区系统。社区一般是指聚集在一定地域范围内，以一定规范和制度将个人、群体、组织结合在一起的社会生活共同体①，对社区成员的社会化具有重要影响。收集社区系统的资料，能够帮助社会工作者了解违法犯罪未成年人可能从社区层面习得的道德规范、价值观念、行为方式等，并且从社区中挖掘资源对违法犯罪未成年人提供支持。收集的资料主要包括社区位置、环

① 路琦、席小华：《未成年人刑事案件社会调查理论与实务》，中国人民公安大学出版社，2012，第 232 页。

境与设施、人员构成、社区文化与气氛、违法犯罪未成年人在社区中的融入程度、社区中可利用的资源、社区内的风险隐患等内容。

（三）综合分析

综合分析是指在收集资料的基础上，社会工作者运用社会工作、犯罪学、生物学、心理学等学科知识，对违法犯罪未成年人实施违法犯罪行为的原因，以及回归社会的风险性因素和保护性因素进行整理、分析。其中，风险性因素是指存在于个人生理、心理、社会环境和历史性事件中可导致或加剧未成年人偏差或犯罪行为的影响因素。如个体存在偏差性认知或不良行为，家庭存在错误教育理念或不当教育方法，人际交往存在负面影响，失学失业等。保护性因素是指违法犯罪未成年人个体及其所处环境中可以抑制其实施偏差或犯罪行为的因素，可以抵消风险性因素的不良后果，促使违法犯罪未成年人更好地应对困境。如个体具有某些能力或技能，家庭支持系统较为完善，学校能够提供保护与支持等。

在进行综合分析时，社会工作者应将所用理论与违法犯罪未成年人的具体情况相结合，避免理论与案例脱节，表述混乱不清。此外，社会工作者应注重对未成年人优势因素和资源的发掘，为后续帮教服务中对未成年人资源的调动和运用奠定基础。

（四）再犯罪风险评估

社会工作者可以在收集资料和综合分析的基础上，对违法犯罪未成年人再次犯罪的风险程度进行评估。在实践工作中，了解违法犯罪未成年人的再犯罪风险程度对办案人员考虑如何处理违法犯罪未成年人、提出量刑建议等都具有重要的参考意义。

目前，对违法犯罪未成年人再犯罪风险评估相关指标和量表的研发，国内仍处于探索阶段，尚未形成符合我国国情、适用于我国本土的再犯罪风险评估指标与量表。部分地区尝试使用常见的心理学量表对违法犯罪未成年人进行测量，但多数心理学量表存在适用人群不够聚焦违法犯罪未成年人群体、评估内容不够聚焦再犯罪风险评估等问题，其科学性、适用性有待于进一步提升。

基于实践对违法犯罪未成年人再犯罪风险评估工作的需求，我国正在积极研发适用于本土的再犯罪风险评估指标体系。我国在再犯罪风险评估指标体系的研发和使用过程中，应注意两个问题。第一，违法犯罪未成年人的再犯罪风险评估指标体系的设计对专业性、科学性要求很高，需要多学科、多专业的参与和介入。第二，再犯罪风险评估工作是综合、系统、动态的评估工作，切忌在风险评估指标研发和实际开展风险评估工作时对服务对象做出片面化、绝对化的评价。

（五）提出帮教建议

从社会工作通用过程模式来看，社会调查服务涉及通用过程模式中的收集资料、预估和计划等阶段。其中，提出帮教建议相当于制订服务计划环节。在这一环节，社会工作者需要在收集资料和综合分析的基础上，结合违法犯罪未成年人的具体情况和现有资源，针对其风险性因素和需求提出具体、有效的帮教建议。

需要注意的是，帮教建议应与分析评估出的风险性因素相对应，从而通过后续帮教服务对风险性因素进行抑制或消除。同时，社会工作者应充分发掘未成年人所具备的优势和资源，并且在帮教建议中加以运用。此外，社会工作者提出的帮教建议应尽量具体、具有可操作性，避免过于笼统、概括，导致在后续帮教服务中难以实现。如社会工作者评估违法犯罪未成年人与父母关系疏离，家庭存在不当教育方法，在提出帮教建议时，社会工作者需要指出如何帮助违法犯罪未成年人及其父母改善关系，以及如何协助其父母察觉和调整不当的教育方法。

三、社会调查服务的流程

（一）委托

社会调查服务贯穿整个未成年人刑事案件审理流程。因此，社会工作机构可能接受来自公安机关、人民检察院、人民法院的委托，对违法犯罪未成年人开展社会调查服务。在实际工作中，社会调查服务从公安机关的委托开始，贯穿审查逮捕阶段、审查起诉阶段，直至审判阶段结束为最佳。在委托环节，公安机关、人民检察院、人民法院应出具委托书，委托社会工作机构对违法犯罪未成年人开展社会调查服务。

需要注意的是，在实践中，很多地区还没有实现社会调查服务贯穿整个未成年人刑事案件审理流程，只在某一办案环节委托开展社会调查服务。在此需要强调，社会调查服务不能一蹴而就。社会工作者需要有充分的时间与服务对象建立专业关系，对违法犯罪未成年人的个体因素及其社会群体因素进行多维度的调查，同时对违法犯罪未成年人进行动态评估，才能真正了解违法犯罪未成年人。因此，社会调查服务不仅需要在审查起诉阶段委托，而且也应向前延伸至侦查阶段，向后延伸至审判阶段，形成公、检、法“一条龙”的联动机制。此外，如条件允许，公安机关、人民检察院、人民法院等应委托同一社会工作机构开展社会调查服务。如果在同一案件的审理过程中更换了社会工作机构，那么委托方应协助社会工作机构进行服务情况的沟通，如服务记录、服务资料、社会调查报告等服务文书的交接。

（二）受理委托

在受理委托阶段，社会工作机构需要将委托书归档留存，同时向办案人员了解违法犯罪未成年人的姓名、性别、年龄、民族、户籍地、家庭住址、学校或工作单位、前科劣迹、父母及重要家庭成员的基本信息、具体涉案情况和涉嫌罪名等相关信息，并且进行接案登记。在此基础上，社会工作机构可以根据以上信息对违法犯罪未成年人的特点和需求进行初步评估，将案件分派给合适的社会工作者。

分案时，社会工作机构应根据未成年人的特点和需求，综合考虑社会工作者的性别、特点、专长、工作量等情况，选派合适的社会工作者开展社会调查服务。《刑事诉讼法》第一百一十八条规定，讯问的时候，侦查人员不得少于二人。与该规定保持一致，开展社会调查服务同样需要两名社会工作者，以确保服务过程中可以相互监督和支持。此外，与《刑事诉讼法》第二百八十一条规定保持一致，分案时，需要将女性未成年人的社会调查服务分派给女性社会工作者。此外，如果条件允许，案件在不同的办案流程中应由固定的社会工作者负责，以便社会工作者与违法犯罪未成年人建立更为深入的专业关系，保持服务的连贯性。

（三）接案

社会工作者接到案件后，需要及时查看接案登记表，了解违法犯罪未成年人的性别、年龄、户籍地、前科劣迹、学校或单位，以及具体涉案情况和涉嫌罪名等相关基本信息。

在正式开展服务前，社会工作者需要与办案人员联系，确定违法犯罪未成年人及其监护人已被告知需要配合开展社会调查服务，确保社会调查服务的开展已获得违法犯罪未成年人及其监护人的知情同意。

需要注意的是，被委托的违法犯罪未成年人可能处于羁押状态，也可能已被取保候审。如果违法犯罪未成年人处于羁押状态，那么社会工作者需要与办案人员进行沟通，确定与其会面的具体时间、地点等相关安排。如果违法犯罪未成年人的强制措施为取保候审，那么社会工作者可直接与违法犯罪未成年人及其监护人联系，约定会面时间和地点。

社会调查服务要求尽量与违法犯罪未成年人及其监护人通过面谈开展工作，会面地点可以安排在社会工作机构的访谈室、服务委托方单位的访谈室等，社会工作者还可以直接到违法犯罪未成年人家中进行实地走访。如果确实无条件安排会面，如违法犯罪未成年人不方便见面或已离开案发城市且无法立即返回等，那么社会工作者可暂时与对方安排视频或电话访谈，后续随条件变化再安排会面。

与违法犯罪未成年人会面时，社会工作者需要向其介绍自己的身份，社会调查服务的目的、内容和服务方式，申明相对保密的原则，解答违法犯罪未成年人的困惑和问题，以协助违法犯罪未成年人了解社会调查服务。社会工作者还需要与违法犯罪未成年人及其监护人达成服务意向，签署服务协议。但鉴于部分违法犯罪未成年人刚被逮捕不久，办案人员可能尚未获得违法犯罪未成年人监护人的有效联系方式或未能与违法犯罪未成年人监护人取得联系，社会工作者可先与违法犯罪未成年人达成服务意向，签署服务协议，后续再尽快联络他们的监护人。

（四）提供服务

在做好准备工作、确定服务计划安排后，社会工作者可正式开始社会调查服务。受办案时间、条件的限制，不同阶段的社会调查服务，对访谈对象、服务次数的要求有所不同。

在侦查阶段，由于办案时间相对较短，社会工作者至少应对违法犯罪未成年人、其父亲和母亲分别开展一次访谈，服务总数不低于三次。

在审查起诉阶段，办案时间相对充裕，并且有些案件在侦查阶段已委托过社会调查服务，从侦查阶段到审查起诉阶段，有更多的时间可以跟进开展服务。因此，在该阶段，社会工作者应至少每两周对违法犯罪未成年人开展一次访谈，对违法犯罪未成年人的父亲、母亲分别至少开展一次访谈。此外，还要根据个案的具体情况，社会工作者尽可能对违法犯罪未成年人所在学校的老师和同学、亲密友伴、社区人员、邻居、重要亲属等对违法犯罪未成年人及其家庭较为了解的对象开展调查访谈。审查起诉阶段的服务总次数应不低于四次，六次以上较为理想。

在审判阶段，社会工作者需要开展的服务包括补充社会调查和情绪疏导等。通常，案件在侦查阶段、审查阶段已委托开展过较为充分的社会调查。如果承办法官认为社会调查需要补充完善，社会工作者应根据法官的意见补充开展社会调查。如果社会工作者在服务中收集到新的资料，如在审判阶段开展之前未成功开展的调查与访谈，未成年被告人的观点态度发生了变化等，就应再出具一份报告文书，连同服务记录等相关材料，提交给承办法官。此外，未成年被告人在开庭前通常会出现焦虑、不安等不同程度的负面情绪，社会工作者可以在开庭前的会谈中向其介绍人民法院开庭审判的具体流程，讲解法庭纪律，解答未成年被告人的疑惑，以协助他们缓解负面情绪。另外，社会工作者还可以引导未成年被告人做放松练习等，协助其调整情绪状态。综合考虑以上内容，社会工作者在审判阶段对未成年被告人提供的服务次数应不低于两次。

需要注意的是，社会工作者在开展社会调查时，必须以保护违法犯罪未成年人的隐私为核心前提，不得透露他们的涉案信息。因此，社会工作者需要选择对已知本次案件情况的访谈对象开展社会调查；如果访谈对象不了解违法犯罪未成年人本次涉案情况，就不要对其开展社会调查。此外，社会工作者需要及时与办案人员沟通，向其反馈社会调查服务的进展、调查了解到的内容，以及对违法犯罪未成年人的服务需求和风险因素等方面的分析与评估结果等。同时，社会调查服务注重动态评估，社会工作者也要与办案人员保持联系，主动询问案件进展，如了解违法犯罪未成年人涉案情况的更新内容、认罪态度是不是产生改变等，以确保社会调查服务的及时性、有效性。

（五）撰写完成报告

社会调查报告是社会调查服务的书面呈现方式，办案人员通常通过阅读社会调查报告了解违法犯罪未成年人的个体和社会群体因素、犯罪原因、再犯罪风险程度等，并且以此作为其适用法律的参考依据。因此，在调查完成后，社会工作者需要撰写社会调查报告，同时将服务记录、评估量表等服务文书提交给办案人员。其中，社会调查报告的内容包括违法犯罪未成年人的基本信息、案情概述、成长经历、个体情况、家庭及社会关系情况、回归社会状况、违法犯罪行为因素分析、回归社会的风险因素和保护性因素分析、帮教建议、再犯罪风险程度评估结论等。服务记录则对社会工作者开展社会调查服务的整个过程进行详细记录，包括每次服务的目标、过程、评估结论及下一次的工作计划等。评估量表可以包括再犯风险程度评估量表、心理量表等。

需要注意的是，社会工作者在侦查阶段通常会完成一份“初次社会调查报告”，由于侦查阶段服务时间相对较短，因而报告往往以表格的形式呈现，内容相对简单。在案件的审查起诉阶段，由于从侦查阶段、审查逮捕阶段到审查起诉阶段，社会工作者能够开展的社会调查服务的时限比较充裕，通常会完成一份社会调查报告，该报告以文本的形式呈现，内容应尽可能全面、充分。

（六）参与庭审

案件被移送法院并确定开庭时间后，法院会通知社会工作机构，邀请社会工作者出庭参与庭审。在开庭前，社会工作者需与法官确认所参与的庭审环节。通常，社会工作者可以参与宣读社会调查报告和法庭教育两个环节。

在宣读社会调查报告环节，社会工作者宣读完整的社会调查报告最为理想。如果受时间或其他因素的限制，那么社会工作者根据法官要求可以节选部分社会调查报告的内容进行宣读，如未成年被告人的特殊经历、特别情况等，以及犯罪原因分析和评估结果。在法庭教育环节，社会工作者应根据未成年被告人具体的情况，给予其警示、教育、启发、鼓励或祝福。对违法犯罪未成年人而言，法庭是一个庄严肃穆的地方，法庭教育对其具有强烈的震慑作用。因此，社会工作者需要基于社会调查服务中调查与了解的内容和分析评估的结果，对违法犯罪未成年人及其家庭开展有针对性的法庭教育，同时需要注重对违法犯罪未成年人已具备的优势因素、做出的改善行动进行肯定和鼓励。

（七）结案与跟进

社会调查服务完成后，社会工作者结案，并且将全部材料汇总归档。结案后，社会工作者需要对违法犯罪未成年人跟进六个月，以了解其生活状态，及时为其提供必要的支持，协助其回归社会或适应环境。

社会工作者的跟进频次可以根据违法犯罪未成年人的再犯罪风险程度决定。如果违法犯罪未成年人再犯罪风险程度偏高，那么社会工作者可以每周跟进一次；如果违法犯罪未成年人再犯罪风险程度偏低，那么社会工作者每月跟进一次较为理想。

四、社会调查服务的常用方法

（一）访谈法

访谈法是社会调查服务中最主要的工作方法之一，访谈过程实质上是社会工作者与调查对象交流互动的过程。在这一过程中，社会工作者可以了解、掌握违法犯罪未成年人的信息。

访谈可以依照不同标准进行分类。例如，根据访谈者与被访者的交流方式，可以分为面对面的直接访谈，以及通过电话、网络等方式开展的间接访谈；根据访谈人数，可分为个别访谈和集体访谈；根据访谈可控制的程度，可分为结构式访谈、半结构式访谈和无结构式访谈。

通常来说，开展社会调查服务所采用的访谈方式以半结构式访谈为主。社会工作者收集资料的维度相对确定，在开展社会调查服务时，社会工作者需要以社会调查指标体系为指引，根据调查对象的具体情况、访谈时的状态、对不同话题的回应态度和程度等，进行有侧重的、有针对性的提问。例如，有些违法犯罪未成年人在访谈时非常关注自身行为的法律后果，社会工作者可以以此为切入点，访谈其对法律的感受和想法；有些违法犯罪未成年人对与家庭相关的话题比较感兴趣，有表达的欲望，社会工作者可以侧重与其交谈跟家庭相关的内容。需要注意的是，在与调查对象进行访谈时，社会工作者应多采用开放式的问题进行提问。同时，对调查对象的个体情绪感受、价值观念、犯罪动机等话题，社会工作者应注重倾听调查对象自己的表达，避免因社会工作者主导访谈而忽略了对访谈对象个体感受、认知、情绪等内容的关注。

（二）观察法

除了访谈，观察法也是社会调查服务中常用的方法。观察是对服务对象或资料的直接感知与判断。社会工作者通过观察，可以判断服务对象的精神状态、情绪状态、专注情况等。随着服务经验的积累，观察往往可以获得访谈达不到的效果。

观察法按照观察者的角色，可分为置身观察物外的局外观察和亲身参与体验的参与式观察；根据观察程序的不同，可分为有明确观察范畴的结构式观察和无明确观察范畴的非结构式观察。[①]

在社会调查服务中，社会工作者一般采用局外非结构式观察法。这种观察方法一般只要求观察者有一个总的观察目的和要求或大致的观察内容和范围。此外，局外非结构式观察不仅关注某些特定的行为与现象，而且还可以根据观察现场的具体情况随时调整观察内容和观察角度，灵活性和适应性较强。

---

① 袁方、王汉生：《社会研究方法教程》，北京大学出版社，1997，第 335 页。

社会工作者与调查对象访谈时，可以通过对调查对象的外貌、着装、动作、表情，以及对环境中的设施、布置等细节的观察，补充调查对象个人特点、生活习惯等方面的资料。此外，社会工作者可以通过观察，发现调查对象在访谈过程中语音语调、声音大小、说话节奏、呼吸速度等方面的变化，从而捕捉调查对象的情绪变化、心理状态变化等。在实地走访或多人访谈时，社会工作者还可以通过观察调查对象之间的互动状态，掌握访谈资料之外更加详细、深入的信息。

（三）三角互证法

三角互证法的基本原则是从多个角度或立场收集有关情况的观察和解释，并且对它们进行比较。这种方法可用来比较不同来源的信息，以确定它们是不是能够相互证实，目的是评价资料的真实性。

社会调查服务对收集资料的真实性和评估的客观性、可信度都有较高的要求。在实际工作中，社会工作者经常会遇到违法犯罪未成年人未讲真话的情况，如学习成绩不太好，却称自己在学校排名前十；家人在零用钱方面管得较为严格，却称自己每月开销几万元，都是家里给的。因此，开展社会调查服务时，社会工作者需要采取三角互证法，尽可能通过多个渠道获取信息，以确保社会调查服务资料收集的真实性、准确性。

此外，通过三角互证法发现违法犯罪未成年人与其家庭、朋辈等群体表述不一致的内容，也能够帮助社会工作者发掘违法犯罪未成年人可能关注和在意的重点，如有些服务对象对自己的零花钱额度夸大其词，可能背后蕴含着其对金钱、自尊的期待，从而进一步评估其需求，为其后续开展帮教服务奠定基础。

（四）借助习作或游戏等辅助工具

在开展社会调查服务时，社会工作者可以将习作、游戏等作为辅助工具。例如，在建立关系的过程中，社会工作者可以运用桌游等适合和吸引未成年人群体的娱乐形式，促进与违法犯罪未成年人关系的建立及拉近。在收集资料的过程中，社会工作者可以运用“我的自画像”等绘画类习作、“20 个我”“原生家庭”“我的生命线”等填写类习作、“我的五样”等价值观小游戏，协助引导调查对象进行自我观察和反思。以上辅助工具被实践证明更为适合未成年人群体，特别是语言表达和思考能力相对较弱的服务对象。同时，通过语言以外的沟通表达方式，社会工作者往往能够获得有关服务对象情绪、感受、认知等层面的更深层次的信息。

第二节　观护帮教服务

一、观护帮教服务的概念

观护帮教服务是指社会工作者围绕违法犯罪未成年人开展的法律教育、认知调整、行为矫治、生命教育、职业规划等专业服务，旨在协助违法犯罪未成年人提升法律意识、自控力与社会适应能力，获得必要的社会支持，避免重新犯罪。通过社会工作专业的参与和介入，帮助违法犯罪未成年人获得更加完善的社会支持，促使其顺利回归社会。

对违法犯罪未成年人群体开展观护帮教服务，是社会工作者发挥专业特长、实现未成年人权益保护和犯罪预防的必然选择，也是落实立法要求的必要行动。从未成年人权益保护的理念来看，我国办理未成年人刑事案件一贯强调贯彻落实“教育、感化、挽救”方针和“教育为主、惩罚为辅”原则，2021 年新修订的《未成年人保护法》再一次明确由社会组织、社会工作者开展社会观护和教育矫治工作。本节阐述的观护帮教服务，正是在上述理念和政策指导下开展的未成年人司法社会工作服务的重要内容。

二、观护帮教服务的内容

（一）法律教育

未成年人出现违法犯罪行为往往与其缺少法律知识、尚未树立守法意识有关，因此，需要对其开展法律教育。法律教育是社会工作者通过介入干预，增加未成年人对法律知识的了解，增强未成年人的规则意识与法治意识，以期降低违法犯罪未成年人再次触犯法律法规的教育过程。

法律教育的内容一般包括法律常识、政策规定、法律的内涵与意义等，也包括体验和理解法律的严肃性与威严性。与学校开展的法律教育不同，对违法犯罪未成年人开展法律教育需加强针对性与有效性，在形式上不可拘泥传统的法律教育课程，应当在重点分析不同违法犯罪未成年人群体的个性化需求和共性需求的基础上，开展违法犯罪未成年人更关注的、更贴近其日常生活的法律教育内容，并且在形式上增强法律教育活动对其的吸引力，提高违法犯罪未成年人的投入度，以协助未成年人更好地吸收法律教育活动的内容。

在工作方法上，可以结合服务对象的自身特点，灵活使用个案工作或小组工作的形式开展服务。如传统形式的法律教育课程难以吸引违法犯罪未成年人投入其中，他们甚至对“上课”“学习”的形式抵触、排斥。因此，社会工作者在设计服务方案时，需要充分考虑服务对象的群体特征，选择互动性更强的小组活动形式为佳。涉嫌性犯罪的未成年人可能存在社会文化带来的羞耻感，开展法律教育时更适合采用个案的方法，在评估安全且可控后方可开展团体类型的服务。

在具体的服务形式上，社会工作者可以更多地选用游戏、体验等形式来开展服务，以提升服务效果。例如，运用桌游活动推进未成年人规则意识的养成和对规则的深入理解；运用模拟法庭活动模拟真实的庭审过程，用替代性经验帮助违法犯罪未成年人了解触法后果，鼓励其从所扮演的不同角色中理解法律维护公平正义的内涵，促进其反思和学习；使用更贴近服务对象生活的法律案例，推动服务对象对触法行为的深入理解等。

（二）情绪疏导

一般而言，违法犯罪未成年人对情绪疏导服务普遍存在需求。一方面，未成年人及其监护人在进入司法程序后，可能会面临前所未有的压力；另一方面，在违法犯罪行为发生的情境中，未成年人也可能遭受情绪情感需求的直接影响。因此，在观护帮教服务的过程中，社会工作者应注意未成年人偏差行为背后的情绪情感需求，提高观护帮教服务的精准度与服务效果，同时避免未成年人因情绪压力再次发生冲动的行为。

具体来说，在观护帮教服务过程中，面对未成年人的情绪疏导需求，社会工作者需要关注和改善其不良的情绪状态，提升未成年人自我觉察能力与情绪调试能力，避免其因情绪波动产生其他风险性行为。

在观护帮教服务过程中，社会工作者可以通过个案、小组等工作方法为违法犯罪未成年人开展情绪疏导服务。在个案服务中，社会工作者通过访谈评估未成年人的个体特质及情绪情感方面的需要，协助其自我觉察，并且运用理性情绪疗法等方法加以干预，解决其情绪困扰。在小组服务中，社会工作者以减压、情绪管理等为主题，设计相关环节，通过朋辈互动、游戏放松等方式降低未成年人已有的负面情绪产生的影响，促进其情绪管理能力的提升。

需要注意的是，情绪疏导服务的干预对象不仅包括违法犯罪未成年人本人，在面向其家庭和其他社会支持资源开展服务的过程中，社会工作者也应对违法犯罪未成年人的社会支持系统加以干预，如提升家庭成员的情绪支持能力，促进办案人员或学校老师、单位领导对未成年人的理解等，为其降低外界压力来源的持续影响，并且在必要时提供资源链接，协助其解决情绪问题。

（三）认知调整

违法犯罪未成年人出现的罪错行为普遍伴随着偏差认知。一般而言，违法犯罪未成年人正处于青春期，是人生观、世界观、价值观发展形成的重要阶段。在这一阶段，违法犯罪未成年人若在其与家庭、社会文化等环境的互动中受到了负面影响，则容易对朋友、是非、正义等问题产生不良或错误观念，进而导致实施罪错行为。在实际工作中，违法犯罪未成年人常见的偏差认知包括错误的归因，如认为自己受到处罚是“运气不好”“受他人影响”；绝对化的思维，如认为自己“如果不出手帮忙，以后朋友就没法相处了”等。

社会工作者评估完违法犯罪未成年人的偏差认知情况后，需要将调整偏差认知作为服务目标进行服务设计，通过个案工作与小组工作相结合的形式开展服务。社会工作者可以运用认知行为疗法、理性情绪疗法等工作方法，对违法犯罪未成年人开展服务。例如，很多实施打架行为的未成年人，都存在“不出手就会失去朋友”的非理性信念，社会工作者可以运用理性情绪疗法，与未成年人讨论其非理性信念，使其意识到此信念的不合情理之处，进而做出正确的行为选择。

（四）行为矫治

许多未成年人的违法犯罪行为与其原有的偏差行为习惯有关，因此当社会工作者发现违法犯罪未成年人存在偏差行为习惯或所实施的违法犯罪行为与其行为问题相关，则需要对其进行行为矫治，以降低行为问题带来的违法犯罪行为风险。需要注意的是，若未成年人实施的违法犯罪行为并非由偏差行为习惯或行为问题所引发，则无须开展行为矫治干预。例如，社会工作者在实践中可能遇到多次盗窃的未成年人，有的未成年人实施盗窃行为是因为其认为“东西不贵，拿了就拿了，无所谓”，可以通过认知调整解决其行为问题；有的未成年人明知未经他人允许随便使用他人物品是不对的行为，但是当其有需要时，无法控制自己实施这一行为，此时则需要通过行为矫治对其进行干预。

在具体服务中，社会工作者可以根据未成年人的性格特点与行为特点，采用个别化、有针对性的专业方法进行干预。在实务过程中，社会工作者发现通过带领服务对象体验行为改变带来的积极感受与有利变化，能够提升违法犯罪未成年人改变自身行为习惯的意愿与动力，促进其行为矫治服务目标的完成。例如，有些服务对象因为长期缺少家庭经济的支持，经常通过盗窃、向他人索要的方式维持生活，当其获得适合的工作机会，体验可以通过自己的劳动维持个人基本生活需求后，就不再实施盗窃行为。具体来说，针对他们不良的行为习惯，社会工作者可运用强化消退、示范、替代、积极暗示等方法，开展行为矫治。如针对酗酒行为，社会工作者可以协助未成年人调整行为习惯，通过减少醉酒、饮酒量、饮酒频次或以其他方式替代饮酒，逐渐实现他们对酗酒行为的矫治。

社会工作者在开展行为矫治服务的过程中，还需要留意导致其行为产生的情绪、认知及家庭支持方面的问题和需求，看到隐藏在偏差行为之下的“冰山”，并且对这些影响因素设计干预行动。同时，为了避免聚焦偏差行为带来的未成年人及其家庭的排斥情绪，在服务过程中，行为矫治工作的开展往往在服务后期进行。

（五）家庭功能修复

未成年人是家庭的“镜子”，未成年人违法犯罪行为折射出的家庭问题往往是复杂的、深刻的，而且这些问题无疑会对未成年人产生持续且深远的影响。因此，社会工作者所开展的观护帮教服务需要将未成年人的家庭系统纳入服务计划，开展对家庭的干预服务，以协助未成年人获得更好的家庭支持，降低持续的负面事件产生的影响。

在实践中，违法犯罪未成年人的家庭问题往往呈现为亲子沟通不畅、家庭监管教育能力不足、家庭物质经济能力较差等，这些问题背后，是家庭的情感交流功能、教育功能和抚养功能的发挥不良。因此，社会工作者开展家庭干预工作的核心就是帮助家长增强教育意识，提升教育能力，促进家庭功能的发挥，为违法犯罪未成年人建构良好的家庭支持网络。具体来说，社会工作者需要识别未成年人所处的家庭支持系统中存在的问题和资源，调动未成年人及其家庭系统的动力，通过组织违法犯罪未成年人的家长参与家庭教育指导活动等方式提供服务。

需要说明的是，由于违法犯罪未成年人的家长可能存在教育理念不佳或习得性无助等情况，社会工作者很难开展有效的服务。因此，对违法犯罪未成年人开展家庭功能修复的观护帮教服务，需要社会工作者积极与家长建立服务关系，争取稳定开展家长个案访谈、家长小组的机会，调动家长对改变家庭关系、提升监管教育的意愿与动力。此外，社会工作者还可以向家长介绍适合该家庭的亲职教育文章、课程及其他专业服务资源，如心理咨询等。

对存在家庭功能修复服务需求的未成年人开展服务，通常难度较大，社会工作者需要把握帮教机会，在司法程序中开展家庭服务，协助未成年人获得更好的家庭支持。

（六）朋辈支持

违法犯罪未成年人的年龄大多处于14～17岁，这一年龄段的未成年人正处于发展社会交往能力的阶段，社会交往需求强烈，朋辈群体的影响力显著上升，未成年人的情绪、行为极易受朋辈的影响。与此同时，由于违法犯罪未成年人可能存在家庭支持薄弱、亲子关系冲突、社会适应不良等情况，更易与有共同需要的朋辈群体形成紧密联结，彼此之间成为情感支持、群体归属和娱乐消遣等需要满足的来源，朋辈群体的影响力更加凸显。

社会工作者对违法犯罪未成年人开展观护帮教服务，需要充分重视朋辈群体对违法犯罪未成年人的积极和消极影响，并且在可行的条件下将其朋辈群体纳入服务对象，开展干预工作。一方面，社会工作者需要重视违法犯罪未成年人的朋辈群体带来的积极影响，协助未成年人获得身心健康所需的朋辈支持；另一方面，对未成年人朋辈群体带来的消极影响，除对未成年人个体开展干预外，社会工作者还可以介入未成年人的朋辈群体开展服务，协助该群体逐渐改变偏差性认知与行为习惯。例如，社会工作者可以通过营造开放式的小组服务氛围，欢迎服务对象将他的朋辈群体带至活动中，并且吸引该朋辈群体参与社会工作者组织的活动；采取外展服务的方式主动结识服务对象的朋辈群体，进而对该群体一同开展干预服务。

此外，社会工作者还可以协助违法犯罪未成年人扩展、替换朋辈群体。例如，在观护帮教服务过程中，社会工作者可以在评估可行性后，在活动中创造机会，邀请不同职业的成年人、不同特点的未成年人参与活动，与服务对象进行互动，逐步搭建对其有益的良性朋辈群体支持网络。

需要特别指出的是，社会工作者群体也是服务对象可扩展的朋辈群体的重要组成部分，社会工作者既是服务的提供者，即未成年人成长中的资源，又是未成年人真实存在的社会关系，这种关系本身就具备重要的影响力。

（七）社会融入

未成年人实施违法犯罪行为的原因虽然很多，但普遍存在社会融入不良的情况。他们有的已经辍学赋闲，受年龄、能力、资源限制处于无所事事的状态；有的虽尚未辍学，但因成绩较差等原因无法适应学校的评价体系而被边缘化;有的甚至在学校内受欺凌但无法得到老师、家长的支持与帮助。此外,未成年人实施违法犯罪行为后所面临的司法处置,也有可能进一步阻碍未成年人的社会融入进程。

因此,一方面社会工作者需要协助违法犯罪未成年人获取生活、学习、就业等方面的保障与支持;另一方面需要着重培养未成年人自身能力与心理的能量,协助其顺利融入社会。例如,对于想要步入社会开始工作的服务对象,社会工作者一方面可以协助他们联络相关企业;另一方面可以协助他们学习相关工作技能、获取相关技能证书、寻找工作机会,培养其提升自身能力。对于不能较好适应职业环境、不断更换工作的服务对象,社会工作者可以协助他们澄清在工作中的目标和感受,以及他们对他人的期待,疏导他们的冲动情绪,提升他们换位思考的能力等,帮助服务对象减少社会适应过程中的困扰,顺利适应社会生活。

(八)观护基地的维护与发展

为促进违法犯罪未成年人融入社会,各级政府、办案单位、社会团体及社会组织都在积极推进各类企事业单位承担社会责任,组织建立爱心观护基地,为违法犯罪未成年人提供技能培训、就业岗位、社会实践机会等支持。社会工作机构应积极与各类观护基地建立良好的合作关系,协助公安机关、人民检察院、人民法院、团组织等单位完善合作机制,明确各方责任,促进多方进行有效沟通,以帮助违法犯罪未成年人获得更及时、有效的支持。社会工作者需要为观护基地相关责任人提供有关未成年人身心特点、教育理念等方面的培训,提升观护基地工作人员对违法犯罪未成年人进行互动、开展教育的能力,以更好地支持未成年人,达到观护帮教服务的目标。

对于公安机关、人民检察院、人民法院、团组织等单位协调建立的观护基地,社会工作者在具体个案服务的过程中,应积极协助观护基地工作人员增进对被观护未成年人的了解与理解,降低其对未成年人产生误解的可能性,协助观护基地工作人员与未成年人进行沟通。

(九)附条件不起诉帮教考察

附条件不起诉是《刑事诉讼法》中针对未成年人刑事诉讼程序设立的一项特殊制度,违法犯罪未成年人在附条件不起诉期间,社会工作者开展观护帮教服务尤为重要。在附条件不起诉考察期内,社会工作者按照考察帮教要求,为他们提供系统的观护帮教服务,协助人民检察院监督违法犯罪未成年人回归社会的表现，积极参与人民检察院召集的考评会议，反馈违法犯罪未成年人考察帮教的情况。

人民检察院对未成年人做出附条件不起诉决定后，社会工作者的服务内容包括以下五点。

第一，参与附条件不起诉帮教考察期内的宣告、考评等会议，发表意见，提出专业建议。在附条件不起诉帮教考察期内，人民检察院会组织召开附条件不起诉宣告会、中期（或阶段性）考评会、终期考评会、不起诉宣告会等会议。人民检察院会邀请社会工作者参与上述会议，社会工作者需要根据不同阶段会议的目的、违法犯罪未成年人的情况，从促进附条件不起诉考察帮教工作落实和有利于未成年人教育转化的角度，提出专业建议。

第二，在帮教考察期间，根据预估情况和人民检察院的帮教考察要求，有针对性地对未成年人开展观护帮教服务。具体内容涉及法律教育、认知调整、行为矫治、家庭干预、社会融入等。社会工作者在开展观护帮教服务时，应充分考虑预估情况和帮教考察安排，制订个性化、可操作的观护帮教服务计划，有效开展契合未成年人问题和需要的观护帮教服务活动。

第三，协助和督促未成年人遵守附条件不起诉考察规定，以完成帮教考察任务。附条件不起诉帮教考察具有强制性，所附条件中有限制性规定，未成年人不得违反。社会工作者在帮教考察期间，应协助未成年人理解帮教考察的规定内容，明确帮教考察任务，如定期完成思想汇报、参与观护帮教服务活动等。对完成考察帮教任务有困难的未成年人，社会工作者可以提供解释、沟通、指导等协助。对存在违反帮教考察规定的未成年人，如帮教考察期出入未成年人不适合进入的娱乐性营业场所等，社会工作者需要提前加以干预，运用建议、提醒、警示等方式，督促未成年人遵守帮教考察规定。

第四，定期与案件承办人进行沟通，反馈观护帮教服务的过程和效果，协助人民检察院了解未成年人的动态。在附条件不起诉帮教考察期间，社会工作者根据帮教考察安排和观护帮教服务活动的情况，每 2～4 周与案件承办人进行一次沟通，反馈帮教考察情况和未成年人现状，并且就后续观护帮教服务计划和需要协助事项与案件承办人进行协商。

第五，协助被指定到观护基地进行附条件不起诉考察的未成年人适应环境，应对技能学习和社会适应过程中的挑战与困难，协助未成年人顺利度过帮教考察期。

三、观护帮教服务的流程

（一）委托

社会工作机构可以接受公安机关、人民检察院、人民法院、司法行政部门的委托，对违法犯罪未成年人开展观护帮教服务。委托的一般程序为：公安机关、人民检察院、人民法院、司法行政部门办理违法犯罪未成年人案件时，应及时出具委托书，委托社会工作机构开展观护帮教服务。

观护帮教服务的委托方由公安机关、人民检察院、人民法院、司法行政部门等构成，并且以委托书为委托证明材料。有关部门向社会工作机构交接委托服务后，委托方工作人员应告知违法犯罪未成年人及其监护人接受观护帮教服务的相关事项，包括帮教服务的时限、频次、目标与任务，以及对违法犯罪未成年人及其监护人的要求等，保证观护帮教服务的顺利开展。

需要注意的是，由于观护帮教服务具有持续性、连贯性的特点，可能出现公安机关、人民检察院、人民法院在各自案件办理阶段分别委托的情形，同时也存在案件审理结束后延伸服务的可能。这是尊重观护帮教服务持续性和连贯性客观规律的表现，可以有效促进观护帮教服务目标的实现。

（二）受理委托

社会工作机构接受委托后，需及时与办案人员联系，了解违法犯罪未成年人的基本信息，如案件背景、服务时限、注意事项等，并且需要将这些信息及时录入案件管理系统，制作接案登记表。

由于未成年人违法和犯罪案件具有明确的办理时限，为保障观护帮教服务与案件办理的及时衔接，社会工作机构接到委托后应及时响应，建议在一日内分派给合适的社会工作者。

社会工作机构在分案时应根据未成年人及案件的已有信息，结合本机构的分案规则选派适合的社会工作者为他们提供服务，每个案件应当由两名社会工作者负责。社会工作机构应根据机构内社会工作者的个人特点和能力倾向，将社会工作者划分为不同的工作队伍，并且以此为基础建立分案机制，将不同年龄、性格特点、行为特点、违法犯罪类型、帮教需求的服务对象分给适合的社会工作者来开展服务。

（三）接案

社会工作者接案后，应及时联络、约见违法犯罪未成年人及其监护人，向他们介绍社会工作者的身份角色和观护帮教服务的目的与形式等，了解违法犯罪未成年人的服务需求并达成服务意向。

接案后，社会工作者应及时与违法犯罪未成年人及其家长等观护帮教服务重要参与者建立服务关系，了解未成年人及其家庭的需要，为后续开展预估、设置服务计划和提供服务奠定良好的基础。根据实践经验，社会工作者及时联系未成年人及其监护人，能够有效促进良好服务关系的建立。因此，社会工作者在接到社会工作机构分派的观护帮教服务案例后，应仔细阅读接案登记表，了解违法犯罪未成年人的基本信息及案情，并且于两日内联络未成年人及其监护人。

社会工作者在联络未成年人及其监护人时，应向其介绍自己的身份和服务内容，强调社会工作者与司法机关案件承办人在身份、权利、负责事项上的分工和区别，以便与未成年人及其监护人建立平等、合作的服务关系。

由于观护帮教服务属于非自愿性服务，因此社会工作者有效处理观护帮教工作的强制性与服务对象的自觉性之间的关系非常重要。《未成年人保护法》《刑事诉讼法》《预防未成年人犯罪法》《未成年人刑事检察工作指引（试行）》均规定：公安机关、人民检察院、人民法院办理未成年人案件时，可以根据具体情况对违法犯罪未成年人开展矫治教育、法治教育，也可以委托社会服务机构开展帮教工作。但如果服务对象仅由于受法律规定的约束而接受服务，服务效果将大打折扣。因此，为了落实未成年人的参与，促进平等合作服务关系的建立，社会工作者应了解违法犯罪未成年人的现状，询问违法犯罪未成年人及其监护人的需求，在达成一致服务意向后正式开展观护帮教服务。

（四）签署协议

社会工作者应参与服务委托方召集的帮教协议签署会议，在了解违法犯罪未成年人具体的需求与相关资料后，与未成年人及其监护人逐一确认帮教方案的内容，达成一致后共同签署观护帮教服务协议。

观护帮教服务协议为三方协议，在观护帮教服务委托方、社会工作机构、违法犯罪未成年人及其监护人达成一致意见后签署。一般而言，观护帮教服务协议的签署由服务委托方组织，社会工作者可以协助服务委托方进行联络与组织。在协议签署之前，社会工作者需要向委托方、违法犯罪未成年人及其监护人了解其各自的需求与期待，形成符合实际需求、可执行的服务协议。服务协议需要写明未成年人及其监护人的具体要求，以及社会工作机构对违法犯罪未成年人及其监护人开展具体服务的时限、频次等具体内容。

违法犯罪未成年人出现的行为问题往往由较复杂的个体特质、成长需求与发展困境造成，问题解决需要的时间较长。因此，观护帮教服务时长以不少于六个月为最佳，社会工作者可以获得更充分的时间开展观护帮教服务，取得更显著的干预效果，以达到帮教目的。

（五）预估和计划

社会工作者应根据服务委托方的委托材料、前期评估资料、违法犯罪未成年人及其监护人的服务需求等，进行专业分析，确定服务目标，制订服务计划。

社会工作者开展预估的主要目的是对违法犯罪未成年人的帮教需求进行分析，并且根据实际情况提出帮教建议。在分析帮教需求时，社会工作者需要收集的材料包括委托方提供的资料与帮教建议、社会调查报告、违法犯罪未成年人及其监护人提出的需求等信息。具体实践中，可能存在案件办理时限较长、未成年人情况发生变化等情形，社会工作者应动态地对违法犯罪未成年人的信息进行补充与收集，以更好地进行帮教需求分析。

在服务计划与目标的设置过程中，社会工作者应以预估的资料为基础，根据帮教协议中确定的时间和频次，设计可执行的服务目标与计划。此外，社会工作者应注重与未成年人及其监护人、服务委托方进行讨论与沟通，与各方达成一致后，共同确定服务目标和计划。在确定服务目标和计划时社会工作者应注意，服务目标和计划必须与服务对象的需求相匹配且具有可操作性。

（六）提供服务

社会工作者根据帮教协议和服务计划开展观护帮教服务，并且在观护帮教服务的推进中根据违法犯罪未成年人及其监护人所更新的资料对观护帮教服务计划进行适时调整，以匹配服务对象的真实需求。需要注意的是，在观护帮教服务过程中，应当充分尊重服务对象的知情权与参与权，服务计划的设置、调整等应与未成年人及其监护人共同讨论并最终确定。在观护帮教服务中，个案访谈、小组活动、亲职教育活动等多种服务形式均可能同时推进，服务维度需关注未成年人个体、家庭、学校等社会支持系统，服务频次以每周一次为宜。

社会工作者在开展观护帮教服务的过程中，应重视及时向委托方反馈服务进展与服务效果，一般每月至少一次，以促进委托方对服务对象现状和观护帮教服务进展的了解并提出相关建议。同时，在观护帮教服务过程中若因各种原因出现需调整服务目标、频次、内容等情形时，社会工作者应及时向委托方反馈，由委托方决定如何处理。

（七）结案或转介

当观护帮教服务符合结案或转介条件时，社会工作者应与服务对象、委托方分别沟通，意见一致后方可进行结案。其中，社会工作者尤其需要重视与服务对象开展结案访谈，就服务取得的进展、服务对象的具体变化、服务对象未来的计划与愿景进行讨论，与服务对象达成一致后进行结案。之后，社会工作者需要将服务过程中的资料进行整理，形成观护帮教报告或结案服务说明，在与委托方约定的时限内提交。

观护帮教服务可以采用结案总结会的方式完成。结案总结会一般由委托方协调召开，社会工作者可以协助委托方进行联络、组织。在结案总结会上，签署帮教协议的三方需要就观护帮教服务过程、违法犯罪未成年人的表现与变化进行回顾，对观护帮教服务的效果实现情况进行总结，对违法犯罪未成年人提出期待与建议。

在实际工作中，未成年人产生违法犯罪行为的原因往往是复杂的，违法犯罪未成年人的服务需求也是多元的。例如，违法犯罪未成年人可能存在抑郁症、双向情感障碍等心理病症，需要通过药物治疗和心理咨询加以干预。社会工作者和社会工作机构若缺乏开展相关服务的专业能力和资源，应当及时寻找更为合适的专业服务机构进行转介，为违法犯罪未成年人提供支持。

（八）跟进

通常情况下，在违法犯罪未成年人及其监护人同意、社会工作者结案后可以设置六个月的跟进期，跟进频次约为每月一次，以继续了解违法犯罪未成年人回归社会的情况并巩固服务效果，确保服务对象完成相关目标任务。若违法犯罪未成年人及其监护人对跟进服务表示抵触、拒绝，社会工作者则不再继续开展跟进服务。

四、观护帮教服务的方法

（一）历奇辅导

历奇辅导是指在新奇的环境中，通过行动让未成年人获得成功的体验并将这种体验复制到现实生活中，进一步构建个体价值和意义，促进未成年人的个人成长。实践证明，由于历奇辅导具有较大的挑战，能够为未成年人带来较多的新鲜感，与未成年人好奇、好动等生理和心理发展特点相匹配，较容易被未成年人接纳，因而未成年人参与度较高。在历奇辅导中，社会工作者有目的地把未成年人带离舒适区、进入低冒险区，共同讨论挑战目标，通过体验性活动经历新奇、完成挑战，促使未成年人体验团队协作，提升其自信心和协作能力，完成自我探索、自我觉察与自我成长。

历奇辅导是观护帮教服务的重要工作方法之一。但需注意的是，在整个活动的设计与开展过程中，社会工作者应注重未成年人的参与度，在具体活动目标的制订、活动设计与安排等过程中，充分与未成年人进行沟通，促进未成年人的参与和思考。同时，社会工作者应在活动中设置鼓励、讨论、分享等环节，一方面提高未成年人的投入和参与程度，促进其反思，加深其体验感；另一方面促进社会工作者对未成年人的了解，进一步建立专业关系，推进服务的开展与服务目标的实现。

（二）外展服务

外展服务是指社会工作者进入违法犯罪未成年人经常出入的网吧、商店、酒吧等场所，主动与他们接触，了解他们的互动状态与现实需求，发展潜在的服务对象并开展相关服务。社会工作者应随时评估现场可能存在的风险，并且以未成年人容易接受的形式进行直接或间接干预，达成犯罪预防的目标。若违法犯罪未成年人处于风险状态，社会工作者应及时联系有关部门共同对其进行保护、辅导和安置。

外展服务是帮教服务开展过程中预防未成年人再犯罪的重要途径之一。社会工作者在日常工作中，能够了解、收集未成年人经常出入的活动场所，特别是营业性娱乐场所，以及未成年人容易发生不良或严重不良行为、犯罪行为的场所。社会工作者可以利用外展服务，进入这些场所，主动寻找对违法犯罪未成年人进行帮教的机会，同时还可以与陌生的未成年人接触，发现潜在的服务对象。

在开展外展服务时，社会工作者可提前制作活动宣传册、周边产品等，在活动场所进行布置及发放，吸引未成年人的关注，创造交流的机会。此外，社会工作者可以主动与未成年人进行沟通并运用较为轻松、自在的态度和语气与未成年人谈论他们感兴趣的话题，促进关系的建立。在此基础上，社会工作者可以进一步了解未成年人前往此场所的原因及目的，引导和鼓励其参与社会工作者组织的活动或开展有关犯罪预防等主题的宣传，实现预防犯罪的目标。

（三）志愿公益活动

志愿公益活动是指社会工作者组织违法犯罪未成年人进入合适的公益服务场所，体验对弱势群体开展公益服务的一种工作形式。社会工作者在选择公益服务场所时，应考虑违法犯罪未成年人的意愿和能力，确保其在服务过程中能获得自我价值感与社会责任感。

公益体验是未成年人司法社会工作服务中较为常见的一种工作方法。社会工作者通过资源链接找到开展志愿公益活动的机会和资源，组织未成年人进入合适的公益服务场所，为弱势群体提供公益服务。需要注意的是，社会工作者组织的志愿公益服务需要有明确的服务目标、环节设置，即聚焦通过带领违法犯罪未成年人参与志愿服务，达到提升未成年人自我价值感、社会责任感的目标。

在组织志愿公益服务时，社会工作者应与未成年人进行充分讨论，共同选择公益服务的场所并通过可行性分析，如是不是能够链接场所资源、未成年人是不是具备在该场所提供服务的能力等，与服务对象共同确定最终的服务场所。设置服务计划和服务环节时，社会工作者也应与未成年人进行及时的沟通，了解他们的想法和期待，提升未成年人的参与感。同时，在公益服务结束后，社会工作者应安排讨论、分享等环节，促进未成年人的反思，进一步促进服务目标的达成。

（四）家庭教育指导

家庭教育指导是指社会工作者根据违法犯罪未成年人的家庭教育需求，向其家长提供理念、方法、技巧方面的培训，提升家长的教育能力，改善家庭关系，帮助未成年人获得良好的家庭支持与家庭教育的服务形式。

未成年人的行为问题与家庭息息相关，很多未成年人的家庭在教育理念、方法、技巧等方面存在不当之处，导致未成年人行为问题、亲子关系问题等的产生。社会工作者在对未成年人提供服务的同时，应关注其与家庭的互动状态，评估家庭对未成年人造成的影响。社会工作者遇到有家庭教育需求的未成年人家庭，应根据其具体的情况，提供家庭教育指导服务。

家庭教育指导服务可以在个案工作中进行，也可通过设计专门的小组活动、主题活动或培训等来开展。

（五）朋辈辅导

朋辈辅导是指社会工作者创造机会，搭建平台，为与违法犯罪未成年人密切接触的、价值观念与行为方式高度一致的其他未成年人提供服务，引导其朋辈群体健康地互助与成长。

朋辈群体对未成年人的成长与发展具有重要的影响，既可能对未成年人产生正面影响，又可能对未成年人产生负面影响。对很多未成年人来说，朋辈群体是其获得归属感、认同感的重要渠道，也是其认知、行为习得的重要来源。

社会工作者在对未成年人提供服务的过程中，应注意收集有关其朋辈群体的资料，如朋辈群体构成、群体亚文化、群体成员互动关系等，并且应主动创造与他们接触的机会，如组织小组活动等，为未成年人及与其密切接触的、对其具有重要影响的其他未成年人提供服务，促进朋辈群体的正向互动，解决朋辈群体中原本可能存在的负面问题，为未成年人创造更为积极的朋辈群体支持环境。

作为未成年人司法社会工作服务的开端，针对违法犯罪未成年人开展的矫正类服务积累了较为丰富的实务经验，为未成年人司法保护工作奠定了深厚的实践基础，也完善了未成年人司法社会工作服务体系的建设。社会调查服务通过司法社会工作者收集资料和分析资料，对违法犯罪未成年人再犯罪风险进行评估，为司法机关提供参考依据。观护帮教服务在社会调查服务的基础上，对违法犯罪未成年人开展一系列有效的专业服务，帮助他们顺利回归社会，避免他们再次发生违法犯罪行为。这两项服务切实回应了未成年人司法保护的实际需求，促进了未成年人的健康成长。当然，未来我们还需要对矫正类未成年人司法社会工作服务做进一步的梳理、提炼和总结，深入推进未成年人司法保护工作的开展。

四　本章要点

1. 矫正类司法社会工作服务主要包括社会调查服务和观护帮教服务两项内容。

2. 社会调查服务是指社会工作者接受公安机关、人民检察院、人民法院的委托，对违法犯罪未成年人的个体因素、社会群体因素以及二者之间的互动状态进行调查了解、综合分析的社会服务活动。

3. 观护帮教服务是指社会工作者围绕违法犯罪未成年人开展的法律教育、认知调整、行为矫治、生命教育、职业规划等专业服务，旨在协助违法犯罪未成年人增强法律意识，提升自控力与社会适应能力，获得必要的社会支持，避免再犯罪。通过社会工作专业的参与和介入，帮助违法犯罪未成年人获得更加完善的社会支持，促使其顺利回归社会。

思考题

1. 矫正类司法社会工作服务的专业优势体现在哪些方面?
2. 社会调查服务和观护帮教服务的一般工作流程有哪些?
3. 社会调查服务常用的方法有哪些?
4. 观护帮教服务常用的方法有哪些?

第八章

未成年人司法社会工作服务管理与质量控制

服务管理与质量控制是未成年人司法社会工作的重要组成部分。任何一项社会工作服务背后都需要设置案件管理、风险管理和质量控制系统，从而为一线服务的有效、有序、高质量开展保驾护航。因此，在未成年人司法社会工作服务的学习过程中，除了需要了解基础的理论和方法，掌握具体的服务内容、流程和技巧外，也应当注重服务的管理和保障。未成年人司法社会工作服务管理与质量控制体系主要包括案件管理、风险管理、质量控制和社会工作评估四个组成部分。本章将围绕这四个部分展开分析，以便研究者和实践者学习、讨论。

第一节　案件管理

一般而言，管理是组织以一定的目标为导向、协调人的行为的一系列活动。[①] 从未成年人司法社会工作者的角度来看，案件管理是管理工作的重要组成部分，主要是指由社会工作机构案件管理部门执行的，以保障服务顺利、高效、有序推进为目的，协调一线社会工作者、社会工作机构及其他利益相关方之间行动的一系列业务管理活动。

---

① 杨珲：《司法改革视野下的检察机关案件管理工作改革与发展》，《法制与社会》2020 年第 35 期。

一、案件管理的必要性

在司法系统中，一个完善的案件管理部门由案件处理中心、案件质量审查中心、案件流程监督中心和业务信息分析中心四部分组成。对案件统一化、集中化的管理，可以让司法系统工作人员在执法和办案过程中的行为更加规范，案件办理效率和水平更高。案件管理的价值定位是协调各部门工作的“传话筒”、监督办案流程的“控制阀”、提供案件决策的“信息中心”、规范案件处理方式的“警示牌”。[①] 为适应公安司法机关案件管理的需要，未成年人司法社会工作也需要建立案件管理系统。未成年人司法社会工作的案件管理，是指社会工作机构或社会工作者以案件为单位承接公安司法机关的委托服务，并且在服务开展过程中，与未成年人保护工作的相关各方进行协调和沟通，保障案件服务的顺利推进。因此，无论是为了配合公安司法机关的工作要求，还是为了提高未成年人司法社会工作的服务质量，都需要做好案件管理工作。

（一）适应服务购买方的案件管理流程

未成年人司法社会工作服务与公安司法机关的办案过程有着较为密切的联系，为了配合这一服务场域的特殊属性，同时为服务对象提供更有针对性的服务，社会工作机构必须了解和适应公安司法机关的工作流程与工作节奏，将社会工作通用流程与公安司法机关的案件管理流程进行匹配。例如，设置专门的人员负责接案工作，制作和填写接案登记表，配合公安司法机关不同阶段的办案时效，及时完成其他相应工作的文书等。

（二）满足服务对象的不同需求

目前，未成年人司法社会工作服务已经扩展到犯罪预防、犯罪侦查、犯罪检察、犯罪审判等多个阶段，不同阶段未成年人的服务需求不同，社会工作服务的内容也相应地有差异。例如，处于犯罪侦查阶段的服务对象的主要需求是了解司法流程，平复情绪，逐渐接纳涉及司法流程的事实；公安系统在这一阶段的工作需求是对未成年人有较为全面的了解，并且以社会工作者提交的《初次社会调查报告》为依托，做出羁押必要性审查结果。通过案件管理，社会工作机构可以将案件分派给社会调查服务经验较为丰富的社会工作者，以便更好地开展服务。然而在犯罪检察、犯罪审判阶段，未成年人和司法机关的诉

① 杨媛：《检察机关案件管理部门的价值定位探讨》，《法制与社会》，2019 年第 31 期。

求还包括违法犯罪行为的教育矫治、社会支持体系的恢复，因此在工作安排上也有所不同。

此外，随着未成年人司法社会工作服务的不断推进，服务对象已经从涉嫌违法犯罪的未成年人扩展到未成年被害人、具有不良行为或严重不良行为的未成年人，以及社会大众。显然，未成年被害人和违法犯罪未成年人的服务需求不同，这就要求提供服务的社会工作者具有不同的服务能力。案件管理工作能够将具有不同需求的服务对象分派给具有不同能力特点的社会工作者，最大限度地促进服务对象获得合适、优质的社会工作服务。

（三）社会工作机构规范化管理的需要

随着社会工作专业化和职业化水平的不断提高，各方对社会工作机构管理的规范化水平的要求也在日益提升，而社会工作机构管理规范化的核心就是对服务管理的规范化。在未成年人司法社会工作服务领域，专业服务多以案件的形式由相关部门委托给社会工作机构，因此未成年人司法社会工作机构规范化管理的核心就是案件管理。案件管理中涉及的接案流程规范化、分案规则规范化、服务流程规范化、档案管理规范化和资料分析整理规范化能够有效促进社会工作机构服务的规范化发展，推动其持续、高效运转。

二、案件管理的内容

案件管理最初是为了配套公安司法机关的工作要求，因此未成年人司法社会工作的案件管理应与公安司法机关的工作流程相契合，应当包括案件受理、监督、管理等工作，以回应公安司法机关的工作要求。具体而言，未成年人司法社会工作的案件管理工作主要包括以下内容。

（一）接案与分案

接案是指社会工作机构的案件管理人员严格按照案件受理流程接受案件委托，并且在受理委托时，简单了解、记录和分析案件的主要情况，完整填写《接案登记表》。《接案登记表》的内容主要包括服务对象的基本信息（包括姓名、性别、民族、户籍地、身份证号、出生日期、学校或工作单位、住址、联系方式、前科劣迹、家庭成员基本情况等），案件基本情况（包括案由、案发时间、案件情况等）和委托信息（委托单位、委托时间、委托方联系人及联系方式等）。

接案登记后，案件管理人员应当根据社会工作机构内社会工作者的工作分工及其性别、性格、服务专长等特征，以案件服务需求为基础，将案件分派给合适的社会工作者，并且及时通知社会工作者移交《接案登记表》等相关材料。与此同时，案件管理人员应当将案件分派情况进行登记，将分派信息传达给委托办案的司法工作人员。为了规范内部管理，通常案件管理人员还需制作工作台账，整体记录服务委托和开展情况。

（二）监督、沟通案件的推进情况

监督是指监督一线社会工作者的工作时效。由于未成年人司法社会工作服务的服务对象可能处于不同的司法流程中，社会工作者需要配合不同阶段的司法流程的时效要求，提交相关服务文书，以保障司法流程的顺利推进。案件管理的一项重要工作是明确处于不同阶段的案件的工作时效，并且监督一线社会工作者的工作进度，保证其按时提交有关服务文书。

沟通是指协助一线社会工作者与有关司法办案人员沟通，及时了解案件的流转情况，保障信息畅通。未成年人司法社会工作服务在很多地区已经实现了犯罪侦查、犯罪检察和犯罪审判的全流程覆盖。因此，了解服务对象的案件流转情况，根据不同阶段服务对象的服务需求、服务条件和服务要求，对社会工作者明确服务目标、制订服务计划有着十分重要的作用。在具体实践中，案件管理人员的办公地点通常设置在公安司法机关的工作场所内，其可以和办案人员保持及时、高效的沟通，以促进社会工作者更便捷、及时地了解案件的流转情况，从而提供最适宜的专业服务。

（三）案件信息统计与分析

除了协助办案人员和一线社会工作者做好案件衔接工作外，案件管理人员还应当按照所处的社会工作机构的要求，对受理的所有案件进行信息统计。这样，便于社会工作者了解案件进程，提供适当的社会工作服务，避免案件超期；也便于社会工作机构管理人员和研究人员了解所有受理案件的整体情况，开展社会工作研究，有效促进研究和服务之间的良性循环。

（四）档案管理

档案管理的内容比较复杂，主要包括案件基本情况、案件进展情况、案件督导与评估情况、结案与转介情况等。

（五）其他与案件管理相关的工作

除上述工作外，案件管理工作还包括报告审核、打印、提交等。

三、案件管理人员的组织与能力要求

（一）案件管理人员的组织要求

由于未成年人司法社会工作服务涉及三个类型六项具体服务，服务出资方不同、服务委托方不同、服务开展的场所不同、服务委托方式不同，因而不同的案件管理人员需要分工与合作。在一个较为完善的未成年司法社会工作机构中，案件管理应当由案件管理部门的人员共同完成。

（二）案件管理人员的能力要求

案件管理人员不仅需承担一般的行政工作，还需对社会工作服务有充分的了解和掌握。具体而言，从未成年人司法社会工作的行业要求来看，案件管理人员应当对社会工作基础的价值观和伦理有较为深入的认识和了解。从案件管理人员的主要工作职责来看，其需要对案件情况进行初步整理，了解案件所处的司法流程，及时判断社会工作机构需要提供的主要服务，根据案件情况及时分案。此外，案件管理人员还需要具备较强的沟通能力，对外要做好与服务委托方的服务对接工作，对内要做好与社会工作者的沟通工作。可见，案件管理人员必须对未成年人司法社会工作的服务内容、个案工作的基本方法与技巧、机构内社会工作者的能力特点有充分的认识和了解。综合来看，案件管理人员应当同时具备沟通联络、文案整理等行政管理能力，以及开展基础性社会工作服务的专业能力。

四、案件管理的制度与工具

（一）案件管理的制度

为了保证案件管理的科学性、规范性，社会工作机构应当根据社会组织的具体情况制定合适的案件管理制度，并且符合以下四项原则。

1. 分类管理

未成年人司法社会工作服务的内容和类型较多，对案件进行分类管理有助于办案人员更好地对案件信息进行整合，督促案件的顺利实施。与此同时，随着未成年人司法社会工作的不断发展，服务项目类型和服务内容也在不断拓展，从长远发展来看，为了各项服务协调、有序推进，案件的分类管理显得更加重要。

2. 兼顾过程管理和结果管理

案件过程管理偏重于对服务过程的规范性和科学性进行管理，为案件取得较好的结果提供保证;结果管理则侧重于考察社会工作者的服务是不是达成了既定的目标,是不是形成较好的工作效果。两者同样重要。通常一线社会工作者和社会工作机构会面临项目评审的压力,较多关注案件的结果管理,较少关注案件的过程管理。然而,从保障实际服务效果的角度来看,案件管理人员应当加强对案件的过程管理,以确保专业服务的科学性和有效性。

3. 一人一档案

一人一档案是促进服务质量提升的重要手段之一。一人一档案能够促进社会工作者做好文书记录工作,及时有效记录工作过程,为后续的服务评估和反思、社会工作者培训积累资料。此外,严格按照一人一档案的原则进行归档,也是社会组织规范化发展的重要标志之一。目前,很多地区已在社会组织评估标准中明确提出,社会组织应当做好档案管理工作,而一人一档案是未成年人司法社会工作机构档案管理的特色组成之一。

4. 注重保密原则

保密原则应当贯穿社会工作服务,尤其是未成年人司法社会工作服务的始终。在这一特殊的专业领域中,保密不仅是出于社会工作伦理的要求,而且是源于法律的要求。因此,在案件管理的全过程中,案件管理人员应当注重信息保密原则且不局限于服务档案,所有信息传递过程都应以此为重要的基础性原则。

(二)案件管理的工具

传统的案件管理以纸质版文件作为最后的档案存储方式。随着信息技术的不断发展,纸质版文件不利于保存、容易泄密等弊端越发明显。与此同时,随着服务内容的不断增加,不同部门的社会工作者之间也需要针对案件信息互通有无,因此各地都鼓励采用信息化程序作为案件管理的主要工具。目前,已经有很多案件管理软件,其中不乏一些功能较为强大且实用的软件,但遗憾的是,这些软件绝大多数为律师等行业设计和使用,没有针对未成年人司法社会工作服务的特点进行调整。因此,后续仍需要在此基础上继续投入精力拓展、研发适合本领域案件管理的软件。

此外,需要注意的是,信息化手段虽然提高了案件管理的效率,但是也增加了信息被披露的风险,尤其是对未成年人司法社会工作来说,服务对象信息被披露可能为社会工作者和社会工作机构带来法律风险,同时更有可能对未成年人造成损害。因此,在信息化手段的研发和使用过程中,案件管理人员尤其要注重保密功能和流程的设置,以降低服务对象信息被披露的风险。

五、档案管理

服务档案是未成年人司法社会工作服务规范性的重要体现。档案不仅可以清晰地还原服务过程，而且还是项目购买方对社会工作服务进行审查评估的重要依据。此外，完整的服务档案更是宝贵的研究资料，对推动社会工作实践研究、提高服务质量有着重要的意义。

（一）归档范围

原则上来说，涉及服务对象和服务过程的所有内容，都应被记入档案。具体来说，档案应当包括以下四项内容。

1. 案件的基本情况

案件的基本情况是归档的第一个重要因素。这一部分应当体现与案件和服务对象有关的基础性信息，主要包括案件来源、案件所处的司法流程、案件涉及的服务类型、其他与案件相关的基础信息，以及与服务对象人口学信息相关的主要信息。

2. 服务过程记录

服务过程记录是最重要的归档内容之一。这一部分应当将所有的服务计划、服务方案、单次服务记录、提交司法机关的档案、服务对象反馈等过程性资料一并放入。此处有两点需要注意：一是所有材料应当按照时间顺序进行归档，以便日后查阅；二是在归档时，过程记录应当严格按照机构统一提供的模板进行，如《小组工作记录表》《个案工作记录表》等。统一的工作记录表有助于社会工作者梳理工作思路，也有助于后期督导和评估工作的开展。

3. 服务督导、咨询与评估记录

督导和咨询是保障服务质量和社会工作者身心健康，推动社会工作服务有序开展的重要途径和方式。督导应当按照单独的统一表格进行记录，表格中应当包含督导时间、督导类型、参与人员、拟解决的问题、主要解决的问题和结论等关键事项。

不论是服务评估还是项目评估，都是对未成年人司法社会工作服务过程和结果的检视。通过评估材料，后续服务提供者可以了解过往服务的相关信息，包括优势与不足。同时，这也对积累服务和项目运行经验、提高服务质量有着重要的意义。因此，评估记录也应归档保存。评估记录文件中应当明确

说明评估进行的时间、方式、参与人员、评估结果与改进建议，以促进服务质量的提高。

4. 服务转介、结案与跟踪记录

服务转介记录有助于明确记录案件的流转方向，便于案件的后续回访与跟踪，应当进行归档。在服务转介记录中，工作人员应当明确说明转介原因和转介后案件的走向。服务结案记录是服务结束的标志性材料，应当进行合理归档。在结案记录中，工作人员应当明确目标达成的情况，并且明确记录结案原因及服务对象反馈的情况。服务跟踪记录应当按照服务机构和出资方的具体要求进行撰写和归档。

（二）档案管理规范

未成年人司法社会工作服务的相关规范涉及服务对象的隐私，因此无论是存放、提取还是销毁，都应严格遵守规范。由于全国各地未成年人司法社会工作服务推进的情况有所不同，各机构应当按照实际的工作情况设计档案管理规范。一般而言，档案管理规范应当包括以下五项内容。

（1）管理人员规范。设置专人负责档案管理工作。

（2）存放地点规范。档案保存在固定的、具有较高保密性的场所。

（3）归档时间规范。归档时间的总体要求是及时，但是对不同类型的档案，工作人员可以根据具体工作开展的情况设置归档的时间要求。例如，《接案登记表》应当在分案工作结束后完成归档；《服务过程记录》《服务督导与咨询记录》应当在每次服务或督导咨询结束后归档；《服务评估记录》《服务转介/结案记录》《服务跟踪记录》应在相应的工作完成后归档。

（4）档案提取规范。制定严格的档案提取规范，做到所有档案出入均有严格审核与明确记录。

（5）档案销毁规范。通常来说，结案已经超过五年的档案，可以按照档案销毁流程，根据《中华人民共和国档案法》的要求进行销毁。

在未成年人司法社会工作服务中，案件管理起到了重要的“信息中心”的作用，具体服务中，完善的案件管理制度能够契合服务购买方的行政流程，满足服务对象的不同需求，在一定程度上提高一线社会工作者的工作效率，保障服务工作的顺利推进。为了保障档案管理工作的有序推进，社会工作机构应当结合自身情况，设置档案管理制度和规范，选用和开发合适的案件管理工具，以利于档案管理工作的高效开展。

第二节　风 险 管 理

随着世界经济的发展，风险管理逐渐走进人们的视野，风险管理理论产生并开始应用于20世纪60年代中期。风险管理一词常用在企业管理中，尤其在商业企业中运用得最为广泛。传统的风险管理主要通过风险的识别、计量和控制，利用最小的成本将风险造成的损失降到最低。现代风险管理还包括咨询机构沟通、检查、评价等风险管理内容，2004年美国出台的《企业风险管理——整合框架》在此基础上增加了风险偏好、风险容忍度等内容。[①] 与经济领域的企业面临的风险不同，未成年人司法社会工作服务会面临独特的风险内容，也有特殊的风险管理机制与流程，需要从事未成年人司法社会工作的相关人员加以关注。

一、树立风险管理的意识

未成年人司法社会工作者应具备风险管理的意识。由于风险管理通常是指财务和投资的风险管理，部分一线社会工作者和社会组织会觉得风险管理与其并无大的关联，这种忽视风险和风险管理的意识是有危险的。

从社会工作服务的特点来看，其与从事商品买卖等经济活动不同，社会工作的服务对象是活生生的人及其周围的人际关系，而人际关系往往处于动态变化的过程中，这种变化带来的不确定性具有一定的风险，因此社会工作者必须具备风险管理的意识。在未成年人司法社会工作服务中，由于服务对象和服务开展的环境更加复杂、风险更大，甚至需要承担一定的法律责任，因而需要社会工作者在服务开展的过程中具备风险管理的意识。

此外，从社会工作机构的角度来说，既需要对服务质量负责，又需要对社会工作者的薪酬待遇负责，对社会工作机构的形象和发展负责。未成年人司法社会工作整个行业还处在探索阶段，社会工作机构需要对行业发展负责。上述目标的达成，受社会工作机构决策者、社会工作者、服务购买方、法律政策和社会文化情境等多重因素的影响。因此，为了保障社会工作机构的有序运转，推动未成年人司法社会工作的行业发展，社会工作机构必须对可能面临的

① 严复海、党星、颜文虎：《风险管理发展历程和趋势综述》，《管理现代化》2007年第2期。

来自机构内外的风险保持审慎的态度。

二、识别风险管理的类型

现阶段对风险管理的研究基本上集中在企业组织上。按照《中央企业全面风险管理指引》关于风险的分类，风险可分为战略风险、财务风险、市场风险、运营风险和法律风险五大类。在此基础上，有学者通过专项调查，进一步将风险细化为重大项目投资风险、人力资源风险、流动性风险、环保风险、竞争风险、公司治理风险、国家政策风险等。① 也有学者从风险概率、风险后果严重程度、引发风险的原因、项目风险造成的结果、项目风险预警信息等不同维度对风险进行划分。② 根据风险产生的原因是来自机构内部还是外部，可以将风险分为内部风险和外部风险。结合以上研究和未成年人司法社会工作服务的具体特点，本部分依据风险引发的原因，将未成年人司法社会工作服务的主要风险分为五类。

1. 业务能力风险

社会工作者的个人业务能力是风险来源之一。社会工作者的工作内容决定了其服务不可能是流水线式的，更多的是根据服务对象的不同需求而设计的个性化服务。服务的开展是不是有效满足了服务对象的需求，服务开展的过程是不是科学合理，服务最终是不是能够有效达成服务目标等，这些都与社会工作者自身的工作能力紧密相关。因此，在风险构成上，也存在因社会工作者个人业务能力不足带来的风险。例如，在遭受性侵的未成年被害人救助服务中，服务对象可能同时面临严重的身体损伤和心理创伤，还可能身处具有风险的生活环境中，因此社会工作者需要具有较强的综合能力，以解决上述复杂的问题，为服务对象提供适当的服务，否则有可能导致服务对象遭受二次伤害。

2. 项目风险

社会工作者会根据服务对象的不同特点和需求设计服务项目，其中一些项目如高空历奇项目、户外探索项目等自身具有一定的风险。这些风险必须在服务开始之前被考虑到，以便社会工作者在实施过程中遭遇风险时能够有效应对。

---

① 张应语、李志祥：《基于管理风险偏好量表的管理风险偏好实证研究——以大型国有企业管理人员为例》，《中国软科学》2009 年第 4 期。

② 戚安邦：《项目评估学》，南开大学出版社，2006，第 242—243 页。

3. 信息被披露的风险

保密在未成年人司法社会工作服务中尤为重要。信息被披露带来的风险不仅会影响服务对象个体，而且还可能影响其所处的环境，包括家庭、学校和社区等。信息被披露风险对服务对象的影响常常不是短时期内的，而是可能影响其未来的发展，包括求学和就业。因此，社会工作者必须做好对信息被披露的风险管理。

4. 人力资源风险

社会工作者是社会工作专业服务中的关键一环，需要着重留意。除了社会工作者个人服务能力所带来的风险外，还需要考虑人员流动带来的风险。在未成年人司法社会工作服务中，服务期从三个月到三年不等，在服务期内，社会工作者是不是能够提供持续、稳定的服务，对服务质量有着十分重要的作用。如果社会工作者不能提供持续、有效的服务，就必须提供科学合理的服务转介设计。

5. 财务风险

管控财务风险是关乎社会工作服务持续稳定开展的关键性要素。财务风险主要包括资金来源是不是稳定、资金使用是不是合法合规等。因此，不论是社会工作机构还是一线社会工作者，在服务的过程中都应当留意财务风险，以保障服务的顺利推进。

三、梳理风险管理的流程

(一) 风险管理流程

国际上对风险管理的标准与流程已经有一定的探索，其中，澳大利亚/新西兰的风险管理标准(AS/NZS 4360，以下简称 A-X 风险标准)的出台是风险管理进入现代风险管理阶段的重要标志之一。20 世纪 80 年代末 90 年代初，随着国际金融和工商业的不断发展，企业面对的社会环境发生了很大的变化，企业面临的风险也更加多样化和复杂化，人们意识到必须根据风险组合的观点，从贯穿整个企业的角度来看待风险。在此背景下，1995 年，澳大利亚标准委员会和新西兰标准委员会成立的联合技术委员会制定了 A-X 风险标准，这也是全球第一个企业风险管理标准。A-X 风险标准具有广泛的适用性，成为资本主义国家纷纷效仿的风险管理标准模板。[①]

---

① 严复海、党星、颜文虎：《风险管理发展历程和趋势综述》，《管理现代化》2007 年第 2 期。

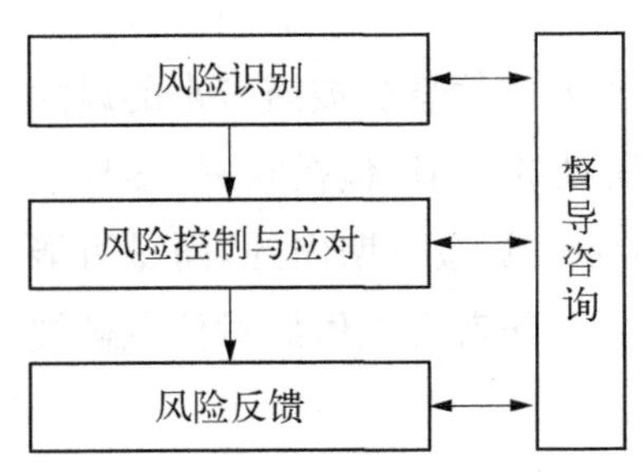

图 8－1 未成年人司法社会工作服务风险管理流程

据此，参考 A－X 风险标准，未成年人司法社会工作服务的风险管理应当包括风险识别、风险控制与应对、风险反馈三个主体环节，以及督导咨询一个辅助环节，具体流程如图 8－1 所示。

在风险识别环节，社会工作者应当对服务进行中可能产生的风险做到心中有数，明确风险识别的内容和标志，做到在风险到来时甚至在风险到来前有效识别风险并做好应对准备。在风险控制与应对环节，即在风险到来时，社会工作者应当以社会工作机构风险管理机制为基础，沉着冷静、灵活机动地应对到来的风险，将风险损害降到最低。在风险反馈环节，即风险度过之后，社会工作者应当及时总结经验，将风险应对过程及时整理并归档，使其成为其他服务风险评估的知识与经验数据库的组成部分，促进其他服务的风险管理。

此外，风险管理的全过程都应当贯彻督导与咨询，这有助于一线社会工作者跳出已有的思维定式，更加全面、科学地分析和应对风险情境。

（二）风险识别

1. 风险识别的内容

风险识别是一项贯穿项目全过程的项目风险分析工作，风险可能由内部因素造成，也可能由外部因素造成。[①] 结合未成年人司法社会工作的服务特点，应当主要从全过程风险识别、全团队风险识别和环境发展变化的风险识别三个方面展开。

（1）全过程风险识别。在风险识别过程中，社会工作者应当仔细梳理服务开展的全过程，从每一个服务细节出发，分析可能存在的风险。

（2）全团队风险识别。社会工作服务的开展不仅需要依靠一线社会工作者，还需要项目管理者、行政工作人员等的支持，因此在进行服务风险识别的过程中，团队中所有人员都应具有风险识别的责任和意识。

（3）环境发展变化的风险识别。在推进服务期较长的社会工作服务中，社会工作者应将服务期内可能发生的环境发展变化纳入其中进行考量。

---

① 戚安邦：《项目评估学》，南开大学出版社，2006，第 248—251 页。

2. 风险识别的方法

风险识别可以从法律法规、服务计划和团队工作经验三个角度出发进行识别。

(1) 从法律法规出发。未成年人司法社会工作服务场域和服务对象具有特殊性,在识别风险时,应当着重留意从法律法规、政策文件、价值伦理的角度出发,考量服务设计和推进过程中可能面临的各种风险。

(2) 从服务计划出发。沿着全过程风险识别的思路,应当对拟定的服务计划进行严谨、认真的梳理,识别计划设计中可能存在的内部风险和外部风险。

(3) 从团队工作经验出发。过往团队的工作经验是进行风险识别的重要知识宝库,在开展风险识别的过程中,应当由机构内工作经验较为丰富的社会工作者参加,以规避过往服务过程中出现的风险再发生。

(三) 风险控制与应对

社会工作者在开展服务的过程中可能面对的风险多种多样,需要他们根据自身的实际情况、服务对象的实际情况及社会工作机构的规定和要求进行处理,在此列举几条风险控制与应对的主要原则。

第一,所有服务都应遵守国家有关的法律法规。未成年人司法社会工作服务开展的前提是国家法律的授权,因此,在服务的开展过程中,要严格遵照国家法律的实体性和程序性规定。

第二,社会工作机构应在专业能力范围内开展未成年人司法社会工作服务。社会工作者和社会工作机构应当充分意识到自己的有限性,在自己力所能及的范围内开展服务,以确保服务质量。对确实无法提供支持和服务的服务对象,社会工作者应当积极协助案主寻找合适的支持资源,使其获得适当的服务。

第三,社会工作机构对不可控制的风险应采取回避措施,避免不必要的风险。有些风险在社会工作机构的控制范围之外,面对这样的风险,社会工作机构应当及时识别,并且选择适当的方式进行回避。

第四,针对具体服务开展过程中可能出现的风险,社会工作机构应制订风险预案、应急方案,明确基本流程和人员职责,做好充分准备。有些风险是未成年人司法社会工作服务开展过程中必须面对的,对这类风险,社会工作机构应当提前制订好相关预案,在风险事故出现时最大限度地减少损失。此外,还可以通过购买商业保险等方式,把部分风险分散出去。

第五,社会工作机构对风险造成的影响应积极补救,承担相应责任。如果风险事故已经发生,那么社会工作机构不能逃避责任,应当积极响应,充分调动自身的能力和资源,对已经造成的影响进行补救,最大限度地减轻风险事故对服务对象和社会造成的不良影响。

(四) 风险反馈

风险反馈是指将遇到风险的情况及时向上反馈给社会工作机构,提升社会工作机构应对风险的能力。具体来说,如果在服务过程中启动了风险应对程序,就应当就风险应对的整个过程进行完整的说明,包括风险的类型、风险控制和应对过程(如调动的资源和解决方案)、收获的经验等。此外,需要说明的是,如果在服务过程中没有启动风险应对程序,也应当将风险识别方案和风险应对预案进行归档;若社会工作者在本次服务过程中对特殊情况采取了特别的风险控制与设计,则应当进行特别说明。

风险管理在企业管理中已经有丰富的研究与实践经验,社会工作机构应当树立风险管理的意识。社会工作机构应当以风险识别、风险控制与应对、风险反馈为基础框架,结合具体服务情况,设置适合其运行与发展的风险管理制度与流程。

第三节　质 量 控 制

保障服务质量是社会工作者必须关注的问题,这是充分尊重服务对象的重要体现。因此,社会工作者必须采用合理的方式对服务质量进行控制,以保障服务对象获得合理、有效的专业服务。在质量控制中,最为重要且常用的方式是督导和咨询。

一、督导

(一) 督导的定义

莫里森(Morrison)认为,督导是一个过程,目的是满足机构的、专业的和个性化的目标,以实现最佳的服务成效。具体包括:① 合格的、负责的执行(行政或者规范功能);② 职业继续发展(发展/形成功能);③ 个人支持(支持/恢复功能);④ 个人融入组织(调解功能)。英格兰的社会工作改革委员会发展了社会工作督导的概念框架，提出了督导的四个基本要素，即提高决策和干预的质量，提升各级管理质量和机构责任，识别并提出有关服务量和工作负荷的议题，识别和收获个人学习、职业生涯发展的机会。① 2019年出版的《〈青少年社会工作服务指南〉解读》提出，督导是指在有经验的督导者的监督、指导、支持和帮助下，社会工作者完成社会工作服务，提高自身专业水平，提升专业价值观的过程。督导也是社会工作者与同行分享社会工作知识、澄清工作思路、提升专业技巧的学习过程。②

2021年，《社会工作督导指南(MZ/T 166—2021)》行业标准正式颁布与实施，其中对社会工作督导进行了定义。其认为，社会工作督导是由资深社会工作者督促、训练和指导社会工作从业人员科学开展专业服务，有效承担工作职责，保障服务对象权益，实现专业成长，促进行业发展的服务过程。③

综上，在未成年人司法社会工作领域，督导被视为有经验的工作人员向社会工作者提供监督、指导、支持和帮助的过程。其目的是规范未成年人司法社会工作服务，提高社会工作服务质量，保障服务对象权益，发展社会工作者的专业能力，提升社会工作者个人的生命质量和生活状态，促进行业发展。

(二) 督导的原则和内容

1. 督导的原则

斯基德莫尔(Skidmore)认为督导有五个重要原则。

(1) 社会工作督导者向被督导者传授有关组织及服务方面的原则和技巧，然后允许他们自行运用；

(2) 员工们主要通过选择服务目的和目标进行自我管理，这些目的和目标与督导者指导的原则和知识相一致；

(3) 除了传授社会工作机构服务原则和技巧外，督导者能在工作人员有需要时提供帮助；

(4) 员工们可以联系他们的督导者并向其求助；

(5) 员工们向督导者解释自己的行为，并且共同设定未来的工作目标。④

在未成年人司法社会工作服务中，除了遵循社会工作督导通用的原则之

① Jane Wonnacott：《社会工作督导》，赵环、魏雯倩等译，华东理工大学出版社，2015，第12—13页。

② 许莉娅：《〈青少年社会工作服务指南〉解读》，中国社会出版社，2019，第276页。

③ 中华人民共和国民政部：《社会工作督导指南(MZ/T 166—2021)》，2021。

④ 雷克斯·A.斯基德莫尔：《社会工作行政：动态管理与人际关系》，张曙等译，中国人民大学出版社，2005，第237页。

外，社会工作者还需要着重留意以下四个原则：

(1) 遵守相关法律法规和制度性规范；

(2) 在保障服务质量的前提下，充分尊重员工的自觉性；

(3) 关注员工在工作中遇到的阻碍和压力，尤其是因为环境或政策问题所带来的阻力和挫败，并且及时提供有效的督导；

(4) 关注社会工作者本身的生命成长和个人发展。

2. 督导的类型和内容

《社会工作督导指南(MZ/T 166—2021)》指出，社会工作督导应当包括三种类型，即行政性督导、教育性督导和支持性督导，每一类型的督导都有特定的督导内容。

行政性督导旨在指导督导对象明确工作职责，增强组织认同，积极面对组织管理中的挑战，有效利用组织服务资源，达成组织服务使命。具体内容主要包括招募与引导社会工作者、拟定工作计划与分配任务、进行工作总结和评估等。

教育性督导旨在提升督导对象的工作胜任能力，使其及时发现服务知识和技巧的不足，增强专业反思和实务能力，确保为其提供有效的服务。主要包括强化专业价值、教导专业伦理和实务反思技巧、教导专业理论和实务知识等。

支持性督导旨在通过提供压力疏导和情感支持，激发督导对象的工作热情，营造安全和信任的工作氛围，提升督导对象的工作成就感、自我价值感和专业归属感。具体内容包括协助督导对象适应和处理工作中的挫折、不满、失望、焦虑等各种情绪；协助督导对象探索专业成长道路，制订职业生涯规划，创造专业成长机会等。①

未成年人司法社会工作领域的督导也应当包括上述三类，但在具体内容上，除了上述提及的外，还应当包括以下三种。

第一，在行政性督导中加强对服务规范和行政要求的指导。这一点被放在督导内容的第一位，并不意味着行政规范比专业性更重要，而是强调未成年司法社会工作服务场域的特殊性。本书的前半部分已经提到过，由于未成年人司法社会工作的专业服务要与公安司法机关协调匹配，因此需要严格遵守不同司法流程的时间限制和有关行政要求，这是专业服务能够顺利开展的基础之一。在督导中，这部分内容非常重要，尤其是对新手社会工作者来说，是

---

① 中华人民共和国民政部：《社会工作督导指南(MZ/T 166—2021)》，2021 年。

首先应当注意的。

第二，在教育性督导中加强对服务方法与技巧的教授、对服务经验的挖掘、对服务质量的把控。在未成年人司法社会工作服务中，服务对象的生活经历较为复杂，行为问题产生的原因十分多元，对社会工作服务的专业要求也更高。不论是新手社会工作者还是资深社会工作者，都可能在服务过程中遇到自己不善于或无法应对的情境，此时尤其需要督导者进行督导，教授服务方法与技巧，答疑解惑，突破服务瓶颈。除此之外，有些时候社会工作者也可能因为各种原因没有采取最适合未成年人的专业服务方法与技巧，甚至没有意识到自己使用了错误的专业方法与技巧，这些都需要通过督导促进社会工作者发现并及时进行调整。

第三，在支持性督导中注重发展社会工作专业能力，提升社会工作者的自我觉察力。其一，要注重发展社会工作专业能力。社会工作者的专业能力必然要随着时代的发展和工作经验的积累而提升，这一提升过程除了系统性地接受专业培训外，主要依靠督导的方式来完成(从广义的定义来看，系统性的专业培训也可以理解为督导的一种形式)。其二，要注重提升社会工作者的自我觉察力。社会工作是一种“用自己工作”的工作方式，社会工作者本人既是提供社会工作服务的主体之一，又是开展社会工作服务的“工具”。如同我们需要了解、学习和运用其他理论和方法工具一样，社会工作者对“自己”这一社会工作服务的主要“工具”，也需要了解、学习和运用。尤其是在未成年人司法社会工作服务中，服务对象通常的生命经验比较复杂。在服务过程中，服务对象的生命经验和生命状态，难免会冲击社会工作者本身，此时社会工作者需要明确地意识到哪些是服务对象本身的，哪些是受激发的自己本身的。如果被服务对象激发的自己开始影响工作状态，社会工作者就要进行调整。

(三) 督导的方式

督导开展的方式，不同国家、组织、团体之间也有不同的界定，包括个别督导、个案咨询、督导小组、同事—团体督导、协力督导、团队督导等。为了尊重服务发展的多元性，本书在此不对督导方式进行定义，只着重介绍在社会工作实践过程中常见的督导方式。

1. 现场督导

现场督导即在服务现场进行督导。这样的督导方式对场地的要求比较高，通常要求在有单面镜的场所进行，一方面便于观察和督导活动的展开，另一方面也能够有效保障服务对象接受专业的服务。但是，大多数时候，这样的督导方式很难进行，尤其是在未成年人司法社会工作服务领域内，服务大多在司法机关的场所中展开，难以达到督导的场所要求。不过，也有一些替代性方案，如活动结束后立刻进行督导或是通过观看录像的方式进行督导。

现场督导的优势在于其资料不仅来源于社会工作者的描述，而且来自督导者的观察，督导者能够充分观察到社会工作者与服务对象及其环境之间的互动，有助于社会工作者更加全面地了解情况，并且给予针对性的指导。这样的督导方式对社会工作者个人能力的提升非常有效，但也存在一定的问题。例如，在个案工作开展的过程中很难进行现场督导，第三者的出现容易破坏社会工作者与服务对象之间原有的专业关系。录像的方式虽然可以从一定程度上解决这个问题，但是由于录像需要花费时间完全还原现场情况，其所需要的督导时间比较长，这在很多服务中是无法实现的。

2. 循环式朋辈督导

循环式朋辈督导是一线社会工作者在服务过程中使用起来较为方便且实用的督导方式。受工作量和工作时间安排的限制，将社会工作者集中起来，花费较长时间进行督导的方式在绝大多数社会工作服务中难以实行。如果所有的督导都留到专家来时进行集中解决，很大程度上会降低工作效率，为服务质量埋下隐患。因此，大多数社会工作机构会采用朋辈督导的方式。需注意的是，在实际操作中，由于朋辈督导中督导者和被督导者是经验、资历都较为相似的同龄人，可能会遇到因经验不足或碍于情面等而出现不敢发表意见，导致督导效果不佳的情况。

循环式朋辈督导中循环发问的设计、焦点解决短期治疗的理念，均能够有效提升督导效果。循环式朋辈督导中，所有人围坐成一圈，由一名社会工作者简要描述自己所经历的困惑和问题，由其他成员进行记录。第一轮循环，请所有其他社会工作者就其在案情描述中了解不充分的信息进行补充(此处以一轮为单位，可以进行几个循环，直到所有社会工作者都没有新的问题为止，下同)。第二轮循环，针对社会工作者所做的努力，用句式“我看到你做了什么”来表达自己所看到的社会工作者在实现目标过程中付出的努力。第三轮循环，针对社会工作者提出其面对的困惑和问题，所有社会工作者用“如果我是你，我会……”的句式来提供自己的解决方案。注意，这里的句式使用十分重要，不是“你应当……”而是“如果我是你，我会……”，这样的方式可以充分减弱督导与被督导者的敏感度和督导压力。第四轮循环，请被督导者进行总结，提炼其在这次循环督导中发现的、在后续工作中可以选择的工作模式。

未成年人司法社会工作服务面临着督导资源稀缺的现实困境，因此朋辈督导的方式能够从一定程度上解决督导资源缺乏的问题。此外，从实际工作中的沟通需要和服务对象的多样性来看，朋辈督导也是较好的支持方式之一。一方面，从实际沟通工作的需要来看，在服务过程中，社会工作者需要和公安司法机关、民政部门、共青团组织、社区、当地爱心企业等多方力量进行沟通，沟通方法与技巧的提升通常需要社会工作者在实践中不断积累经验，朋辈督导的方式能够有效地促进这些经验的传递；另一方面，从工作难度来看，未成年人司法社会工作的服务对象情况复杂多样，通过社会工作者一人的思考来设计与开展服务未免受到限制，借助循环式朋辈督导的方式，社会工作者可以获取更多解决问题的方式和更开阔的解决问题的思路，有助于选取更加合适的方式来设计和开展服务，以提高服务质量。

3. 志愿者督导

与上述督导不同，志愿者督导是按照被督导者的身份进行分类的。之所以将其作为重要的内容提出，是因为在未成年人司法社会工作领域内，志愿者的工作会对服务对象产生十分重要的影响。未成年人司法社会工作者所面对的服务对象多处于司法流程中，服务对象普遍是司法部门转介而来的、非自愿的且相当一部分服务对象由于前期的经历而对周围环境中的人和物抱有极大的怀疑，因此在这一专业领域中，对志愿者的要求和对社会工作者的基础要求是一致的。所有志愿者在接触服务对象之前，都必须经过严格的培训，在服务结束之后，也应当立刻接受专业督导，以便及时发现和处理问题。

除此之外，我们鼓励带领志愿者的社会工作者作为主要督导人员。一是因为该名社会工作者与志愿者共同经历了整个工作流程，更能就现场所发生的情况进行充分讨论，避免因为信息转述带来误差。二是因为这一督导过程对社会工作者本身来说，也是提升其综合能力的重要机会。当然，志愿者也应当参加机构的其他督导，全面提升自己的专业能力和水平。

（四）督导者与督导制度

1. 督导者

督导者应当具有较高的理论修养和较丰富的实务工作经验，并且能够将二者进行有机结合。现阶段，未成年人司法社会工作服务的督导者主要由两类人员组成——高校教师和资深一线社会工作者，其在现阶段未成年人司法社会工作服务督导中发挥了重要的作用。高校教师通常可以带来较为丰富和先进的理论视角，能够带领社会工作者对服务对象的情况进行比较深入、细致、有条理的分析，提高服务的专业性和科学性。资深一线社会工作者通常拥有较为丰富的实践经验，这些实践经验能够直接应用在一线社会工作服务中，直接帮助社会工作者解决实践过程中遇到的问题，提高服务效率，提升社会工作者的效能感。

现阶段我国缺乏能够将理论知识和实践经验进行有机结合的督导者。高校教师提供的理论知识通常需要社会工作者进行深入且细致的再加工，才能运用到未成年人司法社会工作实践中，这对新手社会工作者来说，难度较大。因此，在实践中，高校教师带来的理论知识通常需要经过资深社会工作者的“消化”，之后再传递给其他社会工作者。但资深社会工作者在未成年人司法社会工作服务中是稀缺资源，这就导致了督导效率的降低。此外，经过资深社会工作者“消化”的理论知识是不是存在偏差也很难判定，间接降低了督导的质量。资深社会工作者作为督导提供的实践经验虽然具有很强的指导意义，但通常缺乏理论高度，难以论证服务有效性的来源，并且由于这些经验往往具有鲜明的个人特色和地域特征，也难以在更大的范围内进行应用和推广，因此当务之急是要培养一批同时具有理论高度和实践经验的督导者，以提高未成年人司法社会工作服务督导的质量和效率。

2. 督导制度与督导记录

社会工作机构应当按照组织内部的实际情况安排督导制度和制作督导记录表格。总的来说，督导应当由固定督导、临时督导和现场督导组成，注重将朋辈督导与专家督导相结合，以达到更好的督导效果。此外，督导者应当在督导结束后及时填写督导记录，包括督导的时间、地点、形式、参与人员、拟解决的问题、主要解决过程和决议等。

二、咨询

（一）咨询的定义与内容

斯基德莫尔提出，正式咨询是指在自身的专业领域内具有较为丰富工作经验的人士，回应社会工作者对相关领域的提问，协助社会工作者解决问题，参与社会工作机构未来发展相关计划的制订和决策的过程。[①] 社会工作咨询和社会工作督导有着相似的性质，但从内容和目的上来看，咨询与督导有一定的差异。社会工作督导主要是调动专业力量，解决专业问题，最终促进服务质量的提升。而社会工作咨询更多的是通过借助社会工作以外的专业力量，丰富社会工作者的知识储备，了解不同场域的行动特点，搭建社会工作者间的支持网络，以促进社会工作的发展。

（二）咨询的发展过程

在未成年人司法社会工作发展初期，咨询往往整合在督导过程中。在未成年人司法社会工作服务不断推进的过程中，部分一线社会工作者发现，了解和掌握一定的社会工作专业理论和方法难以充分应对未成年人司法社会工作的服务要求。社会工作者必须对相关法律规定有较为深刻的理解，对司法机关的办案流程有细致的了解，甚至对其主要合作的司法部门的运转方式有一定的认知。这就意味着，社会工作者必须向其他行业的从业人员学习，了解和掌握其他行业的基础知识。这一学习的过程就是未成年人司法社会工作服务的咨询过程。

在相当长的一段时间里，虽然未成年人司法社会工作服务已经开始有意识地邀请有关人员进行咨询，也有一些社会工作教材和专著中提及咨询的概念，但是在实务领域，咨询多数还是被包含在督导的内容中。直到 2021 年《社会工作督导指南（MZ/T 166—2021）》正式出台，社会工作实务领域才真正有意识地将咨询视为一项独立的工作内容。

（三）咨询的内容

从咨询的定义可见，其内容包罗万象，可以是围绕社会工作机构运行管理的，可以是围绕社会工作服务场域特点的，甚至可以是围绕国家和社会发展背景的。未成年人司法社会工作服务领域的特点，结合一线实务过程发展中的实际要求，在未成年人司法社会工作中，咨询主要围绕以下五点内容展开。

1. 法律法规知识

未成年人司法社会工作是社会工作与未成年人司法相交叉的一个学科和专业，因此在工作推进过程中，社会工作者必须具备基本的法律法规知识。虽

---

① 雷克斯・A.斯基德莫尔：《社会工作行政：动态管理与人际关系》，张曙等译，中国人民大学出版社，2005，第 248 页。

然在学历教育阶段,社会工作者会接受相关法律知识的学习,但这些法律法规在实际社会工作服务中是如何运用的?它们都发挥着怎样的作用?在运用过程中需要注意哪些内容?这些都需要在具体的实务过程中进行学习和深化理解。而这些知识难以由社会工作专业领域的专家进行讲授,需要一线办案人员将其经验与知识教授给社会工作者。

2. 公安司法机关的工作流程和行业特点

席小华指出,场域契合性是未成年人司法社会工作发展的一个重要影响因素。投射在具体服务中,即要求社会工作者了解其所服务场域的具体特点。借助布迪厄(Bourdieu)场域理论的框架,需要深入了解场域中的资本分布情况及场域中行动者的惯习。在未成年人司法社会工作的实际开展过程中,社会工作者需要了解其接触的公安司法机关及其他相关组织机构(如教委、共青团组织、社区青年汇)等的工作流程,以及它们在工作推进过程中的主要性格特点。这些内容是站在其圈子之外的社会工作者难以直接感受到的,需要邀请专业人士开展咨询活动来展现。

3. 未成年人司法改革的进程

了解未成年人司法改革的进程,可以帮助社会工作机构和社会工作者及时掌握行业发展趋势,提前做好相关准备。未成年人司法社会工作的发展与少年司法制度的发展密切相关,现阶段正处于少年司法改革的关键时期。因此,获取少年司法改革进程和方向的相关信息,对社会工作机构明确行业发展方向有着十分重要的意义。通常这些内容并不是社会工作专业本身需要储备的知识,而需要通过咨询的方式来获取。

4. 社会政策相关知识

一般意义上的社会政策相关知识是指已公布的、可用于社会工作实务的社会政策,这对未成年人司法社会工作服务十分重要,但却不是咨询的重要内容。咨询中所指的社会政策相关知识是指社会政策制定、出台、修订的过程和内容。在未成年人司法社会工作中,微观层面的、直接服务的工作通常占社会工作者最多的时间和精力。随着服务推进的不断深入,社会工作者意识到,部分服务对象的问题和困境难以单靠调整服务对象自身的情况加以解决,更需要结构层面的制度的支持。因此,社会工作者需要充分了解政策制定、出台和修订的过程,了解社会工作能够参与政策修订的契机与路径,进而在工作中抓住关键机会,参与政策倡导,从更加宏观的层面解决服务对象面临的困难,为服务对象搭建更完善的支持体系。

5. 社会工作机构的管理与发展

社会工作机构是社会工作服务开展的重要依托，其组织管理是一项具有较强专业性的工作内容。因此，在社会工作服务推进过程中，社会工作机构需要邀请专业人士，就自身的组织管理等问题开展咨询，为专业服务的推进做好保障。

（四）咨询的人员

根据未成年人司法社会工作服务的需要，咨询团队可以由法律、教育、心理、管理等相关行业的专家组成。咨询团队在组建过程中，除了需要邀请相关行业的学术专家外，尤其需要注重一线实务工作者的参与，他们能够为社会工作者提供更加具有操作价值的知识与经验，能够从一定程度上提高咨询的针对性和适用性。

第四节　服务评估

在社会工作服务开展的过程中，社会工作者经常需要回应的问题是：社会工作者的服务是有效的吗？他们提供的服务帮助到了服务对象吗？有什么证据能够证明服务对象的转变是社会工作服务的结果？整个项目有没有达到既定的工作目标？以上问题都需要通过社会工作评估来回答。本节将从社会工作评估的意义、分类、方法和注意事项等方面出发，分析未成年人司法社会工作领域的社会工作评估。

一、开展评估工作的意义

社会工作评估一直是社会工作实务的重要组成部分，需要明确指出的是，社会工作评估不仅是一项行政工作，而且还是整个服务过程的重要环节之一。社会工作评估对服务使用者、服务购买方、社会工作机构和社会工作者都有重要的意义。

（一）有助于提高服务质量

通过社会工作评估，社会工作者能够以较为全面、客观的视角看待服务过程中的优势与不足。如果评估发生在服务过程中，可以在后续服务中对工作进行调整，以提高服务质量；如果评估发生在服务结束后，就可以对整个服务过程进行审视,并且为后续服务的开展提供宝贵的工作经验,提高未来的服务质量。

(二) 有助于服务委托方了解服务开展的情况

在未成年人司法社会工作领域内,服务委托方通常是公安司法机关、政府部门、群团组织、基金会等主体,并不是专业服务的直接使用者。因此,服务委托方往往难以直接、真切体会社会工作的服务成效,需要借助社会工作评估了解服务的具体效果、服务项目的整体执行情况等,从而帮助其甄别项目整体的质量,为后续的资金、物资等的投入提供证据支持。

(三) 有助于社会工作机构的可持续发展

就社会工作机构而言,通过社会工作评估能够看到社会工作的服务质量、社会工作者的工作情况,这有助于社会工作机构更好地把握发展状态,了解社会工作者的工作能力,并且设定更加合理的机构发展规划和社会工作者培训计划。

二、评估的分类

顾东辉在《社会工作评估》一书中指出,社会工作评估分为服务前评估(包括需求评估和方案评估)、服务中评估(过程评估)和服务后评估(结果评估),此外成本—效益评估、影响评估也是社会工作者在服务中经常使用的两种评估类型。[①] 根据社会工作不同的实践领域,社会工作评估可划分为不同的类型。未成年人社会工作的评估可以分为需求评估、方案评估、过程评估和结果评估[②];学校社会工作中,评估可以分为过程评估、结果评估和需求评估[③];小组工作中,评估可以分为策划评估、过程评估、结果评估和效率评估。[④] 结合未成年人司法社会工作服务的实际情况,本书仅从常用的过程评估与结果评估、实务评估与项目评估的角度对此问题进行讨论。

(一) 过程评估与结果评估

根据评估的目标和评估开展的时间,社会工作评估可以分为过程评估与结果评估,这是社会工作评估最常见的分类方式。具体来说,过程评估的目的

---

① 顾东辉:《社会工作评估》,高等教育出版社,2009,第10—12页。

② 陆士桢、王玥:《青少年社会工作》(第3版),社会科学文献出版社,2017,第359—360页。

③ Paula Allen-Meares:《学校社会工作》,陈蓓丽、蔡屹、曹锐等译,华东理工大学出版社,2008,第385—389页。

④ 刘梦:《小组工作》,高等教育出版社,2003,第231—232页。

是获得有助于修改和细化实务或项目的信息，结果评估的目的是获得有关实务或项目成功与否的信息，二者都是社会工作评估不可分割的部分，是做好实务工作的基本要素。[①]

1. 过程评估

过程评估用于预示与指导有关的、正在进行的、关系介入行动的实践决策，因此过程评估是一种在必要时对已经制定好的介入活动进行监测和改变的工具。[②] 简单来说，过程评估是在服务仍旧持续推进的过程中所进行的评估，此时评估的目的并非对服务进行评定，而是发现服务过程中的优势和可能存在的问题，并且进行有效调整，以促进服务沿着正确的方向持续、有效推进。

在未成年人司法社会工作服务中，过程评估对保障服务质量有着重要的意义，这主要是因为在过程评估开展时，服务还在进行中，社会工作者可以就评估中发现的优势与问题，及时进行调整，这对提高服务质量尤为重要。

2. 结果评估

结果评估也称效果评估、总结性评估，可以用于评估介入行动的最终结果，确定哪些是促成干预行动取得相对成功或失败的因素。结果评估在很多时候被作为提供给相关机构和经费资助方的结项报告的基础。[③] 简单来说，结果评估通常在服务结束时进行，目的是确定服务是不是达到了既定的目标。除此之外，与考核不同的是，评估的重要目标还包括分析服务过程中的有效行动，以提高后续服务的质量。

在未成年人司法社会工作服务中，结果评估被广泛使用。通过结果评估，社会工作机构能够整体、客观地看到服务提供的过程，能够实现对服务质量的有效把握。同时，社会工作者也得以抽身出来，从客观的角度看待服务过程，积累宝贵的工作经验。更为重要的是，通过结果评估报告，社会工作机构得以与服务委托方就服务和项目的开展情况进行深入地沟通和交流，以弥补由于服务委托方和服务使用者不是同一群体而造成的信息遗失与偏差，协助社会

---

① Paula Allen-Meares：《学校社会工作》，陈蓓丽、蔡屹、曹锐等译，华东理工大学出版社，2008，第 384—385 页。

② 巴拉德福特·谢弗、查尔斯·霍雷西：《社会工作实务：技巧与指南》（第十版），卢玮译，中国人民大学出版社，2019，第 332 页。

③ 同上。

工作机构巩固与服务委托方的合作关系，保障未成年人司法社会工作服务的持续推进。

（二）实务评估与项目评估

从评估对象的内容来看，评估可以分为实务评估与项目评估，这也是在未成年人司法社会工作中经常使用的评估类型。

1. 实务评估

实务评估是指对社会工作者提供的具体服务开展的评估。在实务评估中，被评估的对象是某一具体的社会工作服务，如社会工作者对王某开展的社会调查服务、对李某开展的合适成年人服务等。实务评估的目的在于重新审视整个服务开展的过程，发现实务过程中的优势和不足，并且形成后续工作中的解决方案。实务评估在服务中使用的频率最为广泛，每一个具体的服务提供过程都应当接受实务评估。

2. 项目评估

项目评估是指对一个项目的系统性监测[①]，包括前期评估，项目设计，实施、监测与督导，终期评估四个重要内容。[②] 与实务评估聚焦在具体的服务对象上不同，项目评估将评估范围拓展至整个服务项目从设计到执行的全程。社会工作服务项目评估是指用科学的研究方法对服务项目的设计、策划、实施和效果进行诊断和评价的活动。未成年人司法社会工作服务通常以项目制的方式运作，评估内容包括项目能不能回应服务对象的需求、项目是不是具有可操作性、项目的人力和资金使用是不是合理、项目执行过程是不是科学规范、项目是不是达到了预期的服务目标等。此外，项目评估还关注服务效率和项目运作的可复制性、推广性和规范性。

三、评估方法

评估方法是社会工作评估的最核心部分，没有科学的、与被评估对象相适应的评估方法，就不可能有科学的评估结果。实务评估和项目评估关注的焦点有所不同，因此使用的评估方法也不同，以下对这两种评估采用的方法分别进行论述。

---

① 巴拉德福特·谢弗、查尔斯·霍雷西：《社会工作实务：技巧与指南》（第十版），卢玮译，中国人民大学出版社，2019，第 361 页。

② 韩俊魁：《非营利组织项目管理》，社会科学文献出版社，2015，第 1—2 页。

（一）开展实务评估的方法

《社会工作实务：技巧与指南》一书列出了七种可以对直接服务效果进行评估的方式[①]：① 用频率计数来测量变化；② 用个性化评估量表测量；③ 用标准化评估量表测量；④ 服务计划结果清单；⑤ 任务完成量表；⑥ 目标达成量表；⑦ 单一受试设计。

上述评估方法可以简单地划分为定性和定量两类。

1. 以定量研究为主要思路的评估

上述评估方式中，①②③⑦主要是定量评估，即通过数据的变化来体现服务效果。这类评估方式的优点在于能够将服务对象的变化转化为数据，更加直观地呈现服务成效。与此同时，其使用的困难也比较显著，尤其是单一受试设计。由于服务对象在日常生活中受多种因素的影响，实验设计或准实验设计在实际的评估过程中通常难以实现"控制单一变量"的基本要求。除此之外，②③都是以量表作为主要手段进行的评估，此时需要警惕练习效应的发生，在量表的选择和测量方式上都需要比较精细的设计。①是对未成年人开展服务时比较常用的方式。下面举一个案例加以说明。

服务对象：凯子。

简要情况：凯子平时在学校里十分内向，不主动与同学和老师交流，有什么事情也都放在自己的心里。虽然凯子有很多想法，但是常年不主动表达，一方面是羞于表达，另一方面其表达能力也比较欠缺，很难表达出自己的真实想法。对此凯子感到十分困惑。

服务目标：提升沟通与表达能力。

评估方式：记录每次小组活动中凯子的发言次数，以及每次发言的字数，进行前后比较。

评估结果：凯子第一次参与活动时只会说"嗯""好"等只有一两个字词的短句，很少有观点比较明确的表达且只有三次发言。在最后一次活动中，凯子主动冲到摄像机前要表达自己对活动的感受，在这次活动的最后一个环节，凯子完成了一个较长句子的表达，共三十二个字。

---

① 巴拉德福特·谢弗、查尔斯·霍雷西：《社会工作实务：技巧与指南》（第十版），卢玮译，中国人民大学出版社，2019，第337—357页。

这一个案看起来十分简单，但是从对每次活动中服务对象发言次数和发言字数的记录中，可以清晰地看到凯子的变化。

2. 以定性研究为主要思路的评估

上述评估方式中，④⑤⑥主要为定性评估，或者说主要是以定性的思路来收集资料而进行的评估。这些评估的基本思路为确定一个服务任务/计划，然后跟进服务开展的具体情况并进行记录，通过过程性的持续记录或阶段性记录之间的对比，来评估服务成效。下面举一个案例加以说明。

服务对象：小简。

简要情况：受多重因素的影响，小简已经一年多没有到学校上学了，在这一年多的时间里，他一直宅在家里打游戏，在网络上结交了一些有不良行为的朋友。小简转入新的学校后，老师和社会工作者分别与其进行沟通，希望能够鼓励小简到学校来上学。

服务目标：小简能够稳定到校学习。

评估方式：与小简沟通，共同制订目标达成量表。目标达成量表将“稳定到校学习”这一目标拆分成几个阶段来完成，包括每周到校一天，每周到校两天，每周到校三天，每周到校四天，每周到校五天（周三晚上回家），每周到校五天。

评估结果：小简在第一个月内完成了每周到校一天到三天的目标，但是在第二个月徘徊在两天至三天的水平。第三个月，社会工作者增加了周日的家庭探访和在校期间的课间访问时长，小简的情况有所改善，连续两周完成了到校四天的目标。第四个月，社会工作者与小简共同回顾了其在过往三个月中的进步，系统性地梳理了其能够完成挑战的支持性因素，并且鼓励小简在最后一个月接受到校五天的挑战，小简终于在第四个月的最后两周实现了每周到校五天的目标并一直坚持到学期结束。

这样的评估方式在未成年人司法社会工作服务过程中是比较常见的。这样的记录能够明确服务目标，并且通过与服务对象的共同记录（根据实际情况，也可以是社会工作者自己的记录）来促进服务对象更有动力迈向最终的服务目标。

(二) 开展项目评估的方法

有大量学者曾针对项目评估进行过深入细致的研究,欧文(Owen)和罗杰斯(Rogers)将评估项目分为五大类:前摄性评估、澄清性评估、互动性评估、检测性评估和影响性评估(如图 8-2 所示)。其中,前摄性评估适用于新发展的项目和项目发展的初级阶段,澄清性评估、互动性评估和监测性评估适用于发展中的项目,影响性评估多用于已完成的项目。

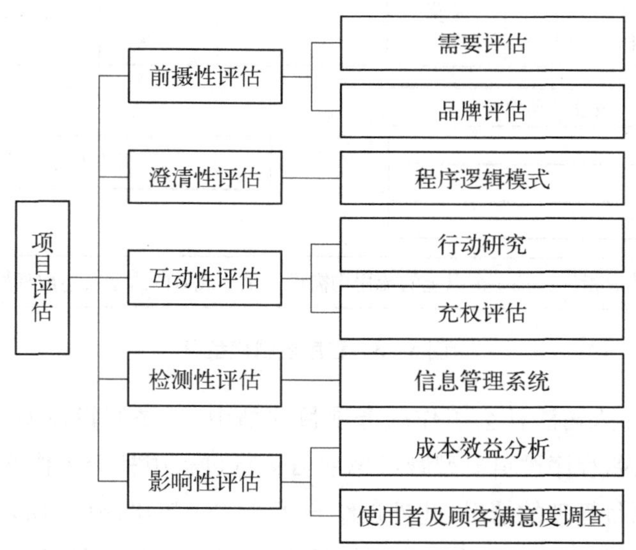

图 8-2　项目评估的分类

在未成年人司法社会工作实践中,项目评估工作贯穿项目设计和执行的始终,因此需要一个能够将上述五种评估都包括其中的评估方法,在这样的方法中,使用最频繁的是程序逻辑模式。程序逻辑模式是一个可以用于指导项目评估的工具,其本质是去创造一个结构,来对项目中的每一个层面进行评估。[①] 根据美国威斯康星大学的研究,在程序逻辑模式架构的指导下,对一个项目的评估应当包括处境分析、资源投放、活动(服务)和服务成效(影响)几个部分(如图 8-3 所示)。[②]

---

① 巴拉德福特·谢弗、查尔斯·霍雷西:《社会工作实务:技巧与指南》(第十版),卢玮译,中国人民大学出版社,2019,第 362 页。

② 戴维·罗伊斯、布鲁斯·A.赛义、德博拉·K.帕吉特:《项目评估:循证方法导论》(第六版),王海霞,王海洁译,中国人民大学出版社,2018,第 114—116 页。

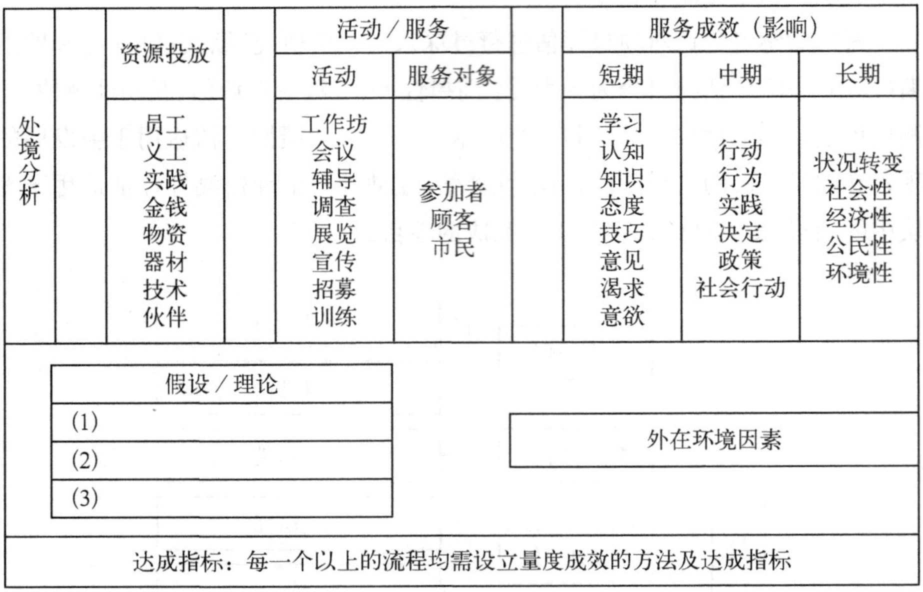

处境分析		资源投放		活动／服务			服务成效（影响）		
				活动	服务对象		短期	中期	长期
		员工 义工 实践 金钱 物资 器材 技术 伙伴		工作坊 会议 辅导 调查 展览 宣传 招募 训练	参加者 顾客 市民		学习 认知 知识 态度 技巧 意见 渴求 意欲	行动 行为 实践 决定 政策 社会行动	状况转变 社会性 经济性 公民性 环境性

假设／理论
(1)
(2)
(3)

外在环境因素

达成指标：每一个以上的流程均需设立量度成效的方法及达成指标

图 8－3　程序逻辑模型[①]

在未成年人司法社会工作服务项目评估中，程序逻辑模型被广泛使用。这主要是因为，程序逻辑模型既考虑项目运行过程中社会工作服务提供的情况，又考虑项目管理的情况，此外还结合了成本—效益评估的部分思想，对投入产出比例进行观测。这有助于评估者对整个项目的运行过程进行立体化梳理，全面了解项目执行的情况。

对社会工作机构来说，程序逻辑模型有三个突出的作用。一是可以清晰地呈现项目执行中开展的主要工作和工作成效，这有助于社会工作机构与服务购买方进行深入的沟通与交流，为服务争取更多的支持。二是可以通过成本—效益评估，看到该项目的投入产出比，进而支持社会工作机构更好地进行机构内的资源调配，也可以提升项目申报的合理性。三是可以借助对活动和成效的关系的观测，充分发掘服务提供过程中那些能够对服务对象产生积极影响的服务内容，以便在后续的服务提供中进行复制和推广。

由于未成年人司法社会工作服务在全国各地的发展水平不均衡，在很多地区还处于探索阶段，因此不论是与服务购买方进行有效沟通，还是合理配置

① 改编自戴维·罗伊斯、布鲁斯·A.赛义、德博拉·K.帕吉特的《项目评估：循证方法导论》（第六版），王海霞、王海洁等译，中国人民大学出版社，2018，第 114—116 页。

机构的内部资源或是提高服务的有效性，都是重要的工作环节。熟练掌握和运用程序逻辑模型对未成年人司法社会工作服务项目进行评估，对未成年人司法社会工作的专业化建设有着十分重要的意义。

四、评估的注意事项

（一）评估的设计应当贯穿服务始终

评估不是在项目结束时才开始设计的，而是在服务设计之初就列入服务计划中，并且应当在服务推进过程中不断开展和调整。只有在服务开始之初就设定了成效评估的方式方法，才能在服务开展过程中有的放矢地收集资料，以获得最佳的评估效果。

（二）评估要以保障服务有序推进为前提

为了实现服务评估，社会工作者需要在服务的过程中收集大量资料。但是，收集评估资料应当以不影响服务的有效推进为前提，否则就是本末倒置、得不偿失。为了避免评估工作与实务工作的冲突，评估工作应当在与实务人员充分沟通与交流的基础上设计并实施，以充分发挥评估工作对专业服务的促进作用。

（三）评估工作人员需秉持专业伦理

从未成年人司法社会工作服务推进的实际情况来看，大量服务评估工作需要由社会工作机构自己来完成。也就是说，开展服务的社会工作者和进行评估的社会工作者属于同一社会工作机构，这样的身份关系可能会导致一些伦理问题，如开展评估的社会工作者为了项目或服务“看起来”更有效而调整评估报告，这是不可取的。如果客观上没有条件开展第三方评估，承担评估任务的社会工作者就应当秉持客观中立的立场开展评估工作，对服务对象和服务委托方负责，同时促进社会工作机构服务质量的提高。

（四）将利益相关方列入评估计划

由于未成年人司法社会工作服务经常会出现服务委托方和服务使用者并非同一主体的情况，因此为了促进服务出资方了解服务推进的实际情况，以及推动友好环境的建设，在评估设计过程中，社会工作者应当将利益相关方纳入其中，作为评估人员或评估对象参与评估。

服务评估是保障未成年人司法社会工作服务质量的重要环节之一。根据评估开展的时间和主要目的，可以分为过程评估与结果评估；根据不同的评估对象,可以分为实务评估与项目评估。从实务评估的方法来看,沿着定量研究思路设计的评估方案,能够更加直观地看到服务对象的变化,但需要慎重设计评估开展的过程;沿着定性研究思路设计的评估方案更加常用,具有较高的操作性,能够生动地反映服务对象的变化。从项目评估的角度来看,程序逻辑模型是比较常用的项目评估模型,此外成本—效益评估、使用者满意度评估也可以列入评估计划。在评估过程中,社会工作者应当注意,成效评估的设计应贯穿服务始终,评估人员应秉持专业伦理开展工作、以服务推进为第一前提,同时还应考虑将利益相关方列入评估计划。

四 本章要点

服务管理与质量控制是社会工作服务专业性的重要保障,也是促进未成年人社会工作发展的重要力量。

案件管理是未成年人司法社会工作中的一项特殊工作内容。这一工作内容的形成与其服务所在的公安司法行政体系有密切的关系。社会工作需要以服务委托方的工作流程为基础,设计便于社会工作机构和一线社会工作者使用的案件管理流程。具体来说,应当包括接案与分案,监督、沟通案件推进情况,案件信息统计与分析,档案管理,以及其他相关工作等重要内容。

风险管理要求社会工作机构树立风险管理的意识,对内部风险、外部风险及其他因业务能力、项目设计、信息传递等导致的风险进行有意识的管理。风险管理应当包括风险识别、风险控制与应对、风险反馈三个主要环节,而督导咨询应当贯穿在这一流程始终。

质量控制是社会工作服务专业性的重要保障,可以分为督导和咨询两个部分。督导应当包括四个主要内容:服务规范和行政要求,服务过程监督与质量提升,发展社会工作专业能力,提升社会工作者个人生命质量和生活状态。督导的方式包括现场督导、循环式朋辈督导和志愿者督导等。未成年人司法社会工作具有特殊性,咨询对社会工作尤其重要。具体来说,咨询的内容主要包括法律法规知识、公安司法机关的工作流程、少年司法改革进程、政策制定与流程修订,以及社会工作机构管理等内容。

服务评估是具体呈现社会工作服务效果的重要环节,对服务直接使用者、服务委托方和社会工作机构与一线社会工作者都有重要的意义。简单来说,评估可以分为过程评估和结果评估、实务评估和项目评估等。在对服务效果进行评估时，定性和定量是两种重要的思路；在对项目进行评估时，程序逻辑模型是比较常用的评估框架。

思考题

1. 为什么社会工作中要包括案件管理？案件管理主要包含哪些内容？

2. 风险管理主要包括哪些流程？应当注意对哪些风险的控制和管理？

3. 督导与咨询分别适用于怎样的场合？

4. 对项目开展的效果评估和对个人、群体开展的服务效果评估有何不同？二者通常分别采用怎样的评估方式？

第九章
未成年人司法社会工作服务保障

服务保障作为专业服务开展的重要支撑，是一个动态的管理机制，只有社会工作专业服务和服务保障之间形成良性循环，才能促进服务质量的提升，达到保障的目的。由于专业服务领域不同，服务保障的措施略有差异。从法律层面看，2016 年 12 月 25 日，《中华人民共和国公共文化服务保障法》正式颁布，该法对公共文化服务的保障措施进行了详细的规定，涵盖经费、人员、机构、考核评价四个方面。已有研究对服务保障进行过探讨，如针对政府购买公共体育服务和大学生服务，侧重从法律规范、制度、人力、资金、绩效评估五个方面进行服务保障[①]；针对大学生志愿服务，侧重从人力、资金、法律和安全四个方面进行保障[②]。

借鉴有关法律规定和实证研究，本章主要从制度、机构和人员、经费、服务的绩效评估四个方面探讨未成年人司法社会工作服务保障，尤其是制度保障、机构和人员保障、经费保障三个方面。

第一节 制度保障

制度既是人们行为的准则，又是人们社会关系的系统化凝结。制度通常包含正式制度和非正式制度，共同规范人们的行为，整合社会结构，维持社会

① 朱毅然、刘安国、孙晋海：《政府购买公共体育服务保障机制研究》，《西安体育学院学报》2020 年第 5 期。

② 王泓：《大学生志愿服务的社会支持与保障状况分析》，《思想理论教育》2012 年第 17 期。

秩序。制度保障是通过制定完善的制度体系来实现的，这些制度体系不仅包括国家层面的制度保障，还包括各类组织内部的制度保障。制度保障有助于形成社会认可的公共秩序，促进社会整体的良性发展。

一、制度保障的主要内容

未成年人司法社会工作服务的制度保障主要涵盖两个方面：一是指宏观层面行业发展上的制度保障，尤其是行业制度。行业制度通过对行业的整体性规定，推动整个行业的发展，进而为服务提供支持和保障。二是指中观和微观层面围绕服务设定的规范体系和工作制度。这些制度直接对服务的内容、过程、成效、保障等做出明确的规定，包括服务委托方的制度、社会工作机构的制度及多部门共建制度。

（一）行业制度

随着社会工作职业化的深入推进和未成年人司法制度改革的全面铺开，未成年人司法社会工作服务的需求迅速增加，未成年人司法社会工作行业发展处在快速成长期。为此，加强行业制度建设，促进服务的规范化、专业化发展显得尤为重要。行业制度通常包括标准化制度和行业监管机制。

1. 标准化制度

按照《中华人民共和国标准化法》的定义，标准是指农业、工业、服务业及社会事业等领域需要统一的技术要求，包括国家标准、行业标准、地方标准和团体标准、企业标准。其中，在社会工作领域内常见的标准是国家标准、行业标准和地方标准。国家标准，即中华人民共和国国家标准，是指由国家标准化主管机构批准发布，对我国经济技术发展有重大意义，并且必须在全国范围内统一的标准。行业标准是对国家标准的补充，指没有推荐性国家标准、需要在全国某个行业范围内统一的技术要求。行业标准在相应国家标准实施后，应自行废止。地方标准，是指由地方（省、自治区、直辖市）标准化主管机构或专业主管部门批准、发布，在某一地区范围内统一的标准。为满足地方自然条件、风俗习惯等特殊技术要求，地方（省、自治区、直辖市）标准化主管机构或专业主管部门可以制定地方标准。

从整个社会工作行业来看，近年来，民政部指导全国社会工作标准化技术委员会和标准起草组共同推动社会工作服务国家标准和行业标准的制定。2014—2018 年，民政部先后发布了《社会工作服务项目绩效评估指南》《儿童社会工作服务指南》《社区社会工作服务指南》《社会工作方法 个案工作》《社会工作方法 小组工作》五项推荐性行业标准。这些行业标准对明确通用工作模式，指导和规范社会工作服务有序开展，推动社会工作服务走向规范化、专业化起到了重要的作用。2019 年，民政部和共青团中央共同提出了《青少年社会工作服务指南》，这是中国社会工作领域第一个国家级标准。该标准规定了青少年社会工作服务的原则、内容、方法、流程和管理等，对提升和规范青少年社会工作服务起到了重要的引领作用。

未成年人司法社会工作标准化，是指通过将标准化的原则和方法运用到未成年人司法社会工作的服务领域，制定、发布、实施、修订未成年人司法社会工作服务标准和其他标准化文件，以达到服务质量目标化、服务方法规范化、服务过程程序化的目标，从而获得最佳的未成年人司法社会工作服务效果，确保涉案未成年人的合法权益得到有效保障。

在未成年人司法社会工作领域，国家和地方也在逐步推进标准化制度建设工作。2023 年 3 月 17 日，《未成年人司法社会工作服务规范》正式发布，这是我国社会工作服务业第二项国家标准，同时也是司法社会工作服务领域首项国家标准。该标准首先规范了司法社会工作服务应该如何提供，包括服务类型、服务内容、服务方法等几个主要部分。其次，该标准规范了如何对服务进行管理和评估，包括程序管理、档案管理、风险管理、服务反馈与改进管理、过程评估、成效评估等六个方面的内容。最后，该标准还规范了如何保障服务的可持续发展，包括制度保障、机构保障、人员保障、质量保障、经费保障等五个方面的内容。国家标准的出台对缩小不同经济发展水平地区的未成年人司法社会工作服务发展差距、保障服务质量、实现均衡化发展具有重要意义。

近几年，有些地方出台了未成年人司法社会工作服务的地方标准或行业标准。如 2019 年，温州市发布了《温州市青少年司法社会工作行业标准（试行）》，这是全国首个未成年人司法社会工作服务领域的市级行业标准。2020 年，上海市发布了《未成年人司法社会工作服务规范》，这是全国首个未成年人司法社会工作服务领域的省级地方标准。这些标准的实施，可以避免因社会工作服务规范不统一、帮教不专业对未成年人带来的二次伤害，为未成年人司法保护搭建更加完善的社会支持体系。

2. 行业监管机制

监管是指政府、政府授权的机构或其他依法设立的组织，通过制定相应的政策和法律法规，对具体产业所展开的活动进行监督、管理和干预的行为。行业监管是通过制定相关的规章制度，逐步形成同类性质社会工作的共同标准、共同价值和共同规范，以相互制约的形式推动社会工作机构的健康发展。

行业监管可以有效弥补政府监管和社会监督的不足。政府监管虽然更具有权威性、强制性和行政性，但政府部门若对社会工作专业服务认识不足，其监管的方式有可能对专业服务、机构日常管理造成干扰，而且政府的行政资源有限，容易给监管效果带来负面影响。通常社会监管能够对行业发展起到重要的引导作用，然而整个社会对社会工作机构的认知度和认可度较低，社会监管尚在起步阶段。

目前，未成年人司法社会工作正处于发展初期，行业监管机制尚未建立，无法从宏观上引导未成年人司法社会工作服务的发展，各地社会工作机构更多的是采取政府引导、学术交流、个别探访的形式，以自觉自律的态度，实现自身的成长和发展。这是导致各地未成年人司法社会工作服务发展水平有差距的原因之一。因此，未来有必要建立健全行业监管机制，加强日常服务质量监管，完善社会工作机构的准入退出机制，建立培训、督导体系，以推动行业的有序发展。

（二）服务工作制度

未成年人司法社会工作服务的规划和执行，不仅包含一线社会工作者，而且还包含服务的委托者、合作者等利益相关方。各方均应对未成年人司法社会工作服务提供有效的制度保障。我们主要从服务委托方工作制度、社会工作机构工作制度、多部门共建制度三个层面进行阐述。

1. 服务委托方制度

目前，未成年人司法社会工作服务共有七项，各项服务涉及的合作部门均有差异。如合适成年人服务主要来自公安部门和检察院的委托，涉未民事观护服务主要来自法院的委托。因此，在设计各项具体服务时，服务委托方也需建立相应的工作制度，确保与社会工作机构的及时对接，保障服务的顺利开展。服务委托方工作制度的具体内容包括以下六项。

（1）参与部门合作机制。当需要委托社会工作者开展服务时，服务委托方需明确本单位中参与部门的数量、工作职能、提供的资源、彼此协作的方式。这是服务委托方梳理内部工作机制的基础，确保能够及时、顺利完成与社会工作机构的委托、沟通、评估、提供经费和资源等工作。

（2）委托服务的程序规定。委托方应确立专门的联络负责人与社会工作机构对接，并且对何时委托、委托的程序、注意事项等做出明确的规定，确保未成年人能及时得到未成年人司法社会工作服务的支持。

(3) 异地委托衔接机制。当遇到人口流动导致相关社会工作服务需在异地开展时，委托方需与异地的公安司法机关或相关部门、从事未成年人司法社会工作服务的社会工作机构沟通与协作，开展委托服务。如社会调查服务中，一些涉案未成年人是流动人口，社会工作者需要回到他们的户籍所在地或原来生活常驻地了解其成长的经历，甚至提供异地帮教观护服务，这就需要服务委托方建立有效的异地委托衔接机制，确保异地服务的顺利开展。

(4) 购买未成年人司法社会工作服务的经费保障办法。服务委托方应根据当地财政局的工作要求、本单位的经费管理办法，为未成年人司法社会工作服务提供经费支持。经费保障应以保证服务的专业性和可持续性为准，涵盖开展服务所需的物资、场地、活动和人力等项目。

(5) 未成年人司法社会工作服务工作规范的要求。服务委托方从自身特点、工作需求等出发，对未成年人司法社会工作服务提出要求，具体包括服务目标、服务内容、服务程序、服务标准；同时也可以规定对社会工作机构和社会工作者的资质要求。

(6) 未成年人司法社会工作服务成效评估方案。服务委托方应对未成年人司法社会工作服务的数量和质量有明确要求。服务委托方可与社会工作机构及时沟通，借鉴行业标准，设计服务成效评估方案，实现服务过程可监测、服务成效可衡量。同时，评估方案应明确、具体、可操作。

2. 社会工作机构工作制度

提供未成年人司法社会工作服务的社会工作机构也需制定相关工作制度，使服务更加规范化、专业化，确保服务顺利开展。相关工作制度通常应包括以下六项内容。

(1) 服务工作规范。未成年人司法社会工作的七项具体服务在服务委托方、服务理念、服务内容、服务方法、人员场地要求、需注意的特殊事项等方面均存在差异。社会工作机构应针对每项服务制定相应的工作规范，既体现服务的专业性，又保证服务的合法性。

(2) 服务过程管理和成效评估制度。社会工作机构要有面向服务过程的动态管理和监督机制，利用科学的评估方法对服务进行评价，并且引导社会工作者及时做出调整，保证服务质量和效率。社会工作服务评估既要有政府主管部门和服务对象评估的视角，又需要重视引入第三方评估。

(3) 服务督导制度。社会工作机构应制定督导制度，组建专业的服务督导团队，定期、持续地为社会工作者提供技能培训、情感支援、行政督导及个人职业生涯规划指导，以增强其专业服务能力，提高服务质量。

(4) 人员管理制度。社会工作机构应对社会工作者的选任、培训、考核进行明确规定，从而保证开展未成年人司法社会工作服务的社会工作者具有提供专业化、职业化服务的工作能力。

(5) 沟通制度。社会工作机构需确保三个方面的沟通：一是机构间的沟通，确保为满足涉案未成年人的服务需求，社会工作机构与相关部门、其他社会工作机构或公益机构等社会组织之间的沟通合作顺畅；二是机构内部人员之间的沟通，确保机构内部成员在管理制度的制定和实施、服务需求的评估、服务计划的施行和分工等内容上沟通顺畅；三是社会工作机构与服务对象的沟通，确保及时收集、处理和反馈服务对象的需求和意见，保障服务对象的合法权益。

(6) 财务使用和管理制度。社会工作机构应建立健全财务使用和管理制度，编制各部门的财务计划，合理规划和使用经费。经费使用的过程应严格记录，按月或按季度查看财务执行情况，进行财务核算管理。记录财务和方案执行情况，控制开销，测量成本，报告和解释财务运行情况。

3. 多部门共建制度

未成年人司法社会工作服务需要动员涉案未成年人所处的不同层次系统、不同部门或机构共同参与服务，以满足未成年人的服务需求和成长需求。

未成年人司法社会工作服务过程需要共青团各级委员会、各级公安司法机关、民政、教育、财政等部门开展协作，共同制定相关制度保障服务的顺利开展。具体来说，共建制度应包括以下四项内容。

(1) 参与部门及具体职责分工。围绕未成年人司法社会工作服务的需求，各相关部门或单位应明确分工，细化责任，在其职责范围内提供行政资源和支持。

(2) 多部门合作机制。通过联席会议机制、热点/突发/重点/难点案件会商机制等，强化各相关部门或单位间的沟通与协作，实现信息共享，加强服务对接，为未成年人司法社会工作服务的有序开展、无缝衔接奠定基础。

(3) 本地区未成年人司法社会工作服务的重点内容。未成年人司法社会工作服务涉及未成年人刑事司法、行政司法和民事司法等领域，各项具体的服务内容对社会工作者的能力、资源等要求不同。受限于当地经济发展水平、社会工作专业发展水平、未成年人司法改革进度等实际情况，社会工作者服务水平也参差不齐。因此，各地可根据自身的实际情况，制订未成年人司法社会工作服务推进方案，确定不同阶段应推进的服务类型，提供服务保障，在巩固已有服务的同时稳步扩大未成年人司法社会工作服务的覆盖面。

(4) 经费和人力保障要求。经费决定了所提供服务的可持续性，人力决定了所提供服务的专业性。各相关部门或单位应基于当地实际的经济发展情况、已有的规章制度、具体服务的需求等，制定相关的保障要求。

二、制度保障的困境和解决路径

历经十多年的发展，未成年人司法社会工作的制度体系已初步搭建，服务覆盖面不断扩大，服务质量不断提升。然而，现有的制度体系仍然存在一些问题，需要进一步完善。

(一) 制度保障的困境

1. 专门的统筹性制度缺位

目前，围绕未成年人司法社会工作制定的制度散落在不同部门的文件中，在具体落实过程中，一定程度上影响了服务推进的持续性和稳定性。可以说，有关部门或机构出台的制度通常是根据实际工作需要而制定某一方面的制度，对未成年人司法社会工作的发展缺少整体性、统筹性的规划和设计。

2. 服务工作制度不完善

现有的服务工作制度虽已涵盖了未成年人司法社会工作服务的内容、流程、保障等方面，但在具体实施细则上仍不完善。例如，办案机关与其他部门的合作机制有待健全、社会工作服务经费标准问题尚待统一等，这些会直接影响未成年人司法社会工作服务的顺利开展。

3. 行业监管制度尚未完全建立

目前，未成年人司法社会工作的行业监管机制尚未完全建立。例如，行业发展规划、内部监督、行业研究指导、专业技术提升、争议和矛盾解决等仍主要依靠社会工作机构和专家学者的推动，并没有达成行业共识，更没有形成统一的制度规范。即便是标准化制度已陆续出台，但这些标准化制度的实施也往往靠社会工作机构本身的自觉性，缺少行业监管。

（二）解决路径

1. 全面推动未成年人司法社会工作的统筹性制度出台

有关部门应建立统一的未成年人司法社会工作协调机制，出台未成年人司法保护工作制度文件，制定与未成年人司法相关的社会工作服务保障体系，统筹协调相关部门为处于司法程序中的未成年人提供稳定且持续的社会工作服务，以有效做好犯罪预防和权益保护工作。

2. 深入开展社会工作政策倡导

社会工作机构和专家学者应通过深度参与听证会、专家研讨会等方式参与相关政策文件的起草工作，并且借助新闻媒介进行社会倡导，及时向政府部门反馈社会工作服务的经验和意见，促进相关政策法规的完善。

3. 鼓励行业协会发挥作用

2019 年，中国社会工作学会司法社会工作专业委员会成立，其主要工作职责是准确把握与社会工作相关的政策要求，依托中国社会工作学会做好司法社会工作专业委员会的机制体制建设，开展学术研讨、政策解读和实务发展工作，推动司法社会工作服务标准、司法社会工作课程体系的出台。未来，行业协会将进一步统筹实务和研究领域的资源，完善行业制度，加强行业监管。

第二节　机构和人员保障

社会工作机构和从业人员是未成年人司法社会工作实施的重要载体。机构和人员保障是指通过一系列具体行动，促使机构和人员具备提供服务的资质和能力，从而保证服务能够有效开展。其中，社会工作机构提供了联结未成年人司法与未成年人的重要平台，是落实未成年人司法保护理念、实现保护和教育未成年人目标的载体。社会工作从业人员则是未成年人司法社会工作服务的具体实施者，一线社会工作者的专业能力直接决定了服务的成效。

一、机构和人员保障的主要内容

（一）机构保障的主要内容

机构保障是指社会工作机构应具备相应的资质和能力，以保证未成年人司法社会工作服务的顺利实施。机构保障需要关注机构培育和机构资质两个方面。机构培育主要是解决当下从事未成年人司法社会工作服务的机构数量无法满足未成年人司法实际需求的问题;机构资质是确保开展未成年人司法社会工作服务的主体具有开展服务的条件,能够接受公安司法机关和有关部门的委托开展富有成效的服务,通过服务维护未成年人的合法权益。

1. 机构培育

机构培育是指对新成立的非营利性组织提供系统的指导,使其能够迅速确定组织目标和发展方向,在社会关系的环境中生存。新成立组织需要的支持通常包括提高人员和组织能力、调动可利用物质资源、提供信息和智力人才、建立伙伴关系,以及搭建与其他部门的沟通桥梁。[①]

在未成年人司法社会工作领域内,目前能够提供服务的社会工作机构的数量较少,无法满足公安司法机关等相关单位在全国普及未成年人司法社会工作服务的工作要求。因此,我国仍需建设、培育一批成熟的未成年人司法社会工作机构。

在我国的政策环境中,培育社会工作机构的主体主要是共青团各级委员会、司法办案机关、民政部门等。这些组织机构和部门直接培育或通过孵化基地间接培育社会工作机构。培育方式包括协助完成机构注册,通过政府购买服务委托业务的形式提供信息、资金、场地等资源,促进社会工作机构独立运行,顺利开展服务,实现机构发展的目标。

例如,上海市浦东新区为扶持社会组织发展出台了一系列文件,2005 年发布了《关于促进浦东新区社会事业发展的财政扶持意见》,2007 年发布了《关于促进民间组织发展的若干意见》,强调通过孵化机构、购买服务、岗位开发等形式,推动社会工作服务的发展,为社会工作机构的培育提供了重要的政策支持和财政支持。

2. 机构资质

对当前的社会工作行业来说,社会工作机构的数量仍然较少,无法满足实际的工作需求。因此,各地都在推动社会工作机构的成立。这些新成立的社会工作机构必须具备一定的资格和条件,才能开展社会工作专业服务。在未成年人司法社会工作领域中,专门的社会工作机构也是稀缺的。为此,各地政府部门、公安司法机关应制定筛选标准,选择合适的机构开展未成年人司法社

---

① David Brown, Archana Kalegaonka, "Support Organizations and the Evolution of the NGO Sector," *Nonprofit and Voluntary Sector Quarterly*, 2002.

会工作服务。《未成年人司法社会工作服务规范》规定，提供未成年人司法社会工作服务的机构应具备以下资质：

(1) 经民政部门正式注册或经相关部门批准成立；

(2) 年检合格；

(3) 拥有 3 名及以上专门从事未成年人司法社会工作服务的社会工作者，其中至少包含 1 名女性。

前两条要求旨在确保社会工作机构具有身份合法性。这一方面是政府进行社会管理的必然要求，另一方面是社会工作机构可以向有关部门、公安司法机关申请服务项目的重要依据。第三条要求旨在确保社会工作机构具有开展服务的可行性。在未成年人司法社会工作领域内，部分服务要求由 2 名社会工作者配合开展工作，以保证服务质量和社会工作者的人身安全。同时，女性未成年人通常需要由女性社会工作者提供服务。

需要指出的是，《未成年人司法社会工作服务规范》国家标准在制定时考虑了我国各地社会工作机构和社会工作者发展的差异性，其中对机构资质的要求只是最低要求，是政府部门、公安司法机关筛选机构的必需条件。各地在具体实践中应充分考虑其他要素，以选择最合适的机构为未成年人提供服务，例如：

(1) 社会工作者具有社会工作、心理学等相关的专业背景；

(2) 社会工作者接受过社会工作综合性训练，并且接受过未成年人司法社会工作专业性训练；

(3) 在提供特定的未成年人司法社会工作服务范畴，如未成年被害人救助服务时，社会工作者的从业年限和工作经验应该被充分重视；

(4) 社会工作机构在人力、业务、财务等方面具有专门的管理规范等。

(二) 人员保障的主要内容

人员保障主要面向从事未成年人司法社会工作服务的社会工作者。人员的保障主要从资质、数量、能力三个方面提出基本要求。社会工作作为一种专业时，始终强调服务中的价值观、伦理、知识和方法的专业性。社会工作作为一种职业时，则要求社会工作者既要有专业的素质，又应具备工作能力，才能把所掌握的专业知识、理论运用到具体的工作情境中。

1. 人员资质

资质是从事某种工作或活动所应具备的条件、资格、能力等。社会工作机构在招募社会工作者的过程中，会充分考虑社会工作者的资质是不是符合岗位的需求，是不是可以有效开展服务。通常社会工作机构需要考量的人员资质主要涉及三个方面：准入资格、专业能力和职业能力。

(1) 准入资格

我国社会工作执行的是职业资格准入制度。原则上，所有进入社会工作机构、开展专业服务的社会工作者都应该通过国家举办的社会工作资格考试，持证上岗。同时，由于未成年人司法社会工作的服务对象是未成年人，因此社会工作机构在招聘时应严格遵守入职查询制度，要求社会工作者不得存在《未成年人保护法》中关于从事密切接触未成年人行业的禁止情形。

(2) 专业能力

专业能力是社会工作者在其服务领域内，在发现并确定服务对象需求的基础上，使用社会工作专业价值观、知识、技巧开展专业活动所具备的能力，以及实现机构使命和愿景所具备的能力。价值观、知识和技巧是衡量社会工作者专业能力的三个重要维度。因此，从事未成年人司法社会工作服务的社会工作者应在专业能力方面符合以下条件：热爱未成年人司法社会工作服务，遵循社会工作专业伦理，遵守《社会工作者职业道德指引》；接受社会工作专业教育，具有社会工作、社会学、心理学、教育学基础知识，熟悉未成年人身心特点；具有法学、犯罪学基础知识，了解未成年人案件司法程序，了解社区、学校等相关场域特点及工作要求。

(3) 职业能力

职业能力是指非专属于某一特定职位或工作领域，可以广泛转移或运用于其他行业、在大多数实际工作中都需要的能力。常见的职业能力有团队合作能力、口语表达能力、创新能力、独立工作能力、持续学习能力、管理绩效能力、调适能力、时间管理能力、公共关系能力、文书写作能力、服务项目申请与投标能力等。其中，对从事未成年人司法社会工作的社会工作者来说，良好的沟通表达与协调合作能力对专业服务的开展尤为重要。

2. 人员能力提升

未成年人司法社会工作服务难度相对较高，社会工作者需要具备相应的专业背景和足够的专业能力才能够胜任。在高等教育体系内，社会工作者虽经过多年的专业学习，但距离成为一名合格的服务提供者依然有一定的差距，需要通过继续教育实现个人服务能力和素养的提升。

《社会工作者继续教育办法》明确指出，社会工作者继续教育的目的是使社会工作者保持良好的职业道德，不断更新、补充知识，提高专业水平和能力，提高服务质量。培训的主要目的是通过理论和实务案例学习，使社会工作者具备提供服务所必须的价值观、知识和技巧。在未成年人司法社会工作领域中，培训内容涵盖社会学、社会工作、法学、心理学、生理学等多学科领域。

在价值观方面，培训应注重儿童发展、儿童权利、儿童保护、性别平等、残障保护意识等与未成年人保护相关的议题，通过理论解析、案例讨论与分享的形式，协助社会工作者内化价值理念。

在知识方面，培训通常应注重让社会工作者学习专业知识、行业知识、政策和法律法规知识。专业知识主要以多学科的基础知识为主，如协助社会工作者理解服务群体特点、分析服务群体需求的相关理论；行业知识主要来自不同服务场域对社会工作提出的要求，如社会工作者对学校、公安司法场域特定规则的学习；政策和法律法规知识是指未成年人司法社会工作者必须学习的内容，在实际服务过程中经常运用的《刑法》《刑事诉讼法》《民法典》《未成年人保护法》《预防未成年人犯罪法》等都是学习的重点。

在技巧方面，除了社会工作服务的一般方法与技巧之外，社会工作者还应掌握未成年人司法社会工作服务的常用方法与技巧，如危机干预、历奇辅导、朋辈辅导、家庭干预、资源链接等。

培训可在入职前、入职后等不同阶段开展，以满足社会工作者在不同时期的工作需求。同时，随着社会工作者个人能力的提升与发展规划的变化，培训还需根据社会工作者在实务督导、研究、项目管理等不同方面的学习需求进行设计，从而形成一套完整的未成年人司法社会工作培训体系。

二、机构和人员保障的困境与解决路径

目前，我国各地的未成年人司法社会工作机构逐渐发展壮大，人才队伍初步建立。但在具体工作的过程中，社会工作机构和人员的发展遇到了诸多困境，阻碍了未成年人司法社会工作服务的推广和深化。

（一）机构和人员保障的困境

1. 机构和人员数量无法满足未成年人司法社会工作的实际需求

自 2015 年起，开展未成年人司法社会工作服务的社会工作机构数量逐渐增加，人员规模逐步扩大，但机构和人员的数量仍无法满足未成年人司法体系

的需求。从地域来看,未成年人司法社会工作服务尚未实现全覆盖,尤其在一些边远地区,社会工作能够提供服务的区域有限;从服务内容来看,未成年人司法社会工作服务涵盖社会调查、被害人救助等七项服务内容,但部分社会工作机构目前无法提供所有类型的服务。因此,若未成年人司法社会工作服务全面铺开,社会工作机构和社会工作者的数量需要进一步增加。

2. 社会工作者的能力差异明显

社会工作机构在招聘时,需确保社会工作者具有一定的资格和能力,以满足实际工作的需要。但在实际操作过程中,由于不同区域社会工作发展的水平不一,因而社会工作者的专业能力有明显差异。例如,在"北上广"等地,社会工作依托当地的高等教育资源、政府治理能力和经济实力等条件,能够获得较好的发展,未成年人司法社会工作也因此获得了充足的人力资源。相反,在高等教育资源和经济实力等条件较差的地区,有些社会工作机构只能聘用无社会工作专业背景的人员或者更多地依赖志愿者开展服务,导致社会工作者的能力水平存在较大差异,需要通过继续教育来弥补社会工作者能力的不足之处。

3. 继续教育体系尚未建立

未成年人司法社会工作机构和相关从业者认同继续教育的重要性,会依托当地的"公检法"机构、专家学者等资源,开展继续教育。依托网络技术,社会工作机构可以跨越地域的限制,了解国内外的先进经验。但从整体来看,已有的培训呈现基础化、碎片化的特点,继续教育的完整体系尚未建立。基础化表现为培训内容以普及知识与技巧为主,结合案例强调解决实际困难和问题,关注社会工作者对某一技术或领域的培训依然稀缺。碎片化是已有的培训内容均围绕服务所需的某一"点"展开,并没有考虑未成年人司法社会工作者成长的全生命周期的需求。

(二) 解决路径

一是树立并强化专业人才队伍建设意识,着力通过完善政策制度满足社会对专业人才的需求。各地应当将强化专业人才队伍建设放在工作推进的重要位置,并且充分调动政府相关职能部门、群团组织和社会工作机构的力量,推进支持和指导未成年人司法社会工作人才队伍建设的相关政策文件的出台,加强人才队伍建设。

二是总结服务经验,编写专业的指导性教程。在未成年人司法社会工作领域中，无论是用于高等教育的专门教材，还是用于指导一线社会工作者直接开展服务的工作手册或服务指南，都非常匮乏。我们应动员具有丰富实务经验的社会工作者、具有学术背景的研究者总结未成年人司法社会工作的服务经验，依据不同的教育目的，编写具有指导性的教程，供一线社会工作者学习和参考，促进其专业能力的提升。

三是整合资源，完善继续教育体系。各地应充分整合社会工作、教育、公安司法等不同行业的资源，全面梳理未成年人司法社会工作中各利益相关方的需求，建立科学化、规范化的继续教育体系。

第三节　经费保障

社会工作服务的开展，既需要满足场地、设施等物资条件，又需要满足人员条件。这些条件的满足，在很大程度上依赖经费的支持。经费的数额、服务的范围和次数、提供服务的机构与人员数量、社会工作者提升专业能力的机会等，往往呈正相关。未成年人司法社会工作服务的发展，依赖各方经费的投入，以确保服务的有效性和可持续性。

一、经费保障的主要来源

笔者通过对国内各地区经验的考察发现，未成年人司法社会工作服务的经费来源主要有三种途径：政府购买服务、基金会支持和企业支持。

（一）政府购买服务

政府承担着提供公共服务、满足社会公众需求的责任。但面对庞大复杂的社会服务需求，政府在人力、物力等方面的行政资源是非常有限的，难以实现责任目标。为解决这一难题，近些年我国大力推动政府购买服务，由具有专业技术和人才的社会服务机构提供有效的公共服务。政府购买服务是指政府将公共服务交给社会组织生产与提供，并且设定合格社会组织的标准，采用竞标的方式选择最合适的社会组织，签订合同，约定服务的质量标准，最后根据第三方机构的评估与验收结果支付费用。[①]

① 王浦劬、莱斯特·M.萨拉蒙：《政府向社会组织购买公共服务研究》，北京大学出版社，2010，第3—4页。

目前,政府购买社会工作服务主要是通过合同制和项目申请制两种方式实现。合同制是指由购买者与社会工作机构签订服务合同,购买者根据合同约定向社会工作机构支付费用,由社会工作机构承接合同规定的特定服务项目。项目申请制是购买者设定特定目标的专项项目,面向社会公开招标,社会工作机构根据项目所提的要求为案主提供相应的社会服务;依据案主的需求,社会工作机构主动向政府相关部门传达要求申请立项,政府相关方经评审后,以项目运作的方式予以资金支持。①

目前,在未成年人司法社会工作领域,政府购买服务的委托方以公安司法机关、各级群团组织、教育行政部门等为主。例如,2014 年,在北京市教育委员会和海淀区教育委员会的支持下,海淀寄读学校以政府购买社会工作服务的形式与北京超越青少年社工事务所建立合作关系,项目通过驻校的方式开展,由两名专职社会工作者在学校针对学生、家庭和教师,开展以犯罪预防为主的未成年人司法社会工作服务。在最高人民检察院于 2015 年出台《检察机关加强未成年人司法保护八项措施》的推动下,北京市、上海市、深圳市、温州市等地的检察院开始购买未成年人司法社会工作服务,由专业司法社会工作者提供社会调查、合适成年人、观护帮教等服务。2022 年,共青团西安市委购买青少年社会事务服务项目 11 个,其中陕西省儿童心理学会的"专业守护 保障未成年人合法权益"项目成功入选,该项目属于未成年人司法援助项目。

公安司法机关、教育行政部门、各级群团组织等通过政府购买服务的方式提供未成年人司法社会工作服务:一是有利于各相关部门探索新的公共服务供给途径,以更高效、专业的方式弥补自身行政资源短板,满足未成年人身心发展的需要,保障未成年人的合法权益。二是有利于各相关部门或组织建立与社会工作机构之间的契约关系,赋予未成年人司法社会工作服务以合法性和正当性,提升大众对社会工作机构的认同度和社会工作机构的公信力,并且对服务的安全、质量、实施效果进行规范和监督,确保未成年人社会工作服务的质量,避免不当行为和不法行为的发生。三是有利于各相关部门更全面地收集未成年人及其家庭的服务需求,从而进一步确定服务的范围、所需的公共资源,推动未成年人司法社会工作服务的完善。

---

① 马淑裴、陆文倩、张颖等:《社工机构参与政府购买服务项目的运作及评估机制研究》,《商业文化》2021 年第 16 期。

（二）基金会支持

基金会是指利用自然人、法人或者其他组织捐赠的财产，以从事公益事业为目的，按照《基金会管理条例》的规定成立的非营利性法人。基金会的目的通常是实现更美好的社会愿景，关注和支持救灾济贫、扶弱助残、医疗救助、文化艺术、环境保护、公共服务、社区发展、公益支持等领域的社会服务。

在社会工作领域，基金会提供的支持主要包括：支持社会工作事业的发展，普及社会工作知识，培养社会工作人才，宣传社会工作理念，培育社会工作机构，支持开展社会工作专业服务活动，为发展社会工作事业提供强有力的支持与保障；广泛支持开展社会建设和社会文明与发展领域的公益项目；支持传统救助救援类公益慈善项目等。

未成年人司法社会工作服务的发展离不开基金会的支持。过去十几年，以中国社会福利基金会为代表的各级基金会为社会工作机构提供了大量支持。例如，2020 年，中国社会福利基金会批准了北京超越青少年社工事务所提出的“司法社工服务机制探索项目”申请，以直接提供资金的形式，资助社会工作服务机构研发未成年人司法社会工作培训体系，并且在全国范围内开展相关培训。2021 年，上海市青少年发展基金会设立了“吾爱吾少年司法社会工作专项基金”[①]，用于支持上海市未成年人司法社会工作的发展。

基金会支持未成年人司法社会工作服务的优势在于：一是通过向社会筹集捐款，为社会组织的生存提供重要的经费支持。基金会明确的公益宗旨和未成年人司法社会工作保护未成年人合法权益、促进未成年人健康发展的目标相一致，因此，其能够为未成年人司法社会工作的发展提供经费支持。特别是在政府资金有限、政府购买服务指导性目录中所列服务内容有限时，社会工作机构可以通过创新服务内容，以项目制的形式，向基金会提出申请，推动新的服务内容的开展。二是通过联结多方力量，为社会组织的发展提供多样化支持，如资源链接、在职培训、行业内或跨行业交流等；通过整合知识、技术、资金等多种资源，带动区域内的利益相关方一同为未成年人保护事业行动。

（三）企业支持

支持公益事业是每个社会企业应尽的责任与义务。目前，企业主要通过

① 所谓专项基金，是指根据受赠方（此处特指基金会）的宗旨和捐赠人的意愿，以支持和开展慈善公益事业为目的，在受赠方设立专项基金财务项目，由受赠方按照国家法律法规和双方约定进行管理的专项资金。

捐款捐物、提供场地、资助项目等形式践行社会责任。

在未成年人司法社会工作领域内，企业支持是一种新兴的经费保障形式，主要表现为爱心企业参与帮扶基地建设。例如，北京超越青少年社工事务所与北京亿世界商业经营管理有限公司合作，加强北京市未成年人司法社会工作人才队伍建设，为社会工作者提供督导和培训工作。成都市锦江区心雨青少年社会工作服务中心与成都阿杰美发化妆培训学校、成都金斯威净水设备有限公司、成都碧胜生态农业有限公司、成华区沐森美发技术学校开展合作，帮助未成年人习得职业技能，保障其顺利回归社会和恢复生活。

企业支持的优势在于资源的丰富性和提供支持形式的灵活性。企业依据其营业范围和优势项目，拥有不同的资源，如场地、服务、培训项目、资金、工作机会等。社会工作机构通过链接这些资源，可以突破传统的帮教服务内容，为处于困境中的未成年人提供资源与机会，更贴近未成年人的生存需求，协助其恢复社会功能。同时，企业支持更具灵活性。在支持的内容、给付形式、支持时长等方面，仅需符合企业自身的规章制度即可，这在社会工作机构创新服务内容、加强人力保障、确保服务项目相关支出、选择符合未成年人需求的服务时限等方面具有明显优势。

二、经费保障的困境与解决路径

从目前各地的实践来看，部分社会工作机构能够通过政府购买、基金会支持、企业支持等途径解决经费问题，确保服务的持续开展，但仍有一部分社会工作机构面临经费不足的情况。如何持续获得充足的经费，依然是摆在社会工作机构面前的一大难题。

（一）经费保障的困境

在经费保障方面，社会工作机构面临的问题主要集中在两点：一是机构的筹资能力较弱，经费来源单一；二是政府、基金会和企业提供的经费不稳定及项目周期短。

大多数社会工作机构由于信息缺乏、筹资能力不足等原因，较难申请到基金会、企业的资助，主要依赖政府的财政支持。一方面，政府资金的数额有限，社会工作机构通过政府购买服务所筹集的资金，难以覆盖所有专业服务的各项成本。另一方面，政府购买服务对服务内容的限制较多，会限制社会工作机构在服务上的拓展、探索和创新。社会工作机构向政府申请经费，必须确保所申请的服务或项目满足当地政府购买服务指导性文件的要求，超出该文件范畴的服务或项目通常难以获得资助。

此外，社会工作机构向政府、基金会、企业申请到的经费支持普遍存在不稳定、项目周期短的问题，导致其无法确定自身的服务项目能不能在第二年继续开展，影响其在服务过程中投入的人力和资源，进而影响服务的质量。

（二）解决路径

为解决上述困难，社会工作机构需要加强自身的筹资能力建设，拓展多元的筹资渠道，倡导政府完善相关配套政策。

1. 加强自身的筹资能力建设

筹资能力建设是一项系统化的工作，需要科学的方法。社会工作机构不仅需重视对社会工作者专业能力的提升，而且还需要注重筹资能力的建设。如在社会工作机构内部设立筹款部门，向服务对象、个人、企业和政府部门营销其服务或项目。[①] 此外，社会工作机构也可以改进理事会的人员构成，引入具有资源动员能力的人士，充分发挥理事会成员的人际关系和社会资源的作用，从而获得更多的外部支持。

2. 拓展多元筹资渠道

一方面，通过加强外部关系网络的建设，增加信息获取途径。社会工作机构整合、维系现有资源，加强与潜在经费来源渠道的联系和沟通，从整体上提升外部资源的扩展能力，促使未成年人司法社会工作机构最终形成“以政府购买社会工作服务为主，各类企业、个人捐赠和慈善基金会赞助为辅”的外部筹资渠道。另一方面，社会工作机构可以探索开展营业性服务项目，增加自营收入。目前，我国一些地方在探索、发展营业性服务项目。例如，在我国香港和台湾地区，营业性收入在社会工作机构的资金来源中占比越来越大。深圳市坪山区的社区服务中心就增设了部分营业性收费服务项目。[②]

3. 倡导政府完善相关配套政策

发挥社会工作的政策倡导功能，完善政府相关政策。一方面，完善政府购买社会工作服务制度，从资助金额、服务内容、项目持续时长等维度，给予未成年人司法社会工作服务更多的支持。另一方面，完善与社会工作服务相关的

---

① 于文涛：《从台湾经验看社会福利机构筹资》，《中国社会工作》2017 年第 13 期。

② 郎海凤：《如何实现社会工作服务机构的有效筹资》，《中国社会工作》2017 年第 22 期。

筹资、捐赠和税收政策等，鼓励个人和企业捐赠，并且确保社会工作机构在筹资过程中身份的合法性。

服务保障是未成年人司法社会工作专业服务持续、稳定开展的重要前提。目前，在行业制度和服务工作制度保障、机构和人员保障、经费保障方面，均有促进未成年人司法社会工作服务顺利开展的相应措施，也为未成年人司法社会工作服务体系的搭建、未成年人司法社会工作事业的发展奠定了良好的基础。然而，服务保障也面临一些困境，未来还需更进一步地梳理和总结已有的经验，呼吁和倡导国家、社会力量的多元参与，共同完善和发展未成年人司法社会工作服务保障体系的建设。

本章要点

未成年人司法社会工作服务顺利开展的背后有一套健全的保障体系，该体系覆盖了制度保障、机构和人员保障、经费保障三个方面。

制度保障是未成年人司法社会工作行业协会、未成年人司法社会工作机构、相关的服务委托方从宏观、中观和微观三个不同层面，制定和完善行业制度和服务工作制度，为未成年人司法社会工作的发展起规范性、引领性作用。

机构和人员保障确保了未成年人司法社会工作服务实施主体的合法性和专业性，保证一线社会工作者能持续、稳定地向未成年人提供服务。

经费保障是社会工作服务能够开展的重要基础，政府购买服务、基金会支持、企业支持是当前重要的筹资途径。在经费的申请和使用过程中，社会工作机构需遵循相关的财务规定。

思考题

1. 社会工作机构可以通过哪些途径参与制度的起草、修订工作？参与途径不同，效果会有何差异？

2. 行业制度的制定，对不同地区的未成年人司法社会工作发展有何影响？

3. 社会工作机构在培训社会工作者时，可以从哪些方面着手？

4. 社会工作机构如何申请经费？

第十章

未成年人司法社会工作服务体系建设

进入21世纪以来，在司法机关、社会工作机构和社会各界的共同努力下，我国未成年人司法社会工作服务内容不断完善，服务机制不断成熟，服务标准体系逐步建立。2020年修订的《未成年人保护法》和《预防未成年人犯罪法》确立了未成年人司法社会工作服务的法律地位。这是我国未成年人司法社会工作发展进程中的重要成就与转折，为我国未成年人司法社会工作发展提供了难得的机遇，迎来了服务体系建构的新发展阶段。

鉴于此，需要在未成年人司法社会工作概念、政策、理论、内容、保障等具体问题分析的基础上，从宏观上研究未成年人司法社会工作服务体系建构的相关问题。本章将围绕未成年人司法社会工作服务体系建设的基本问题，如未成年人司法社会工作服务体系建设的基本理念、结构框架、核心问题等展开分析，以支持教育部门和实务部门更好地推动未成年人司法社会工作服务体系的建设，从而更好地实现未成年人的权益保护、犯罪预防和与司法保护。

第一节　未成年人司法社会工作服务体系建设的基本理念

未成年人司法社会工作是社会工作与未成年人司法的交叉与整合，二者可以合作的最重要动力是双方理念上的亲和性[①]，即未成年人司法的恢复性理念与社会工作的社会福利理念不谋而合，推动了双方的携手与合作。如今，我国未成年人司法社会工作服务体系建设迎来了具有明确立法支持的新阶段，笔者认为，仍有必要再次讨论社会工作和未成年人司法合作的理念基础，从而推动两者更好地合作。

一、儿童福利理念

社会工作服务的本质是社会福利的传递，未成年人司法社会工作服务体现了国家对未成年人福利的关注和支持。从社会福利的视角出发，我们可将司法场域中的未成年人看成具有独特需求的个体，这些需求可能是生存、发展、参与、被保护等方面，未成年人的偏差性行为背后是其需求的未被满足。因此，社会工作者需要凭借自身的专业能力开展服务，并且通过未成年人需求的满足来实现其权益保护和再次违法犯罪行为的预防，帮助其实现社会适应，顺利回归健康生活。

自我国开启未成年人司法制度改革以来，未成年人司法的理念逐渐形成共识。总的来说，大家认同在未成年人司法中应坚持儿童福利、人道主义、恢复性、国家亲权等基本理念，在坚持以上理念的基础上，应更关注未成年人的教育和保护，所有司法活动的最终目标都是教育未成年人，并且帮助其顺利回归社会，而不是处罚。由此可见，少年司法的基本理念与社会工作的核心理念具有高度的一致性，这既是双方过去 20 多年能够有效合作的重要基础，又是未来深入合作的原始动力。

二、社会服务理念

虽然社会服务是社会福利的传递形式之一，但笔者认为仍需特别强调社会服务理念。社会服务理念提出的背景是基于未成年人保护及犯罪预防实现途径的讨论。在多年的未成年人保护和犯罪预防实践中，社会各界对“教育、感化、挽救”等未成年人司法理念印象深刻，笔者同样认同以上理念的价值和意义，相信其是帮助未成年人健康成长的重要途径。

然而，在开展未成年人司法社会工作服务的过程中，一线社会工作者深刻

---

① 何明升：《司法模式与社会工作的关系及其渐进式亲和》，《学术交流》2012 年第 11 期。

体会到无论是未成年人保护还是犯罪预防实践，未成年人需要的都是立体化、多元化的社会服务，因为未成年人的服务需求是多元的，如个体偏差性认知的调整、行为的矫正、家庭关系的修复、社会关系的适应、职业技能的训练等，这些需求的满足不是仅依靠教育就可以解决的，而是需要专业社会工作者提供相关的社会服务，才能够真正帮助未成年人。也就是说，对未成年人的保护和犯罪预防而言，教育是重要的手段；社会服务才是满足未成年人需求的根本途径。

笔者在此提出社会服务的理念，是希望在我国未成年人司法社会工作服务体系搭建的过程中坚持服务为本，不仅是社会工作者，而且也包括司法和相关部门的工作人员。只有坚持了这一基本理念，才会抛弃"权威性""自上而下""盛气凌人"的成人立场，真正从平等的视角去关注和保护未成年人，有效实现其权益保护和犯罪预防。

三、契合性理念

契合性理念关注的是社会工作与未成年人司法两个场域的关系问题。社会工作与未成年人司法的合作，首先要尊重社会工作与未成年人司法这两个不同的主体，双方因为理念的一致实现合作，使作为新生事物的社会工作进入未成年人司法领域开展服务。在这一过程中，既有社会工作专业的积极嵌入，又有未成年人司法场域的接纳、肯定与承认，未成年人司法社会工作服务体系的搭建是双方共同建构的结果。因此，社会工作与未成年人司法场域的合作具有典型的嵌入、承认、建构等重要特征。[①]

契合性理念的提出对未成年人司法社会工作服务体系的搭建尤为重要。在我国未成年人司法社会工作服务体系搭建的过程中，要基于契合性的理念特征，关注社会工作与未成年人司法之间合作的理念基础、服务内容、服务机制等相关问题，从而建构起两者的紧密合作关系，双方共同努力，服务司法场域中陷入困境的未成年人。

以上三个理念的确立对我国建构未成年人司法社会工作服务体系尤为重要，其中儿童福利是目标性理念，社会服务是任务性理念，契合性是机制性理

---

① 席小华：《从隔离到契合：社会工作在少年司法场域的嵌入性发展——基于 B 市的一项实证研究》，《中国社会工作研究》2017 年第 1 期。

念，三者相辅相成，共同成为未成年人司法社会工作服务体系建设的行动方向与准则。

第二节　未成年人司法社会工作服务体系建设的结构框架

整体而言，目前我国未成年人司法社会工作服务体系建设还不完善，尚未走向系统整合，需要从社会工作体系结构入手，通过分析服务需求、服务供给、服务递送等元素，确立未成年人社会工作服务体系的基本结构[①]，并且从中找到未成年人司法社会工作服务体系建设需要完善的空间和内容。

一、未成年人司法社会工作服务体系建设的客体要素

未成年人司法社会工作服务体系建设的客体是服务需求的提出者，服务客体具有服务需求是未成年人司法社会工作服务体系建设的初衷。因此，关注未成年人司法社会工作服务体系建设，应明确谁需要服务、需要何种服务、谁提出服务需求等一系列问题。

其一，谁需要服务。基于过去 20 多年的实践，我国未成年人司法领域的直接服务客体是进入司法场域中的未成年人，其中既包括涉嫌违法犯罪的未成年人，又包括被害的未成年人，同时也应包括民事司法过程中涉及的未成年人。而进入司法程序的未成年人，无论是涉嫌犯罪的、被害的，还是民事权益受到侵害的，先不说其因面临着各种各样的家庭与社会困境才进入司法程序，仅因其是未成年人且身心发育不成熟，就决定了其需要被社会各界关注和支持，以及获得全方位的服务。鉴于此，2020 年修订的《未成年人保护法》和《预防未成年人犯罪法》都明确规定应鼓励社会工作专业力量、各种社会资源参与未成年人司法程序，为未成年人提供服务以保护其权益不受侵犯，帮助其顺利回归社会。未成年人司法社会工作服务的间接客体是为未成年人提供服务的司法人员，其基本职责是科学化、规范化、人性化地适用法律，而这一目标的实现离不开社会专业力量的参与。假如社会专业力量、社会资源不能有效跟进，

---

① 范斌：《服务体系——中国特色社会工作体系的重要组成部分》，《中国社会工作》2019 年第 13 期。

为未成年人提供服务的司法人员则难以实现"准确认定事实、科学适用法律、帮助违法犯罪未成年人顺利回归社会"这些基本司法目标。社会工作服务是不是参与其中已经成为衡量未成年人司法工作成效的重要标志。

其二,需要何种服务。在未成年人司法制度改革较早的国家和地区,未成年人司法社会工作服务的内容非常丰富。整体而言,我国未成年人司法社会工作服务开展的时间相对较短,服务内容也基本围绕前期实践探索的结果。目前,根据未成年人司法社会工作的目标,可以将已有服务分为三类,第一类服务是维护未成年人权益,第二类服务是预防未成年人犯罪,第三类服务是矫正已经犯罪的未成年人的行为习惯等,并帮助其顺利回归社会。可见,目前我国未成年人司法社会工作服务已经涉及教育、行政、民事、刑事等司法场域,随着服务人群的多样化,服务内容也不断丰富和完善。结合《未成年人保护法》和《预防未成年人犯罪法》的规定,未来一段时间内,我国未成年人司法社会工作具体服务主要包括以下七小类:以实现未成年人保护和犯罪预防为目标的学校社会工作服务和社区社会工作服务;违法未成年人训诫教育服务;涉嫌违法犯罪未成年人合适成年人服务;涉嫌违法犯罪未成年人的社会调查服务;违法犯罪未成年人帮教服务;被害未成年人救助服务;涉未民事案件观护服务。

其三,谁提出服务需求。毫无疑问,需要保护的未成年人是具有服务需求的客体,但是他们无法为自己提出服务需求,需要成年人帮助其实现。在过去的 20 多年间,教育行政、公安、检察、法院等部门发挥了重要的引领作用,他们在坚持最有利于未成年人原则的基础上,积极链接专业社会工作力量为未成年人提供专业服务。展望未来,依然需要相关部门不断发现涉及未成年人服务的新需求,并且通过政策倡导和资源链接来给予满足。随着我国政府购买服务机制的不断完善,建议教育、司法等部门在相关法律的框架中,根据未成年人保护的现实需要,梳理购买社会工作服务的清单,并且提交到民政等相关政府部门进行协调,打通社会工作开展服务的渠道,保障未成年人得到及时且有效的服务。

二、未成年人司法社会工作服务体系建设的主体要素

服务供给是未成年人司法社会工作服务体系建设的主体要素,关于服务供给方的讨论,有两个核心的问题需要关注:一是提供服务的机构保障,即社会工作机构;二是提供服务的人力保障,即社会工作者。

机构设置和管理是社会工作者可以提供良好服务的组织保障。虽然我国专业社会工作服务组织的数量不断增加，但受资源等各方面因素的影响，专门性提供未成年人司法保护和犯罪预防的社会组织的数量相对较少，为司法机关提供专业服务的大多是综合类社会工作服务组织。从服务质量要求的角度出发，无论是专门性的还是综合性的社会工作机构，在提供未成年人司法社会工作服务的过程中，都需要坚持社会工作服务的基本理念，建立有效的机构行政管理机制，尤其是具有提升机构服务能力的培训和督导机制，帮助社会工作者不断提升专业能力，有效地为服务对象提供专业服务。

社会工作者是服务的直接提供者，其专业能力水平影响服务效果。近年来，我国高等教育体系开展了对司法社会工作人才的专业化培养，社会工作职业体系也开始通过培训等手段提升社会工作者的实务能力。从具体的实务要求出发，从事未成年人司法社会工作服务的社会工作者应具有人道主义、社会福利等基本价值观，并且在服务中尊重、接纳、关怀服务对象。在知识结构中，除了具有社会学、心理学等知识基础，尤其强调具有法学知识基础，理解刑法、民法、诉讼法、未成年人法律的基本原则和要求。在实务能力方面，需要在服务中掌握个案、小组、社区等专业方法的实际操作并注重多种方法的整合运用。具体到未成年人司法社会工作实务中，上文谈到的每类服务内容都具有不同的专业要求和规范，需要社会工作者在实务过程中不断熟悉，并且灵活有效地开展各类服务。

为了有效组织社会工作专业机构和社会工作者开展未成年人司法社会工作服务，2019 年，最高人民检察院、共青团中央、民政部委托首都师范大学研发《未成年人司法社会工作服务》国家标准，希望通过标准的研发和推动，提升社会工作专业机构的组织保障能力和社会工作者的服务能力（2023 年 3 月 17 日《未成年人司法社会工作服务规范》正式发布）。该标准的研发恰好适应了《未成年人保护法》和《预防未成年人犯罪法》的修订进程，积极回应了基层司法机关和社会工作机构的急迫需求。

三、未成年人司法社会工作服务体系建设的介体要素

社会工作服务体系建设需要高度关注介体，即搭建链接主体和客体的桥梁与纽带。这个桥梁和纽带一方面可以及时收集客体的服务需求，另一方面可以有效组织社会工作机构和社会工作者对客体需求给予回应和满足。从应

然角度来讲，介体应具有强大的资源整合能力，是一个强有力的组织保障平台。众所周知，未成年人司法社会工作需要多种资源的参与，既需要制度保障，又需要政府福利、社会资源的整合与运用，倘若没有强有力的协调能力，想必社会工作服务客体的需求很难得到满足。从实然角度来讲，我们也要面对目前我国未成年人司法社会工作服务介体建设存在的问题并着力给予解决。中国特色的社会工作服务体系建设要体现实践智慧，在责任、资源、服务上体现中国特色。[①] 目前，我国未成年人司法社会工作服务体系介体建设应关注以下四个基本问题。

第一，应明确国家是服务传递的责任主体。2020 年修订的《未成年人保护法》，通过政府保护内容的设置确定了国家是未成年人的最高监护人。在实践中，无论是未成年人服务需求的满足，还是未成年人司法社会工作专业化和职业化的推进，国家都是唯一的责任主体，未成年人司法社会工作服务体系建设也应该由国家层面进行顶层设计并逐步推动。

第二，应明确政府是资源提供和保障的主体。虽然在我国个别地区是由民间的基金会支持开展未成年人司法社会工作服务，但就我国整体情况而言，政府是最重要的资源协调和分配者，无论是社会工作者的岗位购买还是项目支持，都离不开政府提供的相关资源。总体而言，目前我国大多数地区未能提供充足的资源开展未成年人司法社会工作服务。随着《未成年人保护法》和《预防未成年人犯罪法》的修订，民政部门作为未成年人保护协调部门地位的确定，未成年人司法保护社会工作服务的政府主体得以保障。在立法的支持下，民政部门需要及时建立工作平台，收集客体的服务需求，争取和调配资源给予跟进，在满足服务需求的基础上建立有效的协调机制，以充分发挥服务介体的功能和作用。

第三，应建立有效的服务输送机制。服务介体建立的重要功能在于疏通服务需求方和服务供给方之间的路径和渠道。在过去的实践中，往往是司法机关看到未成年人的服务需求后，自己去寻找社会工作等相关资源为未成年人提供支持，也有些司法机关因链接不到资源，导致未成年人的服务需求得不到满足。《未成年人保护法》和《预防未成年人犯罪法》修订后，民政部门在链接各类资源的基础上，需要建立未成年人司法社会工作服务的机制，以确保未

① 顾东辉：《本来与未来：社会工作中国体系及其建设策略》，《中国社会工作》2019 年第 13 期。

成年人的服务需求得到满足，同时保障立法的顺利实施。

第四，在服务传递中应注重服务成效的评估。有关部门在收集服务需求、组织社会工作者开展服务的过程中，需要及时对社会工作的专业服务进行评估，并且提出改善服务的对策和建议。服务评估是提升服务质量的有效手段，同时也是政府调配资源的重要依据。因此，服务传递者应建立科学的质量观，通过专业第三方研发的评估指标体系，用数据说话，科学评价，以提升服务效果。

综合以上分析，未成年人司法社会工作服务体系应是一个具有理论逻辑的框架，其基本的构成要件是主体、客体和介体。主体由社会工作机构和社会工作者组成；客体是具有服务需求的未成年人，其需要社会工作者提供维权类、预防类、矫正类等相关服务；介体是是联结主体和客体的桥梁，其在客体提出服务需求的基础上，建立组织平台，积极组织和协调各种支持资源为客体服务。为了更好地协调主体和客体之间的关系，介体还需要加强沟通协调机制的建设。

第三节　未成年人司法社会工作服务体系建设的核心问题

未成年人司法社会工作服务体系建设需要在应然和实然中找到平衡点，根据我国目前未成年人司法社会工作服务发展的基本状态，结合《未成年人保护法》和《预防未成年人犯罪法》修订的基本精神和倡导，笔者认为，我国未成年人司法社会工作服务体系建设需密切关注以下四个核心问题。

一、落实未成年人司法社会工作服务体系建设的责任主体

在过去的 20 多年间，我国未成年人司法社会工作服务的重要推进部门一个是司法部门，另外一个是共青团组织。在它们共同的努力下，未成年人司法社会工作得到了快速发展，但我们也看到，我国未成年人司法社会工作服务在发展中也呈现明显的问题，一是服务经费支持不足，二是服务专业力量不足，这成为限制我国未成年人司法社会工作服务体系建设的重要原因。以上问题的解决，单纯依靠司法部门和共青团组织的推动确实很难。

2020 年修订的《未成年人保护法》虽然将民政部门确定为未成年人保护的政府协调部门，但众所周知，司法保护、犯罪预防的服务客体并非以往民政部

门的重点关注人群，甚至很多地方民政部门负责人对这类人群的服务需求一无所知。在此状态下，到底谁来承担未成年人司法社会工作服务的组织责任，以及如何开展工作，笔者相信在很多地区尚属空白，这是未成年人司法社会工作服务体系建设中的难题之一。因此，在《未成年人保护法》和《预防未成年人犯罪法》修订的背景下，我们期待民政部门或者省级人民政府落实责任主体，以协调有关部门建立有效的未成年人司法社会工作服务的组织保障体系。

二、加强司法社会工作者的专业化培养和职业化推动

未成年人司法社会工作服务体系建设需关注社会工作机构建设和社会工作人才培养，但其核心是拥有一支专业能力强的社会工作人才队伍，这是服务体系建设的重要一环。因为未成年人社会工作服务的复杂性和特殊性，所以笔者认为把握两个核心环节非常重要。

在专业化培养方面，要通过高校学历教育加强对社会工作专业学生的培养，如通过课程设置确定司法社会工作人才培养方向，在学校学习的过程中，让学生掌握交叉学科知识，并且通过实习理解和热爱司法社会工作，为后期在司法社会工作领域的就业打下基础。

在职业化推动方面，有关职能部门可以在充分调研的基础上，根据司法社会工作的服务需求和工作性质设计购买社会工作服务的方法和途径。目前，我国司法社会工作服务有服务岗位购买和服务项目购买两种形式。服务岗位购买适用于对时间要求比较规范的服务，如违法犯罪未成年人合适成年人服务；服务项目购买适合对时间和地点没有严格要求的服务，如违法犯罪未成年人社会调查和帮教服务等。

在司法社会工作职业化推进过程中，有一个问题尤为重要，就是司法社会工作服务的保障体系建设。目前，我国司法社会工作机构和人员数量相对较少，但对其专业性要求却很高，需要一支专业能力和稳定性都相对较强的社会工作队伍，这就需要有关部门建立稳定的保障体系，在司法社会工作者职业保障得到实现的基础上，通过宣传等方式吸引更多的社会工作者投身于司法领域的社会工作服务，以保障未成年人司法社会工作服务体系建设具有充足的人力资源。

三、梳理服务需求，制订服务清单，建立服务标准

在未成年人司法社会工作服务体系建设的过程中，确实存在着因信息不

对称影响服务项目购买和服务推进的问题。其主要原因是教育部门、司法机关所需的社会服务还处在探索性实践中，尚未形成完整的服务内容体系。随着立法的确认及司法部门的推动，笔者认为需要着力做好以下三点工作。

第一，根据法律规定和相关部门的工作需要，细致梳理所需的社会工作服务内容清单。目前，我国已有的司法社会工作服务涉及预防类、维权类、矫正类三大类服务内容，随着实践的发展，也会有新的服务需求呈现。

第二，在服务需求和内容的基础上制订政府购买服务清单，包括服务内容、服务形式、服务要求、服务评估、服务经费等。

第三，服务标准和服务规范的建立也尤为重要，这是服务质量提升的重要推动力。《未成年人司法社会工作服务规范》国家标准已发布，基于各自经验和基础的差异性，各地需要在此基础上研发具有特色的地方性服务规范，从而推动各地未成年人司法社会工作服务的快速发展。

总之，通过服务需求梳理、服务清单制订、服务标准建立来提升司法社会工作的职业化水平，是未成年人司法社会工作服务体系搭建过程中非常重要的一环。

四、加强未成年人司法社会工作服务体系建设研究工作

社会工作体系涉及作为学科的社会工作体系和作为实践的社会工作体系两个方面，并且要在两个方面建立起有机联系。[①] 在已有文献中，部分学者把社会工作学科体系和社会工作服务体系分开讨论，但笔者认为，在未成年人司法社会工作服务体系建设过程中，不能忽略相关研究工作的开展，并且这是影响未成年人司法社会工作服务体系建设质量的重要环节。关于未成年人司法社会工作服务体系建设的研究，至少要包括以下三项基本内容。

其一，未成年人司法社会工作服务通用基础体系研究。服务的通用基础体系是在未成年人司法社会工作服务体系建设中首先需要关注的基础性和原则性问题。其所界定的概念、术语、原则、伦理等，对各类未成年人司法社会工作服务具有指导性和规范性作用。在建设未成年人司法社会工作服务体系的过程中，学界应在法律依据和学理研究的基础上，对违法未成年人、犯罪未成年人、被害未成年人、不良行为和严重不良行为、司法社会工作服务等相关概

① 王思斌：《中国特色社会工作体系建设的内容、特点与原则》，《中国社会工作》2019 年第 13 期。

念进行界定，并且以此概念指导实践的健康发展。服务原则和服务伦理是未成年人司法社会工作者在服务过程中需要遵守的基本准则，如最有利于未成年人原则、契合性原则、系统性原则、社会性原则、及时性原则、科学性原则、合法性原则和多方参与原则等。同时对保守秘密、不歧视、非评判、平等、个别化、中立等伦理守则在未成年人司法社会工作服务中的应用也需要进行深入研究。

其二，未成年人司法社会工作服务保障标准体系研究。未成年人司法社会工作服务并非独立存在的，无论是初步探索还是持续推动，都离不开有关保障机制的建立，而保障机制的建立应建立在研究的基础之上。在未成年人司法社会工作服务体系搭建的过程中，以下几个保障机制的建设尤为重要：一是共建制度。如司法机关、民政部门、共青团组织联合其他部门共同制定保障少年司法社会工作开展的相关制度，在制度制定的过程中，需要关注少年司法社会工作服务机制、人财物等服务保障，以及服务参与方的权利和义务等。同时，制度的制定应适合本地的实际情况并能逐步落实。二是服务机构为推动服务的顺利开展而建立的行政制度。包括服务机构的项目管理制度、人力使用制度、财务管理制度、沟通衔接制度等。三是为配合少年司法社会工作服务的开展，服务委托方也应建立相关的行政制度。委托方建立的行政制度应包括未成年人司法社会工作服务衔接程序的规定、经费保障的要求、服务成效评估的方案等。同时，我们还需关注未成年人司法社会工作服务保障体系的搭建，如经费保障体系、人力保障体系、行政保障体系、设施等资源保障体系。

其三，未成年人司法社会工作服务提供体系研究。服务提供是未成年人司法社会工作服务体系建设的核心内容，具体包括未成年人司法社会工作服务的类型、服务内容、服务流程、服务方法、服务质量管理及服务风险管理等。服务质量管理是服务提供中需要关注的重点问题，其中涉及服务质量的过程管理、结果管理、督导制度建设、风险控制等相关元素。

综上所述，在未成年人司法社会工作服务体系的相关研究中，服务通用基础体系界定了服务共同性的基本准则，服务保障体系是服务持续健康发展的重要保障，服务提供体系则界定了未成年人司法社会工作服务的核心内容与质量要求。以上三个组成部分在建设未成年人司法社会工作服务体系中相互作用，缺一不可。这三个方面既是服务体系建设中实践探索的内容，又是在实践中积极开展行动研究的内容,我们要在不断行动和反思的基础上,进一步完善和发展我国未成年人司法社会工作服务体系。

本章要点

社会工作和未成年人司法合作的理念基础主要包括儿童福利理念、社会服务理念和契合性理念。其中,儿童福利是目标性理念,社会服务是任务性理念,契合性是机制性理念,三者相辅相成,共同构成未成年人司法社会工作服务体系建设的行动方向与准则。

未成年人司法社会工作服务体系的基本构成要件包括主体、客体和介体。主体是社会工作机构和社会工作者;客体是具有服务需求的未成年人,其需要社会工作者提供维权类、预防类、矫正类等相关服务;介体是联结主体和客体的桥梁,其在客体提出服务需求的基础上,建立组织平台,积极组织和协调各种支持资源为客体服务。为了更好地协调主体和客体之间的关系,介体还需要加强沟通与协调机制的建设。

目前,我国未成年人司法社会工作服务体系建设需要密切关注以下核心问题:落实未成年人司法社会工作服务体系建设的责任主体;加强对司法社会工作者的专业化培养和职业化推动;在梳理服务需求的基础上,制订服务清单,建立服务标准;加强未成年人司法社会工作服务体系建设研究工作。

思考题

1. 未成年人司法社会工作服务体系建设的理论框架是什么?

2. 为什么要在未成年人司法保护工作中贯彻社会服务的理念?

3. 契合性理念的基本内涵是什么? 其在未成年人司法社会工作中有哪些体现?

4. 当前我国未成年人司法社会工作服务体系的客体是指什么? 其存在哪些服务需求?

5. 未成年人司法社会工作服务主体存在哪些缺陷与不足?

6. 当前我国未成年人司法社会工作服务介体存在哪些需要完善的空间和内容?

主要参考文献

一、英文专著

[1] G B Endacott. Government and people in Hong Kong 1841－1962：a constitutional history [M]. Hong Kong：Hong Kong University Press，1964.

[2] Robert G. The role of social work in juvenile justice：international experiences[M]. Lund：Raoul Wallenberg Institute，2020.

二、英文期刊

[1] Scheyett A，Pettus-Davis C，Mccarter S，et al. Social work and criminal justice：Are we meeting in the field? [J]. Journal of Teaching in Social Work，2012，32(4)：438－450.

[2] Van Nijnatten C，Stevens G. Juvenile participation in conversations with probation officers[J]. International Journal of Offender Therapy and Comparative Criminology，2012，56(3)：483－499.

三、中文专著

[1] [英] Jane Wonnacott.社会工作督导[M].赵环，魏雯倩，等译.上海：华东理工大学出版社，2015.

[2] [美] Paula Allen-Meares.学校社会工作[M].陈蓓丽，蔡屹，等译.上海：华东理工大学出版社，2008.

[3] [美] 巴拉德福特·谢弗，查尔斯·霍雷西.社会工作实务：技巧与指南

(第十版)[M].卢玮，译.北京：中国人民大学出版社，2019.
[4] 董士昙.犯罪学教程[M].北京：中国检察出版社，2013.
[5] 关信平.社会工作政策法规[M].北京：中国社会出版社，2015.
[6] 何明升.司法社会工作概论(第二版)[M].北京：北京大学出版社，2020.
[7] 李培林，王春光.当代中国社会工作总论[M].北京：社会科学文献出版社，2014.
[8] 路琦，席小华.未成年人刑事案件社会调查理论与实务[M].北京：中国人民公安大学出版社，2012.
[9] 江山河.犯罪学理论[M].上海：格致出版社，2008.
[10] 戚安邦.项目评估学[M].天津：南开大学出版社，2006.
[11] 宋丽玉，曾华源，施教裕，等.社会工作理论：处遇模式与案例分析[M].台北：洪叶文化事业有限公司，2002.
[12] 童敏.社会工作理论：历史环境下社会服务实践者的声音和智慧[M].北京：社会科学文献出版社，2019.
[13] 特拉维斯·赫希.少年犯罪原因探讨[M].吴宗宪，译.北京：中国国际广播出版社，1997.
[14] 王思斌.社会工作概论(第二版)[M].北京：高等教育出版社，2006.
[15] 文军.社会工作模式：理论与应用[M].北京：高等教育出版社，2010.
[16] 吴宗宪.西方少年犯罪理论[M].北京：商务印书馆，2021.
[17] 席小华.中国青少年司法社会工作理论与实务模式研究[M].上海：华东理工大学出版社，2019.
[18] 席小华.从隔离到契合：社会工作在少年司法场域的嵌入性发展[M].北京：中国人民公安大学出版社，2017.
[19] 徐建，等.青少年犯罪学[M].上海：上海社会科学出版社，1986.
[20] 姚建龙.长大成人：少年司法制度的建构[M].北京：中国人民公安大学出版社，2003.
[21] 赵芳.社会工作伦理：理论与实务[M].北京：社会科学文献出版社，2016.
[22] 曾赟，孔一，张崇脉.犯罪原因分析[M].武汉：华中科技大学出版社、清华大学出版社，2010.
[23] 朱眉华.社会工作实务(上)[M].上海：上海社会科学院出版社，2003.

四、中文期刊

[1] 范斌.服务体系——中国特色社会工作体系的重要组成部分[J].中国社会工作,2019(13):21.

[2] 顾东辉.本来与未来:社会工作中国体系及其建设策略[J].中国社会工作,2019(13):16-17.

[3] 何明升.司法模式与社会工作的关系及其渐进式亲和[J].学术交流,2012(11):45-51.

[4] 李迎生,李冰.走向系统:近十年来中国社会工作政策发展的轨迹[J].社会科学,2016(12):74-83.

[5] 王思斌.中国特色社会工作体系建设的内容、特点与原则[J].中国社会工作,2019(13):14-15.

[6] 席小华.社会工作介入少年司法制度之探究[J].青少年犯罪问题,2009(4):46-49.

[7] 席小华.我国少年司法社会工作的实践困境及行动策略——以B市实践为例[J].华东理工大学学报(社会科学版),2016,31(6):25-35.

[8] 席小华.中国少年司法社会工作的行与思[J].华东理工大学学报(社会科学版),2018,33(6):18-27.

[9] 席小华."两法"修改背景下未成年人司法社会工作服务体系建设研究[J].华东理工大学学报(社会科学版),2021,36(5):86-95.

[10] 席小华,杨新娥.量刑规范化改革背景下关于司法社会调查主体的思考[J].法学杂志,2011,32(4):105-108.

[11] 姚建龙.国家亲权理论与少年司法——以美国少年司法为中心的研究[J].法学杂志,2008(3):92-95.

[12] 杨旭.全球比较视野下少年司法与社会工作的互动[J].青少年犯罪问题,2020(4):83-96.